天

Borderless

下

博稽古今 融汇天下

How to Argue
and
Win Every Time

辩无不胜

HOW TO ARGUE WIN EVERY TIME

[美] 盖瑞 · 斯宾塞 ——— 著
Gerry Spence
孙 林 ——— 译

法律出版社 LAW PRESS · CHINA

著作权合同登记号
图字：01-2010-5647

作者简介

盖瑞·斯宾塞

已作为一名辩护律师工作了逾五十年，他为代表“弱势群体”的利益而自豪。他曾为卡伦·丝克伍的家人辩护并赢得了官司，为红宝石山脊事件的被告人兰迪•韦弗辩护，同时还代理过其他成百上千的著名案件；他还是非营利学校“辩护律师学院”的创始人，在那里他无偿教授律师如何为当事人辩护并击败强大的公司和政府。斯宾塞先生迄今已出版15本专著，包括《纽约时报》的畅销书《辩无不胜》《从自由到奴役》《我要自由》。与此同时，他还是这个时代家喻户晓的法律类电视评论人。

译者简介

孙　林

经济法博士在读，翻译法律方向，已翻译文本逾千万字，译有《大律所》（英汉）、《基本合同法》（英汉）、《司法政策制定和现代国家》（英汉）等。

致

我亲爱的妻子伊麦琪，

你教会了我：是爱，让我最终胜辩。

辩论的艺术就是生活的艺术 / 作者的话

辩论的艺术就是生活的艺术。我们之所以要辩论是因为辩论无可避免，是因为生活中需要辩论，是因为生活本身终究就是一场辩论。

我写这本书是因为我觉得我必须要这么做。辩论是我的职业。在过去的40年里，辩论是我手里紧握的“利器”，为我的当事人们赢得次次胜利。正如美国原住民所信奉的那样，我也坚信上帝赋予我们的最了不起的天赋就是学习能力，而只有把它传承下去才算是真正拥有了它。为此，我的梦想就是与你分享我是如何学习辩论的。否则，我曾经为了赢得辩论而所经历过的种种痛苦、自我怀疑、恐惧还有失败，都统统白费了。

辩论确实是一门实实在在的艺术。它是有技巧的，是一种思维方式，任何人都可以胜出。在任何地方——厨房、卧室、法庭、会议室——我们都能从辩论中胜出。在我看来，最有力的辩论不是源于对自我特性的否定以及对他人风格和价值观的模仿，而是源于对我们自身人格的深度挖掘。怎么做到这一点呢？这就是辩论的魔力之所在，也是我们接下来要一起探讨的话题。

我们已经成功地往返了月球，然而即使如此，我们依然是一个进化严重滞后的物种，我们的野蛮本质并无根本改变。当面临野蛮的攻击时，当为需求和欲望所驱使时，我们还是惯于用武力去征服弱者。奇怪的是，我们能分裂细胞，却无法说服人们捍卫正义；我们能重组基因，却无法简单地呼唤人们去爱。当然，最可怕的就是把科技的力量置于那些野蛮人手中，而就算是跟那些只会“啊啊呀呀”的远古祖先比，这些人的辩论能力也强不到哪儿去。总之，我们已经学会如何把人当物一样来支配，但是怎样才是把人当人一样来对待呢？关于这个，我们还徘徊在黑暗时代。

我并不指望单是靠本书对辩论的挖掘就能拯救人类。但是我坚信，我们必须也能够踏出这小小的一步。就如人类第一次凿开石块而从此踏上科技之旅，我们也必须先从简单而有效地与人交谈开始。我们必须要学会去倾听我们的伴侣和孩子并学会与他们对话。我们必须学会如何有效地把兴趣融入工作中。如果我们能学会如何与左邻右舍坦诚相见，人类社会就能前进一大步。如果我们能学会摒弃尸横遍野的野蛮方式而通过辩论来满足我们的需要、实现我们的梦想，人类社会就能有惊人的突破。

辩论让我了解了我自己，它让我弄清楚了我是谁，也支撑起了我的人生蓝图。还有什么比用一本关于如何辩论的书更适合传达我对辩论的思考呢？在这里我们能邂逅彼此，我已为你敞开大门。在这里，我不仅阐述了如何去辩，也讨论了各种原因和对于我来说至关重要的一些想法（请恕我在此斗胆设想）。我的这些探讨若能带来一些改变并进而促成改革，对于我来说便是成功了。但同时我也静候你的不同观点、你的辩驳。因为如果你没有回驳我的能力，也就无法倾听和理解我，不是吗？没有你的力量，我也是孤独的。

我梦想有那么一本书能帮你收获生命中真正想要的东西。生命是短暂的，但是我们要活得处处精彩。我梦想有那么一本书能为你装上新的翅膀去打破世俗的束缚。我要看着你自由地翱翔。我要看着你去为你所求，勇敢辩护，不惧放逐。我要看着你为你的想法大胆交涉而无须伤人或伤己。我要看着你去创造，去享受，去赢。这个梦想让我激动异常，我希望，不，我能预见，会有那么一天，在这些精神的鼓舞下，我们能进化成造物主——也就是我们自己，最初想要的模样。

1995 年 3 月

于怀俄明州杰克逊小镇

人人想辩，人人在辩 / 序　言

人人想辩，人人在辩，人人也需辩。有时它从耳边呼啸而过，有时它不过是突发却无力的暴怒，有时它是躲在角落里的咕噜自语。有时它是迷人的、非凡的、动人的。有时，在寂静黑夜里，它静静地、安全地、回荡在我们脑海中。

只有鸟儿能翱翔长空，也只有人类能言善辩。辩论是人类主要的交流方式。没有它，人类将走向灭亡。它是微不足道的建议，却是我们给出的帮助；它是警告，却能让我们远离危险；它是曝光，时时教导着我们。它那创意非凡的言语，是人类为自己献上的大礼；它那掷地有声的抗议，是人类在为正义而战；它那有条不紊的对论，化解了种种争端；它那据理力争的自我申述，捍卫了自我尊严。它是爱的妥协，展现着我们的奉献；它是殷切的恳求，呼唤着仁慈；它是魅力四射的雄辩，打动着人们，改变了世界。我们必须通过辩论——为助人、为警世、为引领、为爱、为创造、为领悟、为正义——成为我们自己。

每个人，只要是能呼吸的人，都能赢得辩论。很多人深陷陈旧不堪的过往泥潭不能自拔。很多人故步自封不敢去辩；还有很多人怕输，只好垂头丧气保持沉默；还有更多的人，辩却盲目——就如同那些想去击球却连球棒都没抓稳的人，一次又一次的胡乱挥舞，终于，碰巧，球自己撞上了球棒。

导致我们辩败的不是对手，不是上帝，不是命运，也不是开局的运气不佳——并不是这个让我们辩得没有底气，表现得不够体面。我们并不是败在缺乏惊人的天赋或灵机一动的机智而未能做出有力的回击或精彩的辩护。也不是败在心中词源匮乏。我们败在故步自封，锁住了自己，也锁住了辩论，就算是能辩，也抓不住一个有力的立足点或是找不到一个取胜的方法。

本书的策略就是去找出我们经常遇到的那些“锁”并给你一把打开这些锁的“钥匙”。当然，“锁”是你自己上的“锁”，“钥匙”也在你自己手上。我把这本书本身也定义为一个辩题——一个关于找出无用之“锁”并给出有用之“匙”的辩题。本书的结构也反映出我与人交流的方法——无论是庭内、庭外、工作中，还是家里。本书也是随着我的人生经历展开的——作为一个工人、检察官、辩护律师、丈夫还有父亲。

本书分为三个部分。在第一部分，我们讨论了一个以往很多作家在一些类似“如何去辩”的作品中忽略的问题，而我曾听过的最佳答案来自一位我认识的怀俄明州的牛仔。有一天，他看到一个有钱的公子哥骑着一匹老马过来了，但那匹老马背上可是装了副镶银的马鞍，他不禁喊道：“看看你！你把一副上千美元的马鞍装到一匹只值十美元的马身上！不管你的马鞍是多漂亮，这匹十美元的老马也没法带你去任何地方。”同样，无论这个辩论家是如何聪明，如何巧言善辩，最终，这些也不过是那上千美元的马鞍。

也许你已深谙辩论的技巧、程序、方法论，而精神上却被禁锢着，那你依然无法取胜。如果我们不懂何时该辩，何时该保持沉默，如果我们不懂如何运用这股力量，不懂怎么回避它带来的破坏力（无论是源于自己还是对手的），我们是无法取胜的。如果我们无法领悟可信度的惊人力量和倾听的魔力，就算我们拥有史上最伟大的雄辩家们的所有技巧和艺术，我们依然永远无法取胜。想要获胜，我们确实需要一副“好鞍”，但我们最需要的，仍然是强有力的“马”。

我也考虑到本书将会面临的各种批评，因为这本书包含了许多的哲学思维和各种训诫，还有很多心理学内容和故事的讲述，而并未列举像教人学习造船或弹响吉他那样的一条条明确指示。但是我不得不说，你学会造船、学会弄响吉他并不能让自己真正地进化。那并不是一个真正的成功辩论的案例。赢得辩论的魔力在于人的蜕变而不是言辞的蜕变，是灵魂的蜕变而不是华丽辞藻的蜕变。那些只想关注怎么去打造马鞍，而没有耐心去塑造马鞍下那匹强有力的马的人可以直接跳到第二部分，在这部分，我详细介绍了赢得辩论需要的结构，准备，技巧和艺术。当然即使是在这部分，我依然坚信人本身的魔力，因为没有艺术家之手，任何技巧也是枉然。而这魔力，我们人人都拥有，它是我们无法被复制的独特力量，任何地方，任何时候都独一无二。正是对它的追求深深激励着我，我希望你也能参与其中。

第三部分帮助我们去理解如何同我们的爱人、孩子、企业和政府里的库克罗普斯们[1]——我们的雇主们辩论。要成功地与爱人辩论，我们首先必须重新定义什么是赢，还有我们希望从这次辩论中收获什么。我们不能像在法庭上为一个谋杀案的被告人辩护那样在家辩论，我们不能像在法庭上打击对手一样同我们的孩子辩论，我们不能还没理解老板的权威就跑去质辩它。此章作为最后一部分，旨在阐述一个概念：学会如何在各种不同形式下胜辩是我们的义务，让我们拥有强大的武器，用来追求美好与正义。

来，让我们携手勇敢向前，就如同一起进入黑暗森林一样。携手前行，我相信这个森林也就没有那么黑、那么深、那么可怕了。携手前行，森林还会着实可爱起来，到处是遮阴的珍奇树木，藏着神奇的药材和魔法药水。携手前行，我们会发现阳光透进来照耀着的神奇仙境。我保证你也会身临其境。所以，让我们一起到这森林去探索吧！让我们既要学会争辩也要学会不争，既要学会去与权力抗争也要学会自强，去认识我们的恐惧并克服它，去带着我们无尽的热情不断前进！来吧，让我们一起学会如何辩无不胜！

---

〔1〕 库克罗普斯，古希腊传说中的独眼巨人。

目录

Contents

第二部分
作出成功的辩论

2

第三部分
爱与战争中的辩论

3

1

第一部分

准备好去赢

第一章 | 为何去辩？

——打开门，放飞心灵

『门锁一：我不喜欢辩论，也不喜欢辩论的人。大家为什么不能尽量和平相处呢？还有，只要我去辩，我就会输。』

我们天生就能胜辩，就如同我们天生就会走路一般。我们无须像演说家那样戴上银发，声如洪钟。我们在自己的厨房只需轻轻说上几句便可以辩赢。我们不需要进行任何语言培训，也不需要有哈佛大学教授那样广博的词汇量。对我们的老板或是孩子，只需最寻常的话语便能赢。无论是在威严的法庭上还是温馨的卧室，我们都能赢。但是如果我们的心门被锁住了，那就永远不可能赢了。

有时是父母和老师关上了我们的心灵之门，有时却是我们自己——总之这扇门被关上了，是谁都不重要了。有的人倒也乐得闭门不出，有的人对门外的世界一无所知，有的人根本不知道什么是精神世界。但是依然有更多的人不断地敲打这扇门，乞求能破门而出。

我们是如何变得如此畏首畏尾、如此裹足不前、如此沉默寡言的呢？从我们出生那一刻开始，我们就被教育不要去反抗。如果我们正想张开我们的小嘴哭，马上就会有个小瓶来让我们安静下来。“不要叫！”——教驯小狗的方式也同样用在了我们身上。我们已被彻底驯服，已经习惯顺从、习惯沉默不语、习惯机械工作。在中国某些地方曾经还保留着一种在我看来极为野蛮的习俗——给小女孩裹脚，这样做仅仅是为了符合某种传统美学，而这种恶习仅仅过去不到一个世纪。你能想象出多可怕吗？在孩子尚幼的时候就把脚裹起来，后来她长大了，脚却变成畸形的了。孩子本想去随意奔跑、玩耍、跳舞，却变得畏缩不前，因为她的脚已经变得又小又跛，这样的场景你能想象吗？禁锢我们孩子的灵魂，这是何等的罪孽啊！

我们被教育不能随意显露自己的情感。我们推崇逻辑却贬低激情。真男人不能哭，医生不用与他的病人感同身受，律师无须真心地为他的当事人考虑，商人则冷酷而精明——没有人情味，仿佛这世界充斥的都是机器人。等到这些年轻的律师们第一次面对陪审团的时候，本该是胜券在握的辩论却功亏一篑，曾经教导他们的那些教授们根本就不曾实际参与审理过任何一个案件。同样，等我们到成年才惊觉，能让我们胜辩的唯一力量早已被掌控我们的父母或是同龄人消磨殆尽。

等我们成年以后，“辩论”这个词居然让我们感到阴暗负面。父母、老师、牧师、教士在我们身后形成了无形的巨大压力。他们迫使我们接受他们的生活方式、他们的宗教、他们的哲学、他们的价值观、他们的习惯、他们的政治和他们的智慧。社区规范的力量在我们的精神上设置了种种屏障，且不容挑衅。我们从小就被塑造成会走、会动、会做事，且无故障（大多数情况下）的机器。我们被组装成循规蹈矩的学生、易被掌控的消费者、听话顺从的公民。我们体内的野性基本上都被驯服了，我们全被揉成了一个模样，我们被教育要顺从而不是做人。辩论又从何谈起?

从何时起，世上的男男女女都被幻灭和绝望磨去了眼中的光彩，卑微地生活在死寂的梭罗式的绝望中。他们是如此的微不足道，低如尘埃，却依然没有勇气拿出那么一点点尊严去捍卫他们那与生俱来的独一无二。我们怎敢去辩?

但是人类的精神又是那么神奇，就如同绽放在花园里的蒲公英一样。被斩去了地上的茎，它就会向地下的根须蓬勃发展。是的，它或许看上去是如此的娇弱。但是，它还活着。感谢上帝，它还活着！它还会生根发芽！我们要去找到它，呵护它——那被斩断的、神圣的、短小却鲜活的根，它正在搜寻生命里的那抹阳光。那正是你，是我，是我们!

如何去找呢?虽然多少让人有些尴尬，但是不得不承认，通往自由的钥匙实际上一直就在眼前。

『钥匙一：我们只需给我们自己一个许可，就可以打开我们心里上锁的门。』

这画面是多么可笑！我们被禁锢在我们自己的世界里，但是自由的钥匙却一直牢牢拽在我们自己手里。当然，钥匙就是这个自我许可，允许自己放眼望出去，允许自己跨一步走出去——仅仅一步——去看看周遭的世界，去问出心里的疑惑，去找回自己的尊严，去分享我们的创造力和思想，去大声说出来，去找寻爱，去探求正义，去成为一个真正的人。

『门锁二：我害怕辩论，这只会带来麻烦。』

我们怎么同我们爱的人辩论？我们的论词一出口就会显得尖酸刻薄，它将立马切断与爱人心灵的沟通，满腔的爱意一旦受伤就转瞬变成熊熊燃烧的怒火。我们怎么同称霸这一街区的市井流氓辩论？怎么同我们的老板——能随时让我们以及千千万万像我们一样的人卷铺盖走人（还时常在圣诞节假期干这样的事儿）——辩论？怎么能同他人辩论？我们怎么可能疏远我们的亲人，惹恼我们的朋友和同事，激怒我们的老板，把自己从社区中孤立出来？"你一开口争辩，就意味着输了。"我们的经验更是证实了这句话。难道到现在我们还不知道保持沉默、缄口不言才是安全之道吗？难道耳边没有回荡着内兹佩尔塞人[1]伟大领袖约瑟夫酋长投降时泪流满面说的那句话吗——"我将永不再反抗"？

这种恐惧让我们如此的手足无措，我们能拿它怎么办呢？每当我在法庭上站起来准备开始我的辩论的时候，我都能感觉到它。每当我在交叉询问中遇到比我准备得充分得多的重要专家证人时也会感觉到它。我会不会失败？我会不会被视为无能的辩护人

---

〔1〕 内兹佩尔赛人（Nez Percé）：生活在美国西北部的土著居民。

员？我怎么敢和他辩？我会不会悄悄逃出法庭？陪审团盯着我是在看我出丑吗？对手对我的斜瞄是在嘲笑我的痛苦吗？

『钥匙二：恐惧是我们的同伴。恐惧使我们坚定。恐惧是一种能量，能转换成力量——我们的力量。』

恐惧亦敌亦友，既是敌人也是盟友。恐惧是痛苦的，我讨厌它如影随形。但它也同时挑战了我，让我全力以赴。如麻雀般，我们观望，再观望，恐惧一来，我们立马变得机警。森林里的大雄鹿在听到第一根小树枝断裂的咯吱声时就会旋即转身跑开。恐惧让它快若闪电。它又是如何变得如此强大呢？就是这样双面的雄鹿，现在正站在猎人汽车的挡板前，毫无畏惧，用它大大的、闪烁的双眼直视着猎人，没有跑开。

我学会了不以恐惧为耻，而要去拥抱恐惧。能够直面恐惧本身不就是勇气的象征吗？没有恐惧，我们无法变得勇敢。当一个战士根本不知晓他所面临的是什么危险的时候，何来勇敢？疯子勇敢吗？愚者勇敢吗？一个小男孩，站在舞台上面对全校同学第一次独唱，一个女歌唱家在纽约大都会歌剧院舞台上独唱，他们谁更勇敢呢？

在我的内心深处，是恐惧，让我坚定地明白：生命才是主导，绝非死亡。死亡并不可怕，恐惧让我们痛并坚定地感受到了自身的存在。要肯定自己就要拿出勇气开口辩论——因为所有的辩论始于我们自己。肯定自己，就像保罗·蒂里希[1]所说的，要有“存在的勇气”。一旦我们拥抱了恐惧，一旦我们感觉到它、接受了它，我们也就认识到了我们有多重要，辩论也就可以从现在开始了。

在法庭上我时常在心里自言自语，而陪审员们则尽责地、用好奇的眼神看着我——这个奇怪的男人——安静地低头站在他们面前。

对话一般是这样的：

“格里，你感觉怎么样？”我问。

“陪审团都在看着，等着我开始辩论，”我回答，“我不能就这么站着什么也不说”。

“我问你呢，你感觉怎么样？”

“你知道我什么感觉。”

“是什么感觉？”

“你知道这是什么感觉。”

“你是不敢说出来吗？”

“好吧是的。我不敢。”

“哈，你果然。这可完了。对面的律师正等着打败你的委托人。他想打败你。”

“我才不去想那些事情。至少不是现在，不是站在这儿。”

“害怕并不是什么大事儿，你该觉得害怕。去吧，去感受它。”

“但是陪审团在看着。”

---

〔1〕 保罗·蒂里希（Paul Tillic）：德裔美国人，20 世纪著名思想家、辩论家。

“他们可以再等一会儿。如果你能感受到恐惧，你就能感觉到它的力量，并且把它化为你自身的力量。”

此时我突然抬头看了一眼等着的陪审团，我感觉恐惧化为细小但清晰的声音，“各位陪审员成员”。猛然间我隐约意识到有一些东西在恐惧中萌芽，我清晰地看到了它，我的目光让它屈服，它像一只丧家之犬一样夹着尾巴逃跑，不敢再面对我！恐惧带来的痛楚慢慢消退，我感觉到新的力量应运而生，辩论也就可以开始了。

击溃恐惧将为我们带来魔力般的信心，它让我们对于此刻应当如何辩论了然于胸。辩论要突破自身的局限。它能以我们的思维和感受来突破，也能以声音、音乐和韵律来突破。当我们赋予了自己信心和允诺，辩论的能力就会从我们的肺腔里、从我们的喉咙里、从我们一开一合组成语言的嘴里、从孕育语言的心脏里迸发而出。当我们赋予了自己信心和允诺，我们会再次激发我们求胜的意志——我能打个比方吗——我们成为了浴火重生的勇士。

『门锁三：既然这样，为何去辩？为何要经历痛楚？为何要承担失去的风险？』

『钥匙三：辩论之道即是生活之道。我们辩论是因为我们必须去辩，因为生活需要，因为生活本身就是一场辩论。』

从某些角度来看，辩论是一份礼物——我们馈赠给他人的礼物。没有这种礼物，我们可能永远不会成功的做人或是为人父母；而没有将礼物赠予他人的话，我们可能永远不会成为广受赞扬的艺术家或广受尊敬的员工，我们可能永远不会为委托人打赢官司或者和同事相亲相爱。总而言之，人生的成功与否取决于我们给予自己的能力，通过这样的赠礼，去唤醒他人本身已有的智慧。当我被他人的发言说服的时候，那些所讲的经历往往是我曾经拥有的，接受过但是又忘记的。比如说那些所谓的惊天动地的重大发现，不过是使人幡然顿悟的发现罢了。在我看来，我们所做的就是个人脑海中的考古发掘。通过辩论，我们一点点地发掘自己，神奇的是，借此我们可以更好地发现这个世界上其他人的智慧。

我辩论，是一种必然。有时我为发现思想的有效性或计划的正确性而辩论，有时我为汲取他人的智慧而辩论。我们不断地说服自己。一株生长在地下室的玉米无法给自己授粉，它需要其他的同类，需要阳光，需要风。生活——对真理的搜寻，对公平的追求，对创造力的探究——就像那株玉米一样，根本不可能独自开花结果。如果缺乏对辩论的热情，孩子们就永远无法体会到父母的珍贵赠礼，也不能在亲子关系中体验到真正成熟而睿智的成年人是如何思考的。

没有辩论的国家会变成一片荒原，万物不能生长，花苞永不抽芽，创新无从谈起，活力不复存在。举目望去，那荒原上，成百上千锈迹斑斑的工厂遍布，失业者不计其数，本土工厂成批退出海外市场，自然资源被大肆破坏，教育系统衰败不堪，贫民窟比比皆是，那些我们称为监狱的笼子绵延不绝，司法体制分崩离析，道德腐化——所有这一切显示出我们迫切需要我们的领导人、老板、教育者和人民去听、去辩、去互相拿着我们的礼物赠给他人。

辩论之道即是生活之道。胜辩能使我们成长。我们会感知到更好、更快乐的生活。我们可以避免战争，拯救世界。我们人生的成功，我们文化的永存取决于我们辩论的能力。我认为如果能成为辩论大师，我们可能会找到通往天国的大门，我敢说善辩之人可以遇到能言善辩的圣彼得。

『门锁四：要是我是一个伟大的雄辩家该多好，至少能像个传教士，至少能像我隔壁那个家伙一样可以把任何东西说的天花乱坠，但是我没有辩论的天分。』

『钥匙四：你本身拥有其他人所不能及的能力。』

我们变得不再关注如何证明自己的独一无二性，而是把注意力集中在怎样模仿他人的标志和风格。如果人人都对我们说，我们看起来像别人，动起来也像别人，其实是指像别人一样辩论，那样我们也许会成功。我们似乎应该像约翰·韦恩[1]一样，或是像乡村牧师一样，像埃尔维斯（猫王）、林肯、耶稣或是迈克尔·乔丹一样，我们至少要穿同款的鞋子，至少吃一样的食物。我们自小就被教导要追求一致，但是难道我们能不承认每一块宝石都是独一无二的吗？钻石的价值不就在于此吗？那我们为什么非要变得都一样呢？为什么我们要模仿别人思维的方式，接纳别人的信仰体系，并且将别人的价值观纳为己有呢？为什么我们的穿着方式要像别

〔1〕 约翰·韦恩（John Wayne）：美国电影演员，曾获得奥斯卡最佳男主角奖。他扮演的人物总是诚实善良。他还曾获得美国国会授予的自由勋章。

人、说话的语气要像别人，去买别人同款的香水甚至闻起来要像别人？为什么我们要为别人的目标和力量去奋斗？为什么我们要去迎合别人而放弃我们自己的思想？为什么我们要变成别人丢掉自己呢？

在社会中随波逐流不啻于一种精神上的自我毁灭。我憎恶因为自身需求而依从的想法——放弃我们的棱角和个性，变得平庸且只会模仿！怎会有人会说辩论不仅要有自己的观点，还要有对他人的效仿？当我们开始模仿他人，我们也就扼杀了自己，而且要比死亡更加无力。当我们成为了模仿者，也就成为了赝品，须知，盗版是不值钱的呀。背叛我们自己是天大的罪过啊！

同样地，我们把对自己的掌控交给别人——给教会、信徒、老板或是麦当劳，那些信任我们今天所取得的成就的人；给百威啤酒和丰田汽车，那些给予我们关于快乐经历和人生应有意义的建议的人，这也无异于一种谋杀。让我们的思想妥协于公众看法、新潮思想或是识时务——妥协于任何人，妥协于任何有思想的个体——那我们自己剩下了什么？我们怎么敢无中生辩？如果我们能发出自己的声音，不管是轻声埋怨几句，还是虚张声势地叫骂几声，不管有没有回应，那都是蹒跚前进的标志啊。

我辩论，是因为我有了需要辩论的辩题，它来源于我的思考，它是世间独一无二的。我们每个人都有着独一无二、与众不同的指纹不是吗？我说的指纹指的就是人格。每个人的指纹和这个世界历史长河中的其他任何人的指纹都是不同的。胜辩的关键就在于理解，并且相信这份独一无二。这伟大的探索就在于寻找个人的“魂纹”——独特的、只属于我们自己的印记。

我听说过许多大律师精彩绝伦的辩护。但是当你揭开它的真面目，那也就没什么大不了的。那其实什么都不是。因为那些辩论只是那些有点专业知识的“鹦鹉”玩弄的讼棍手段罢了。对于这种辩论，观众可能会鼓掌、会恭维，但是这不是真正的胜辩。

我也曾见过一个惊慌失措的年轻姑娘，头发拢在耳后，穿着朴素的连衣裙站在陪审团面前，这是很罕见的。我看着她费力地搜寻着合适的措辞。我看着她支支吾吾，红了脸庞，眼泪在她的眼眶里打转。我可以感觉到她的用心。我看着她结结巴巴，然后又努力地克制着。她的发言，是她独特性的真实写照，冲出了灵魂，是真正的胜辩。她并不是名牌大学的高材生，也不是班级里的尖子生。她平庸到走到大街上没人会注意到她，坐在法庭里也几乎与观众融为一体，但她的发言有她独特的印记，不会再有任何发言像她的一样，而正是那段发言使她变与众不同，最终获胜。

『门锁五：为什么别人要听我辩论？』

『钥匙五：你就是自己的权威。这就够了。』

如果我没有接受过特殊的训练，没有专业的知识，怎样可以使别人听我辩论？在这个国度里，我们对于“普通人”的智慧总是漠然视之，因为“普通人”的生活轨迹对我们而言，过于稔熟，根本不值得重视。

一个酒店女服务员坐在陪审团的席位上。每天白天，她花大量的时间和精力辛苦劳作，只为那几美元的低微薪水。到了晚上，在数小时清理残留的垃圾之后，在用力擦洗厕所和更换日用品之后，她踏着沉重的脚步回到她那在镇子的另一边的小而空旷的老旧公寓。她老了，她的骨头在隐隐作痛。当筋疲力尽地爬上床时，她不禁想起她的丈夫曾经躺在她的身旁，他死了，他那一边的床冰冷而空旷。她的悲惨生活连心理医生都不忍去听。

如今这个酒店女服务员是陪审团的一员。她因她的外表而感到窘迫。她穿了她最好的裙子——那条在她丈夫葬礼时穿的裙子，但是她的鞋子已经十分陈旧了，而且她没有钱去发廊将头发打理得像她旁边坐着的银行家夫人那样。当律师问及她的陪审员许可时，她感到羞怯，那是因为她知道她的英语说得并不完全准确。律师转而与其他陪审团成员说话，他们和银行家夫人说话，和后一排的学校老师说话，和当地连锁商店的经理说话，和电力公司的线务员说话。可还有谁会比她更了解大众的生活境况？谁还会比她更了解悲惨和贫穷、辛劳和孤独？谁会更加勇敢？这些都是她最为熟悉的。当她发言时，其他陪审员都会仔细去听，她的声音如此轻柔，她费力组织的合适措辞如此清晰。她找出的词汇都是由心而生，因为她深知她只会这样说。事实上，这是我的切身经历，我发现至少其他人会去聆听，并且尊重她的发言，因为在这些民生疾苦的问题上，她的权威是其他人不可比拟的。

获得智慧往往不像天上掉馅饼那么简单。我并没有从那些强者和专家处学到什么东西。我从我的狗那里学到的东西比从我读的那些伟大的书都要多，我从我的孩子那里学到的东西比我从那些自认职位比我高贵的专家都要多。孩童的智慧是他们的纯净能力的产物，他们敢于探索而且敢于直言。我家小狗的智慧在于它从不掩藏自己的欲望。当它想要主人爱抚的时候，它绝不会安静地蹲在角落噘着嘴。它永远不会和你玩叫作“猜猜我怎么了”的游戏。它把脑袋枕在我的大腿上，摇着尾巴用诚恳的眼神望着我，等着被疼爱。没有哪个教授或者专家曾告诉我，如果需要爱就简单表达出来，那样才可能取得更大的成功。

这个世界上满是那些叫嚣着自己知道人生奥秘还想要误人子弟的人往往来来，他们皆是为了牟利。这就好像站在喧闹的街口，来自世界各地的思想真真假假，来来往往，有圣人和冒名顶替者，有天才和愚昧无知者，他们都声称自己知道去迪士尼乐园的路。有些人和我语言不通，还有些人自以为聪明，他们也许什么都不知道。其实他们大多并不知道怎么去迪士尼乐园。他们给我指的路模棱两可。当我问道，“怎么去迪士尼乐园？”有的人必须要我给小费才告诉我答案。有些人给我指了一个方向，而又有些人给我指了另一边。我要怎样才能知道哪条是正确的路？只有当我自己去过迪士尼乐园，我才能辨别那些人给我指的方向对不对。到最后，我就是我，正如你就是你，我们都有自己的权威观点。

我的一生都在致力于四处汲取，升华自己。就像宇宙只呈现出它已被探索的部分，我们自身也是这样。一旦我发现新事物，我就可以在我们体内的小宇宙里看到我生平无法想象的世界，它想要我继续探索下去。但是因为接受了别人的权威思想，自身的权威就会受到阻碍，最后成为自我探索的屏障，抑制自我的觉醒，让自己不停地想要模仿。这种抛弃自己的人格还将别人的思想尊为正统的行为简直不啻于自杀。

『门锁六：即使我是自己的权威，别人不也是他们的权威吗？我要怎样才可以胜辩？』

『钥匙六：只有在我们清楚地表达了自己的权威进而去评述他人的权威时，我们才能胜辩。』

我们及他人的权威：当我们为电影的场景感动而落泪，是因为演员先于我们而落泪，真情流露的落泪。剧本里是没有提及眼泪的，这种眼泪来源于演员自己的权威。他不是因为其他人而哭，而是因为他们其时处在那个角色里。如果他不曾体验到自己的悲伤，他不会这么痛哭流涕。

这位演员让我们潸然泪下的表演也就是他的辩论。他是为了引起我们的共鸣和我们的关怀而辩。当他在陈述自己悲伤的时候，就是在陈述他从经历中得来的思想，他的发言太有力量以致使我们感同身受。如果我们没有经历过，我们就没有关于悲伤的自我思想，他展现给我们的场景——他发自内心的辩论——注定是失败的。

我们开始理解：成功的辩论是双方权威性的对抗与交流。此外，我认为对方有反驳的权利，我也希望对方的权利能够实现。但是这并不意味着辩论中就应当让自己的权威思想屈服于对方。我的思想不灭，去接受我认可的观点，将错的拒之门外，他人亦如是。我们不能和那些没有自我思想的人辩论，和他们辩论就像是鸡同鸭讲，对牛弹琴。每一户人家的冰箱上、每一家单位老板办公室的门上都应该贴个标牌，上面写上："请和我辩论。"最后，辩论不只是言辞的交锋。辩论往往更像是交流——这是一项双方参与其中会感到满足而有价值的活动。

所以：我们已经被那些不想要我们的爱而是想要我们顺从的人所禁锢，被那些不想要我们成长而是想要我们阿谀奉承的人所禁锢。但是自由的钥匙就在我们的手里，我们只需要给自己一个许可，就可以打开那扇门。

我们都会恐惧。但是恐惧正是生活的一部分，它证明了我们胜辩的源泉——我们自己。恐惧的痛苦使我们战栗，但我们可以感受其力量并化为己用。有些人说他们没有辩论的天分，他们哀嚎："要是我像那些善辩的人一样就好了。"但是这样的话其实无异于想去自杀，因为如果我们要变得同别人一样，我们就要磨掉自己独一无二的棱角。还有一些人说他们没有多么好的权威思想，但是我们就是权威本身——我们自己就是。

所以，如果你还有关于辩论的疑惑和误解，你可以听一听我的想法，和我一起去发掘那些埋藏在前路的宝藏。给彼此一个辩论的许可，让我们在愉快的辩论之旅中继续交流。

第二章|何时去辩？

——不辩而胜

『门锁：一旦去辩，我就想赢。』

『钥匙：前提是，“什么算赢？”』

什么算赢？赢是指迫使他人放下情绪和智慧组成的武器而对你拜倒辕门吗？让别人大喊“你赢了！我错了！我是一个丑恶的猥琐之徒，我不配活在这个世界上！”，就算赢吗？尽管有些夸张，我们想象中获胜的场景是别人挥舞着投降的小白旗吗？想要赢的话，就一定要像罗马帝国侵略迦太基[1]一样，蹂躏敌人的灵魂，在敌人胸口撒盐吗？要是这样才算赢的话，我职业生涯中恐怕还没有“赢”的辩论。

---

〔1〕 迦太基（QRT HDST）：词源为腓尼基语，意为“新的城市”，地处今天的突尼斯一带。公元前 149 年，罗马人围攻迦太基，三年以后，迦太基被罗马夷为平地，罗马在此战争中展现出非常残暴的一面。

就像大多数人一样，我曾经相信，要想胜辩就要让对方输得落花流水，毫无回击之力。可以想象一下这样的场景若发生在我们家里。按照这个说法，一旦我赢了，我就会与亲人关系破裂。这意味着我的获胜会使自己深爱的妻子和孩子缄口不言；意味着他们对这段关系心灰意冷甚至弃如敝履；意味着我对他们人格和个性的否定；意味着我将独自一人在空旷的屋子里对着自己高谈阔论，喋喋不休，仿佛那样才能享受获胜的快感。

有言道，"棍棒和石头可能会伤你的筋骨，但是言语却能伤你的心"，而这显然是错的。言语能使你伤，亦能使你亡。法官的只言片语就能宣告你的死期，抛弃、背叛、憎恨、否定的言语比匕首还要锋利，言语甚至能引发战争。

现如今，在这所谓开化的时代，言语不仅成了夫妻之间争吵的武器，还体现于商业竞争对手的寻衅滋事中，同事同行之间的角逐纷争中。言语的争辩发生在不管事大事小的任何地方，以及各种紧要的关头。虽然话从嘴边说出来就消散在空气中，它造成的伤害却是经久不消的。就像子弹造成的伤口那样，言语能在灵魂上留下伤疤。不管是不是唇枪舌战，战争就是战争。

把辩论当作伤害别人的武器是在败坏辩论的名声。我想到了我的邻居，一个脾气暴躁的像是随时上了膛的手枪的人，随便什么导火索似乎都能把他点燃。

其中一个导火索——就称它为"做礼拜导火索"吧——是被他妈妈一直以来的恶劣态度引燃的。作为一个孝顺的儿子，他每个周日都要接他年迈的母亲到他家吃晚餐。当他的母亲想问他最近好不好或是孙子孙女们怎么样之前，她都会先问一句："亨利，你今天去做礼拜了吗？”我听了太多次他的回答了，那简直就像电话公司的录音一样，完全可以预测。

他大声嚷嚷：“妈，你明明知道我不做礼拜！”他母亲每次一模一样的回答就是引燃他脾气的另一根导火索的火星：

“你为什么不做礼拜？亨利，你该去做礼拜的！”在一番激烈的唇枪舌战之后，这位母亲会突然停下，并且看起来相当愉悦，儿子在接受了一番母亲的训斥之后，看起来也是一脸满足。他们之间的交流并不是真的辩论，只是一场双方都熟悉的过场而已。

有一天，这个男人的妻子给他买了新的剪草机当作生日礼物。但他没法发动它。他一直不停地拉扯发动环，直到他气得面红耳赤、汗流浃背地破口大骂。

“这个天杀的剪草机！”他吼道。

在这个街区住着的所有人都听到了他的吼声，他妻子随即从后门走了出来。

“亨利，怎么了？”她问。她差不多已经知道出了什么问题。

“这个天杀的剪草机开不了！”他喊着，从车库里拎出了工具箱，准备调整一下化油器。

“剪草器是好的，”她反驳道，“我可是花了大价钱买的。它是全新的，怎么会出问题。”这就点燃了他的另一根导火索。

“你说这破玩意儿没出问题是什么意思？你看不见吗？它开不了！”他也开始激怒她。

“你说对了，这就是个破玩意儿！”她哭喊起来。

“你就是这样感谢我给你买的生日礼物吗？——我送你的时候，你不是很开心吗！”她有些歇斯底里。

“这个开不了啊。”他自己也快要哭了。

“估计是你还没看它附带的使用说明。你从来不看，你觉得你自己什么都知道。”

“该死的，难道必须是天才才能发动这个破剪草机吗？”他大叫。

“问题就在于这破玩意儿可比你聪明多了！”她就像护崽一样争辩道。

为了气她，他挥着锤子砸向剪草机，边砸边骂骂咧咧，于是那可怜的剪草机真的变成了它之前的那个名字——破玩意儿。

她妻子本可以用一句简单的“往机器左边拉”来避免这场争吵，或者是在她丈夫抱怨机器不能发动的时候说“我想知道这是为什么？它是全新的。你生气我也不会怪你”。从她丈夫的角度来看，她要是不激怒他，那这台割草机兴许还能活到明天。同样，如果丈夫可以站在妻子的角度去想，他就可以轻松地发动剪草机。当她维护这台机器的时候，他该说，“我知道这样让你不开心了，或许我真的该看一下说明书”。

在家庭和工作中，人们作的决定和解决问题的办法往往并不出自逻辑、理性或是公平。最终的协议往往是无尽争吵之后的产物，所以双方最后所持的立场，可能来自不情愿的默认、被迫的妥协或是无可奈何的屈服。

此外，很多解决手段也对反抗战争的萌发起了催化作用。伍德罗·威尔逊[1]相信《凡尔赛和约》能够终止所有战争，但它其中

〔1〕 伍德罗·威尔逊（Thomas Woodrow Wilson），美国第二十八任总统。

的欺诈性条款却催化了战争的到来。

辩论不是一个追求毁灭他人的过程。辩论是一种让我们达到目的、满足需求、进而实现愿望的工具，辩论是一种唤醒真理的方式——唤醒我们的真理。它是一门不可比拟的艺术，能让我们更好地和他人交流。

赢就是我们的需求得到满足，通常也包括满足他人的需求。赢可能会解决双方共同的问题，可能会帮助到陌生人，也可能会发现真理。赢可能会使人成功，令孩童启蒙，也可能让敌人对我们刮目相看。不管是为了我们自己，或是为了他人而赢，它终究会让我们得到想要的东西。

如果辩论意味着我们可以从别人那里汲取我们想要的东西，我们就必须为观点留一席之地。辩论可以采取多种形式，比赛就是其中之一。比赛可能会带有一点敌意和挑衅，可能有攻有守，还可能会有争议和讨论。法庭上、市议会上和校董会上的辩论会大多采用比赛这种形式。但是胜辩还可以爱、帮助、理解及与他人合作的形式表现。胜辩可能是无声的，比如想到我的妻子总是耐心地听我发脾气，一言不发地等着暴风雨平息，这使我能够看到我自己的另一面。有时，最好的辩论就是让人在辩论之余探讨自己，就是忍耐与缄默的完美结合。当然，其间的技巧就是知道何时去辩。

辩论——确认自我身份：对有些人来说，辩论是他们想要自我肯定的一种手段，对他们来说，他们的本性是脆弱和迷茫的。我们每天都能看到他们——那些必须要证明他们自己的人。

那些人寻衅、吵闹、斗嘴、推诿，因为他们实际上非常孱弱。

他们想要寻找既能证明又能反驳他们脆弱的契合点。如果你可以听到他们心里那些细小的声音在吱吱喳喳地抱怨，那么可能是以下这个场景：

别　人：约翰尼，你不觉得今晚出去看电影一定会很棒吗？

（约翰尼心声：不。她会觉得你是个没主见的人。）

约翰尼：天哪，你知道我有多讨厌看电影吗！你为什么总想去看电影呢？

别　人：好吧，那看篮球赛怎么样？今晚有灌篮可看呢。

（约翰尼心声：她又想要控制你了。如果你答应她，那你就是一根微不足道又愚蠢的破线头。）

约翰尼：为什么我们不能就待在家里一次呢？你总是想要我跟着你东奔西走。

别　人：好吧，随你便。（于是她拿着一本好书窝在沙发里，这是她现在最想做的事情。）

像约翰尼那样的人不是在辩论，他们是在反对。正因如此，他们永远都不会胜辩。因为他们永远得不到自己想要的，他们永不会赢。但是他们还是证明了一点——他们是讨人厌的。

辩论与分歧：伟大的异议者是怎样的？他们遵从自己的生活准则，为了持续地实现个人目标而辩。历史上的伟人都是伟大的异议者。耶稣就是一个异议者，他将财主踢出圣殿，并且不苟同于“以眼还眼，以牙还牙”的观念；伽利略是异议者，他相信日心说；

马克思也是异议者，他谴责资本主义对人民的剥削和压迫；杰斐逊、林肯、马丁·路德·金——他们都是伟大的异议者。他们都善于雄辩，他们之中有些人曾有相当漂亮的胜辩。即使他们的辩论可能缺乏力量，却从不软弱；即使缺乏信仰，却仍然很可信。他们为了实现理想和服务人民而辩。

为了听到别人精彩的观点而辩：我知道有些人辩论只是为了自己发声，那些人只是聒噪的噪声产生器罢了。他们看起来胸有成竹，但是他们沉醉于自己的辞藻，试图时时刻刻彰显自己的智慧，哎呀，他们就像是清水煮白菜一样乏味无聊。在他们的人生中，他们总是喋喋不休地讲那些陈词滥调以致没有时间去构建自己的思想，更没有时间去倾听，去领略别人的声音。

辩论与神经症：我知道人们经常因掉进神经过敏的陷阱而辩论。对有些人而言，任何思想都像是压在他们身上的无形的大山。我曾见识过一个年轻的律师和想要帮他的法官争论不休。他没有和自己的妻子孩子辩论，也从没有和朋友起过争执，但是当法官落座后宣读庭审规定时，他由一个翩翩公子变成了气急败坏的公鸡。他还对自己的前雇主、军队的战友，以及其他所有偶然间侵犯了他的权威的人都充满恶意。

在法庭上，他越是被自己思想的心魔控制，他的敌意就展现得越多，法官就越发会斥责他。后来，他与法官的关系彻底破裂，并被判藐视法庭之罪，最后不得不搬到另一个社区。而这场匪夷所思的闹剧似乎不停地在他身上重现。奇怪的是，就如同外科医生必须熟练地使用手术刀一样，他激烈卖力的辩论最终却成了导致他自我毁灭的刀刃。

我曾经见识过出于恐惧和多疑的辩论，那些人感觉每一句话、每一个字都是针对他们的批评和指责。有一天在一间小小的乡村杂货铺，我听到了差不多可以归入此类的对话。在等待结账时我听到看起来像是老板的男人和排在我前面的女士说："你好啊。"

"我没有欠账，我前两天付了钱，"她突然生气地说，"你没收到吗？"

"好的，谢谢了。"老板说。

"谢我干什么，我按时付了账的。"

"是呀"，老板对这位女士笑着说。

"你怎么知道的？难道你刚才刷了我的信用卡吗？不管怎样你不能这么做。"

老板看上去受到了惊吓，平息了一下他说："那你拿我店里的东西经过我的同意了吗？"

"你不能这么说我，"她说，"你知道我是谁吗？"幸运的是老板没有再接话。辩论和心理疾病是不可共存的。

我知道有些人因为童年时留下的心理阴影，变得对任何人在任何时间发表的任何有关他们的言论都感到恐惧。某些言论会轻易地伤到他们：伤害来自不能忍受子女的任何一点质疑的家长，来自那些不能给予子女足够关爱以允许子女去学习、探索、质疑、成长的家长，来自那些连自己都不相信更别说信任自己子女的家长。跳舞的时候，大家最怕遇见放不开的舞伴，辩论也一样，最怕对手完全是个"闷葫芦"。

不辩而胜：早前我的妻子伊麦琪教会了我不用张口就赢得辩论的方法。我们度蜜月回来刚搬进了新家，第二天我就上班去了。晚上我正打算吃晚餐，当我决定回家的时候，我意识到我妻子通常都会精心准备一番，所以，我只能想到：不，天啊！我不能回家！我之前的恋爱失败，就是因为有时不能按时回家。我潜意识里仍然被那些阴影笼罩着。因此我并没有直接回家，而是约了朋友到饭店，坐下来聊天喝咖啡。时间流逝，我还是没有按时回家吃饭。我想的是，"我刚结婚，可不能头天晚上就对她唯命是从"。

我和朋友闲聊以致晚了一个小时到家。当我进门时，出乎我的意料的是，迎接我的并不是斥责、埋怨或冷战，而是亲吻和微笑。

"嗨，宝贝儿。我把你的晚饭放在灶台上温着。"妻子说。她精心帮我布菜，然后坐下来陪着我。

"我一小时前吃过了，"她说，"希望菜能合你胃口。"这就是我妻子所说的全部的话——没有一丝质疑，没有一毫抱怨，也没有含沙射影，只有温柔和微笑。

难以置信。当然这是在演戏。我决定来验证一下。第二天晚上我又约了朋友去喝咖啡，又迟了一个小时回家并且得到了和之前同样的关怀。我坐在饭桌前，准备搞清楚我的妻子到底是怎么回事。

"我每次晚饭都迟到，你真的一点儿都不生气吗？"我问。

"当然没有。"她惊讶地说。

"呃，我和你约好了一起吃饭但是迟到，而且也没有和你说声对不起。"

"我觉得你工作上一定有什么重要的事，否则你会回来的。"

“唔。”我说。

“而且，”她说，“你是个大人了，不需要别人一直催着回家吃饭。”这件事就这么结束了，我的妻子在我们的第一次辩论中不辩而胜。在此之后，我们结婚这么多年以来，我再也没有在晚饭时间故意地迟到过了。她在不辩而胜的方面比我造诣要深。我们在书里一次又一次提及的镜子的力量确实是有用的。信任是相互的，我也成了一个值得信任的人。那个晚上，我又重新认识到了我之前反反复复学了又忘的话——爱的表现是最有力的辩论，无论是在厨房、卧室，还是在法庭上。

最近我约了一个很亲密的老朋友吃午饭。我们都陷入了困境。他常年来都是一个在圈子里享有无上声望的成功律师，后来成了受人尊敬的法官，如今他在审判界退休后又重新做起了律师的老行当。这么多年来我们从来没有接到过同一个案子，更别说是成为对立方。作为律政界的老人，我们也无法得知我们的敌人何在，很可能会是我们年轻的同行。而有一天，我们发现我俩在一个重要的案子中成了对手。

午饭过后我们开始试探，旁敲侧击，像是两个老道的拳击手的第一轮交锋，在怀俄明州威尔逊城一个小镇的客栈里开始争论起案子在各方的优势。诺拉的鱼溪小栈是一个乡村木质咖啡屋，有着红色谷仓一样的天花板和在屋子正中贯穿的开放式吧台，吧台上随意堆放着业余水平的艺术品和老照片，桌椅胡乱摆放在屋子的两侧。我听他轻声表达着对他委托人窘况的极度关怀。他还将这些年对我的委托人的看法娓娓道来。“他是好人，”他说，“很好的人。”我感到忧心而无力，那些好人，包括所有品行良好的市民，都不该受到当事双方的任何伤害。但更加令我深感不安的是：我和我的老朋友都掉进了这同一个陷阱。

当我们正要离开咖啡屋的时候，一个穿着工作服的男人走到我们的桌前和我们点头示意，好像他认识我们一样。

“来，坐这儿，”我朋友招呼这个人坐下，然后转过头和我说，“我想让你见见我的委托人。”他的委托人能在我们谈论他案子的时候，恰逢其时地走进来，这还真是天大的机缘巧合呢。

“把你的故事告诉斯宾塞。”我的朋友对他说。

“这没有关系吗？”我问道。我感到浑身不自在，大多数律师都会让自己的委托人在对方的律师面前缄口不言，因为他们可能会用得到的信息来对其发难。

“当然没关系。事实就是事实。”我朋友回答。实际上我朋友还说：“因为我信任你，所以他说出事实也没有关系，你很靠谱。”于是我就听了。一个小时后我离开咖啡屋，我的内心有了一些转变。这件事激发出了我心底对这个案子最原始的热情。我也对事情的另一面有了更好的了解。我感受到了他的痛苦。我听到当他说起他的窘况时，声音中的那一丝哽咽；我看到他脸上满布的愁云，眼里满布的伤痛。我理解从他的角度来看的正义。我听到我朋友的声音，平和得就像一个久经沙场的战士。他并没有要求我妥协或者屈从于他，但我确实这样做了。他其实并没有真正地辩论。他说了，也用行动证明了“我相信你，你是正直的人，不会做不正直的事”。这给予我——他的对手——合理的信任，就是他辩论的力量。

我朋友并没有做什么就让我担起了一部分正义的重担，我到现在还能感觉到。我们还没有决定怎样处理这个境况，因为我也必须为我的委托人争取他想要的公平。而我们之间的胜负已见分晓，因为我们两个人都太清楚胜辩的方法，那就是，对自己的委托人必须尽心尽力，而不是一味地抢占先机。

所以：学会何时去辩与学会如何去辩对胜辩来说一样重要。

第三章 | 理解的力量

——一把“双刃剑”

『门锁：我不是一个强者。我的对手都要比我强很多。我要怎么打败他们？』

『钥匙：无论是你自己的力量还是别人的力量，都可以为你所用。』

力量的秘密源泉：当我辩论的时候，我就会面对别人的力量，那是一种使我感到恐惧但又想打败的力量。我为这力量所着迷，想要追寻它的本源。如果我能理解这股力量，如果我能领悟它的原理和所在，如果我能学会怎样得到和保留它，我将会变得无比强大。我想要那股力量。我需要那股力量去赢。

什么是力量？这股力量的独特性在于它可以让你从芸芸众生中脱颖而出。我们的力量让我们成长，激发我们的潜能。它好比我们血管中的滚滚热浪，鞭策着我们去付诸实践。它是创造力，它是我们的喜怒哀乐。这股力量就是我们的个性——我们的个性将我们的先天优势和后天经验完美结合在一起，组成了我们独一无二的灵魂的“指纹”。这股力量只属于我们自己，它源源不断但依旧无比珍贵。它不应该被埋没、被浪费。我们不能滥用它，不然会遭到更加猛烈的反噬。如果我们放弃这个力量，那我们也就丧失了自我。

理解力量的运作：起初力量只是灵光乍现，一个观念。我面对的力量往往都是我已经知晓的。我换一种说法好了，他人的力量就是我对它的观念，他人的力量就是我的一个想法，他人的力量其实就来自我的脑海。

他人拥有的力量其实来源于我，那是我给他们的“礼物”。我给了他们这世上的所有力量，就如上帝忠实的信徒毫无保留的付出；或者我在给他们力量时有所保留，就像我们授权给孩子的零星半点儿力量那样。如果我赋予他人之前没有的力量，那就意味着我面对的是我自己的力量，不是吗？我自己的力量就是我的对手，我的敌人。如果他人拥有力量，但是是我不曾知晓的力量，那他就没有从我这里得到力量。

我的邻居苏德曼先生，在我看来是一个很好的人，他每天都会照料他的玫瑰花，总是和人们微笑着打招呼。他没有在我之上的力量，因为我没有给他。

然而，如果我像苏德曼讨教怎样种玫瑰花，那我就给予了他向我陈述照料玫瑰花的方法和传递给我他对玫瑰花的热忱的机会，这就是一种力量。如果我进一步请求他去签署让市长免职的请愿书，那我就给予了他更多的力量。他也可以拒绝我的请求，而如果答应这一请求的话，市长的政治生涯也会受到影响。再假设当我拜访他的玫瑰园时，我突发心脏病躺在地上，我就给予了他救我的权力。但是他的力量和权力是来源于我的，我对他的认知就只是教我种玫瑰，请愿让市长免职，或者救我的命。

对于苏德曼先生十岁大的儿子而言，苏德曼先生却有着强大的力量，换言之，这个男孩认为他的爸爸是他食物、居所、营养和安全的来源。他的存在与否完全取决于他的爸爸，因为这种年纪的孩子还没有独自生活的能力。即使以一个孩子的视角，爸爸的力量也取决于孩子的观念。

对于他二十岁的儿子而言，苏德曼先生仍有着强大的力量。这个儿子感觉住在家里就像是在君主的统治之下，因为在他想出去玩的时候苏德曼会督促他好好学习，在他想去航海的时候让他去做礼拜，想和朋友相处的时候让他参加家庭活动。这种出于支配地位的父亲的力量同样也取决于儿子对他的看法，因为如果儿子可以选择，他也可以不给他父亲一点儿左右自己的权力，那他就可以像他的同龄人一样不受约束地去做他想做的任何事了。

如上所述，苏德曼先生有没有力量，都取决于别人对他的看法或是基于特定的场景的看法。但是即使在每一种场景下，苏德曼先生还是原来的那个苏德曼先生。这样可以说明他的力量就是我们认知的产物，他的力量是我们所给予的——他的力量也就是我们的力量了吗？

当然苏德曼先生有他自己的力量。但是他可能觉得自己只是一个平凡的种玫瑰的园丁，他可能没有意识到他有力量，无论是签署了让市长免职的请愿书，还是其他什么可能有重大影响的文件。至于他的孩子，他可能觉得他们是又蠢又倔的小牛，他控制不了他们，也不受他们尊敬。最后他可能觉得他只是一个无足轻重的人，玫瑰花就是他唯一的慰藉。但是他的力量，就如同我们一样，是他对自己看法的产物。

作为一个年轻的律师，我曾在无数个夜晚盯着天花板，沉浸在一个严重伤残的委托人的案子中，对如何面对对方律师的力量而深感忧虑。曾经我有一个不小心被吊车搞成脑损伤的委托人，他丧失了记忆，不知道他是谁、他在哪儿。他应该受到公平对待，但是保险公司连一分钱都不赔偿给他。就像他们常做的那样，保险公司让他们的资深律师来为他们辩护。为了让我的委托人得到公正的审判，我必须打败这个人。

在那个官司里，我认为对手的力量是优于我的力量的，对手有更高明的才能、更讨喜的性格。我觉得陪审员们一定会更喜欢他，因为他们会觉得他是更有魅力的人。保险公司更倾向于聘用那些有迷人的微笑和性格的人，无论走进哪个法院，你都可以一眼看出谁是保险公司律师。他们仪表堂堂，留着完美又规矩的发型。他们经常穿着洁白的衬衫，领带总是和海军蓝细条纹的西装搭配得当。他们还很随和、很谦逊、很亲切、很温柔，从头到脚都很恰如其分。人们总是不经意间就把目光聚集在他身上，不由地听他讲话，因为人们总是倾向于相信看起来和善的人，所以他总是在赢。

在法庭上这是极不公平的。可悲的是那些坏心肠的讼棍往往深谙此道，引导着陪审员们深信他是体面而和善的，但事实是他只有一个目标，那就是要剥夺绝望的伤者的正当权益。他让我想起了屠宰场的犹大山羊。山羊要比绵羊聪明很多。出于对主人的忠诚，犹大山羊将绵羊群引向死路，而绵羊们只是蠢蠢地跟着山羊，因为他们给了山羊百分之百的信任。一旦到了屠宰场，山羊又会将另一群绵羊引向死路。我该怎样向陪审团揭露保险公司律师的丑恶嘴脸呢？我要怎样才能胜辩？

我发觉我完全沉浸在对这位万人迷的恐惧之中，无法自拔。我和我认识的所有同行聊天，希望可以获得关于他的信息。我听得越多，越觉得他无懈可击。而且似乎所有人都喜欢他，即使是那些被他打败过的人。我绞尽脑汁地构思要向陪审团陈述的论点，最终我想出了一条。

各位陪审员：

伦道夫·海托华先生是一个大好人。但是当这个案子结束，他得不到什么，也不会失去什么。无论输赢他的薪酬一分钱都不会少。无论最终的裁决是什么，当这个案子结案后，他又会代表同样的委托人重新站在这里（法律不允许我们告诉陪审团其委托人是保险公司）。当他再次踏进法庭，不顾案情事实真相，他会对不同的陪审团露出同样的狡黠微笑、同样的完美举止、同样的和善外表。我吓坏了。不管事实如何，不管正义在哪，不管他的委托人、他的诉因有多邪恶，他永远都是那样——那么的不可思议地泰然自若，不由自主地让人信服——总之，他太厉害了。

我很害怕你们看他会更顺眼一点，实话说，因为他比我可爱多了。我害怕比起我，你们会更亲近他，说真的他看起来就像那种让你想去结交的人，而有时候我有点儿粗鲁，不好相处。

我害怕司法系统把你们聚集到了这里，你们会作出对他有利的判决，因为你们喜欢他。这就是我所害怕的，我想了很久。

后来我确实对陪审团这样说了。被我刺激到的陪审员们对我们这边作出了不利的判决。再后来，有一个陪审员非常和善地和我谈论起了我的辩论。

"斯宾塞先生，你不信任我们吗？"

"当然信任，"我迅速回答，"为什么这么问？"

"因为你煞费苦心地想要告诉我们你害怕我们将这个案子当成个人角逐。这个案子不是律师之间的比赛，斯宾塞先生。我们根据事实作出判决，不是根据律师的优秀程度。"

我突然意识到这证明了我确实不够好。我发现得太晚了，我意识到我一直在花费时间和对方律师较量，而不是向陪审团陈述案情事实；我意识到我给了对方律师太多的力量，所以他的案情陈述要比我的可信得多；我意识到我没有分清谁才是我的真正的敌人。这些年过去了，我现在明白了作为一个有天赋的优秀律师，他只是尽他所能去维护他委托人的利益。话说回来，我面对的是我自己创造的无法被征服的巨人，我自食其果。我组装起了这个巨人——事实上是我的巨人——用尽全力打败了我。

那时我还不知道我会像现在一样去传授经验。这是一个需要学习和记住的教训。我们经常遇到那些比我们有优势的对手，他们通常比我们睿智、聪颖、英俊。我们在大肆挥霍我们的时间，经历，甚至我们所有的力量来担心对手的力量，并且因此赋予他力量，所以不管是多么精彩绝伦的辩论都无法动摇他，唯一可以动摇他的人就是我们自己。

很长一段时间我都不再给我的对手任何力量。我自己积攒着，用它来准备我的案子，关心我的委托人。我学会了跟从我内心的声音："你很好，你能行。如果你能把力气花在探索真实的自己上，如果你能尽可能地展现你的才华，像孩子一样直言不讳地说出要点，说出受害人的心声，这才是所有力量的真正源泉，这就足够了。"还有一点要说的是："我就是这样有了赢的力量。"

死亡与税金上的力量：如果所有的力量都来源于我，为什么我却没有避免死亡和纳税的力量？我没有阻止死亡的力量，但是我有面对它的力量。我可以选择不同的情绪来面对它——或是恐惧，或是勇敢，甚至是愉悦。我怎么样面对死亡就是我的一种力量。我没有力量去废除税法。要求我纳税是政府拥有的力量。但是我有着决定是否缴税的力量，我可以有反对收税的力量，有避税甚至逃税的力量。我有力量来作这样的决定——只有我自己。

当我在深夜空旷的街上被一群恶棍围住时，我可能没有逃跑的力量，但是我有决定怎样回应他们威胁的力量。我可能会害怕，但是我有力量去对抗内心的恐惧。我可以跑，我也可以回头去直面恶徒，我还可以争辩、反抗，或是装死。总之，不管什么场合，我自己就是所有力量的来源。

去了解那些强者的力量：当我们之中的一个人突然平步青云，这其中一定有奥秘。这个可能曾经才智不过尔尔的人突然变得很不寻常。想想一个带着酒瓶底眼镜的男装店店主，机缘巧合下成了国家元首。他变得力量无穷，责任落在他的身上，就像一个烫手的山芋。他在“二战”期间造成了无数日本人的伤亡。我们给了他这样的权力。然后，由于他是一个伟大的总统，我们尊敬他，即使他曾是一个草根。

当哈里·杜鲁门接任总统职位时，他并没有一下子变得更睿智、更聪明，他的青云直上决计不是因为脑细胞临时的激增。他身份的转变来源于这个男人他自己的观念转换，但是他依旧是之前那个他，和之前一样的学历、一样的经历、一样的基因、一样的大脑。男装店店主和总统之间最显著的区别在于他赋予自己的力量，也就是我们对他的观念赋予他的力量。

当我的一位律师同事升职成为法官，这样的转变同样会出现。这个人曾经只是个造诣平平的律师。我们叫他比尔——平庸的比尔。但一旦他穿上黑袍，我们就视他为法官。我们叫他“法官大人”，比起之前和他辩论的时候，我们现在遵从他的意见，并且无条件地接受他的判决；他之前讲笑话我们都难以共鸣，而成为法官的他却让我们常常因为他的笑话大笑不止；当他只是律师的时候，他的高尔夫打得不怎么好，但当了法官之后，他好像没再输过。

比尔对自己的看法也变了。他相信曾经的同事给他的反馈，喜欢别人叫他“法官大人”，他享受着他进入法庭时人们全体起立的样子。他有一点儿陶醉，有一点儿自恋，他心情舒畅。他爱他的力量。他开始相信自己绝无过失，我们和他自己都赋予了他类似上帝的力量。他可以使我们的委托人失去生命、子女和家庭。他在审判中立场的偏颇可以决定官司的输赢。确实，他有个快活的职位。

我们赋予他人的力量多少通常取决于我们的感知水平。我们觉得法官是无所不能的，所以我们害怕。这种感觉让我们不由地颤抖，大脑死机。在法庭上，比尔成了一个暴君。他要求我们遵从，他的规矩严苛。比起之前他还是我们的同事的时候，现在他觉得他在万人之上。很快所有人都看不起他。他的蛮横、无能以及对力量肆无忌惮的挥霍彻底蒙蔽了他的双眼。比尔的本质其实没变，变的是我们对他的认知，变的是他对他自己的认知。

了解父母和老师的力量：自出生以来我们就要学会给别人力量。作为孩子，我们把父母和老师看得像神一样，他们有着我们没有也不懂的力量。对外人来说，我妈妈似乎是一个和善有礼的漂亮女人，有着锐利而又善良的眼神。对我来说，她是神秘而高深莫测的，她的力量超出认知——即使她已经去世多年，我对她的看法还是这样。

理性上我知道我爸爸只是一个普通人，但是对我而言，他比别人要更加勇敢强壮，更加睿智和善良，因为他是我爸。我也会和我爸爸争吵不休，那些只是和我爸爸才会有的争吵。爸爸——对我而言是充满力量的词语，妈妈——对我而言是充满神秘的词语。

除了在诉讼当事人和律师眼里，法官在他人看来只是平庸的比尔；除了在孩子的眼里，他的父母也只是普通人；朋友关系是相对的，雇佣关系也是相对的，政府记录的数据也只是数字。没有我们赋予他们的力量，那些力量也不能够称为力量。

了解上帝的力量：就像对我们的父母一样，我们赋予上帝力量。上帝的力量也就是我们的力量。如果不是这样的话，我们就不会频繁而迫切地想要把我们的力量给上帝，因为我们可以再向他讨回来。

我得说，我们看待力量的眼光必须要现实一点，不要期待上帝给我们的力量会比我们给他的力量更多。如果我们不给他力量，他也不会给我们。因此，如果我们知道所有的力量都是源自我们自己，我们应该保留起初的力量吗？

然而，真的上帝才不稀罕我们的力量呢。这玩意儿他多得是——他拥有整个宇宙的力量。上帝才不会一边觊觎我们那蝼蚁般的力量，一边劝诫我们不要贪得无厌；上帝才不会为了私藏力量而将我们拒之门外，因为我们的力量是给我们自己的——不是要返还给上帝，而是要返还给我们人类的，难道不是这样吗？公正睿智细心地运用力量，难道不就是我们取悦上帝的一种方式吗？这种我们尊崇的方法难道不是真的尊崇上帝吗？

审判的力量：所有力量的实体都想要审判我们，我们一直被灌输上帝会审判我们、父母和法官会审判我们的观点，但是只有我们赋予他们审判的力量时，他们才有这样的权力。否则他们有自己的权力，为了他们自己的目的来对我们进行审判。

几年前我正在纽约为伊梅尔达·马科斯[1]辩护。她和新闻媒体中的形象截然不同，其实只是普通人。这个寡妇被政府绑架，在联邦法庭上被那些同意以雪藏这位前菲律宾第一夫人作为交易条件的国际政客检举，因为他们想从新菲律宾政权那里得到好处。媒体把最丑恶的罪名都加在她的头上，洗脑全国人民都去反对她，把她塑造成窃取穷苦人民血汗钱而挥霍无度的恶魔。她身处别国，被别国检察官在别国陪审团前以违反别国法律的罪名检举，现在她要完全依靠别国的律师来为她发声。

有一天在去法庭的路上，我和马科斯夫人的车驶过一条热闹的街区时，恰巧遇到了红灯，卖报小孩儿们举着最新发行的报纸蜂拥而上。我看到其中一个孩子手中拿着的日报，封面整版印刷着一张奇形怪状的马科斯夫人的照片，下面还有一句大标题，其中包含了一个词："猪哼哼"。

我试图分散她的注意力，但是她立马看到了那张报纸。我拍拍她的手安慰她。"你一定很难过。"我说。

"不。"她说。她的眼神温柔而和善，她的嗓音轻柔，没有一丝的愤怒和受伤。

"不吗？"我问。

"不，"她再次回答，"那并不是我。"

她是对的。那不是她。我在法庭上听到很多猪叫声，但都不是她发出的。她只是个被错误地卷入政府国际政治游戏中的女

〔1〕 伊梅尔达·马科斯（Imelda Marcos）：菲律宾前第一夫人，人称菲律宾"铁蝴蝶"，是一位极富传奇色彩的世界级名女人，曾被指非法敛财。

人，最终还是被陪审团裁定为无罪。但最重要的是，她既没有给报刊力量，也没有给那些明明不了解她却鄙视她的美国公民力量——去审判她的力量。所以，她是自己唯一的审判者。

我们传递给力量实体的力量，就像将我们每周的薪水存进银行一样。在我们开户之前，银行没有支配我们及我们财产的权力，只有我们存了钱，银行才拥有这样的力量。存完钱以后，我们会发现，我们的财产受制于银行的规章制度，它可能会调用我们存进去的钱，和其他人的钱累加起来，放贷出去来赚取利息。而且只有通过银行的固定程序，我们才能把自己的钱取回来。我们想要进银行就必须按它的规矩来——时间由它定，地点也由它定。我们必须要和其他想要存钱的人一样排队等着。如果我们想要取回比存的时候还要多的钱，那我们可能就得坐牢了。我们把钱存进银行之后，我们就变成了茫茫数据中的一簇。最后，一旦我们给了银行支配我们财产的力量，我们就需要遵循银行的规章制度来取回我们最初的财产。

鉴于对力量的这些了解，我们应该因为这些力量实体而改变自己的观念吗？还是应该根本就不把这些实体当作一回事？我们能不能索回那些我们已经放弃的力量？在一间当地饭馆里，那个带着酒瓶底眼镜的谢顶啤酒肚男人，安静地坐在他无趣而死气沉沉的妻子身旁吃下肥腻牛排时，他只是一个普通人——即使我们得称他为“法官大人”。神父只是普通人，医生和教师也只是普通人。他们为他们自己职业生涯中的棘手难题而受苦、奔忙、抗争；与此同时他们也经常将自己的力量拱手相让——给宗教，给神话，给顾问，以及其他可能从他们那里得到力量而又能返还给他们的任何人和物。

如何应对反对的力量：当父母、老师或是老板用他们的力量来控制或者伤害我们的时候，我们要做什么？我们可以让反对我们的力量化为乌有。他们的威胁，他们可怕的咆哮和怒吼，他们的针对和指责，他们卑鄙的谩骂——这是什么？这是病态而不是他们的力量。每个人的性格就像布满了小孔的瑞士奶酪一样。一个孔就代表一块需要学识来填补的智力空白，那些小孔也可能是感受、洞察力或是同情心的空白之处。一个英俊的人可能用他的魅力来填补缺乏勇气的小孔，如果他很机灵，他也许也会用俏皮话和小聪明来填补。如果我们有头脑，那就可以用聪明才智填补。美貌、机智、聪明、智慧——这些都是力量的形式，我们用这些力量来填补我们性格上的“小孔”。当一个力量实体，比如一个法官，如果他没有别的长处可以弥补他的缺点，那我们就要忍受他未经开化的蛮力了。

一旦我们了解力量是怎样被人们误用，为什么被误用，他们的力量就不可能再使我们畏惧。我们看到他，只会耸耸肩继续往前走。我们不会崇敬也不会害怕这种力量的实体，试想，谁会去崇拜一个叽叽喳喳的儿童、一个垂死挣扎的可怜人、一个惊慌失措的法官、一个拥有力量但是愚蠢的人？

我们对那些拥有力量却不会用的人感到可惜。在许多人手中，力量是用不上的。一个法官可以拥有使用全部法条的力量，甚至是判处死刑的力量，但是如果他没有学识，那么他就没有传递公平正义的力量；一个家长拥有全权处置孩子的力量，但孩子的成功与否却不是这种力量可以决定的；老板可能有处置员工的力量，但他不能用这种力量来强迫员工超出其能力去工作或是创造，他也不能强迫员工疏远或是忠诚。

任何对力量的说辞如果不承认阿克顿勋爵的永恒法则的话，都是不完整的：权力会产生腐败，绝对的权力产生绝对的腐败。这个永恒法则对上帝和凡人都适用。

力量的无力性：责任和力量是相辅相成的，两者缺一不可。他们就像双子星，围绕同一个中心旋转。全能的法官对法庭的公平负有责任，全能的家长对孩子的茁壮成长负有责任，全能的老板对车间的生产负有责任。但是如果法官没有律师为他陈述案情就不能实现公平，如果家长没有对孩子的爱就不能将孩子塑造成成功的人，如果老板没有员工的尊敬和帮助就不能开工生产。难道这不是个悖论吗？这难道不能证明力量总归是无能为力的吗？

任何一个家长都会对了解他们用心并且听话的孩子心存感激。任何一个老板都会对了解他们责任并且努力工作的员工心存感激。那些用来帮助承担责任者的力量，往往都可以归于我们自己。这是可以理解的吧？还有，当我们用力量来帮助那些力量强于我们的人时，我们也为自己注入了力量，不是吗？

力量的独立性：力量是孤独的，是被隔离开的。整个宇宙没有比上帝更孤独的神，没有比法官还要孤独的人，没有人不需要任何友情。老板也曾经是员工，曾经也有很多朋友，现在他从以前的朋友圈子中脱离了出来，他是孤独的。他曾经的一些老朋友讨厌他，还有一些害怕他。家长往往是和孩子分隔开的，他们可以和睦地相处，可以互相爱护，但是能成为朋友的少之又少，因为他们不是同龄人，而这是友谊的基础。力量，不论虚实，不论肉体还是心灵，都是孤立的。

了解对力量的病态需求：许多人会从事那种对他人行使力量以满足自己的病态需求的工作——狱卒，警察，部分法官、院长、老师、家长，几乎所有的政客——你懂的。不安、恐惧、孤独，是他们必须要掌控的。抓着别人痛处不放是一种黑暗的心理疾病。这些人往往倾尽全力来应付这种心理，这就显出自己愤怒而狂躁。我想到了柏拉图曾说："获得力量的他人呢往往是那些不热衷于它的人。"一句老话说得对："当爱的力量取代了对力量的爱时，这个世界就会变得更好。"

了解力量和责任：一方面，那些负有责任的人会对他们的力量心存敬畏。"假如我滥用力量会怎么样？"他们问，"假如是在不知情的情况下用错了呢？"对于这些人来说，力量是沉重的负荷，对他们当中的一些人来说，力量可能不是个讨人喜欢的礼物。在"一战"中，那些作分诊决定的人有决定生死的权力，但他们日后通常都留下了不可治愈的心灵创伤。当必须驳回一些显得同样公平的案子时，我都会苦恼我的理由是否正当，我的选择是否正确。我知道我脑子不太灵光，没有把握，有时会觉得内疚。权力有时是一种负担。我们不能责怪上帝，不能责怪其他人，因为力量是我们自身的，责任也是，因为我们知道只要是以爱的形式，力量就不会弄伤他人。

力量的盲目性：比别人强大往往使我们飘飘然起来，从而迷失自我。在迷雾中，我们有时沉醉其中，有时眼花目眩，而盲目的暴君是不能成功地治理国家的。优秀的人从不认为自己优秀，越是自己觉得自己优秀，越容易适得其反。我想到了约翰·斯坦贝克对他的巨作《愤怒的葡萄》的评价，他说："这本书不是特别好。我曾经希望它能成为一本绝世好书，但它不过只是昙花一现的那种。而糟糕的是，这就是我极限的水平了。"[1]

另一方面，当我们意识到我们就是更强大力量的源泉时，这会给我们提供更多的力量。当我们认识了我们的力量，我们就能突破限制，不再害怕，并且能激发出令人意想不到的神奇潜能。

力量，是一把"双刃剑"：力量就像一把手枪有两个枪口，同时瞄准两个方向。当一个人朝着力量较弱的人扣动扳机时，子弹不仅会飞向被害者，还会飞向扣动扳机的加害人。这枪作为一种武器，仿佛已经不需要其他的力量了。它使怨恨在心中发芽壮大，让你不断地想要报复。没有爱的力量所产生的报应会反过头来打败我们——我们却无从获悉这个反作用发生的时间和地点。但我们知道的是它会倾尽全力去破坏，去报复。复仇是正义的私生子。

当我还是个年轻律师的时候，在一些案子中，我都把力量和策略用在了驳倒任何一个反对我的证人身上。我瞅准了那些眼泪汪

---

〔1〕 该书作者于1962年凭借《人鼠之间》获得诺贝尔文学奖。

汪的老人——他们只不过是为了保住工作的公司的“狗腿”罢了；我瞅准了真真假假的专家——他们只不过是比起伸张正义，更乐于作为收费证人而敛财的人罢了。我恨不得把他们挫骨扬灰。陪审团只用了十五分钟就作出了不利于我方的裁决，我惊呆了。难道我没有赢吗？难道我没有驳倒对方的证人吗？难道我在盘问时太咄咄逼人吗？

当陪审员们从法庭鱼贯而出时，一个女人走近我。她抬头用满含泪水的眼睛看着我。很显然，我的这位重伤的委托人，在庭审后输了官司，她一无所获。她怎能甘心离开法庭？

“斯宾塞先生，”她飞快地叫道，“为什么你让我们这么恨你？”

几个月来，她的话一直在我耳边回响。“为什么你让我们这么恨你？”然后有一天我突然意识到我不仅驳倒了证人，还讽刺了他们，让他们成了众人的笑柄。我曾经看不惯那些和蔼的公司老职员，他们一辈子都在笑——对他们的老板笑，对顾客笑，虽然一直明知是残次品还要尽力推销。我讨厌伪善和不讲道义的人，所以我抨击他们。我看到谁就抨击谁。我抨击那些伪善而狡猾的公司律师，我抨击那些只会虚与委蛇、诡计多端的学者专家。随后整个法庭都被我殃及，我甚至抨击了陪审团，因为我的残暴行径逼着他们倾向了对方。我释放了我全部的力量，而这也将我自己击败。

虽然我说别人攻击我们时我们必须反击，但是力量的使用不能拿来用于霸凌和胁迫弱者。人们不能抨击母亲和孩子，除非那些母亲需要稍稍提点一下，除非那些孩子太过调皮捣蛋，需要教训一下。力量只有在表面上很好的情况下使用，才能不伤及他人。力量就好比汽油，在地上四散开来，它可能会使这里变成地狱火海，造成无尽的伤害。如果正确地使用，它就可以用来做饭，或是让我们开车到波士顿去。

用力量去威胁：我听说一些书宣称可以教授如何通过威胁别人而获胜。当我还年轻的时候，我也曾被一些前辈——那些比我有技巧的律师——威胁过。通过从这些经验中获取力量，我开始去威胁其他律师了。我记得曾经的我通过激怒对手来迎战，我曾经相信威胁可以迷惑他们，让他们惊慌失措。我记得要贴近他们的脸，直视他们的眼睛，说着他们害怕又讨厌的事情。我现在还能记起那些场景。我为我曾经太害怕我的对手、太不自信，以至于我觉得我只能靠威胁取胜而感到懊恼；我为我不够聪明而懊恼，因为没有发现当一个人想要威胁他的对手时，他只会激励对手做得更好，原因是对手因为威胁而需要尽力抗争，只会变得更强。我为我没有积蓄力量进而以一种安静、开放、令人深信的方式陈述案情而懊恼。其实，我是恐惧的，我都不知道我自己的力量究竟有多大，反而想要通过威胁来夺取对手的力量。对于旁观者来说，威胁战略证明了威胁者一点儿也不强大。

所以：我们显然需要力量，但是我们需要的是自己的力量。一场胜辩展现出的力量可能不是显而易见的控制力量，那是因为力量是有多种方式的——比如文雅、比如怜悯、比如关爱、比如谦逊或是敏感。

我们逐渐开始明白，即使我们觉得有力的声音——当局的严厉声音，欺凌时的颐指气使——并不是力量的真正声音，而仅仅是不自信的恼人噪声罢了；我们逐渐开始明白，使用过于强大的力量经常可以将怯懦或是其他严重的性格缺点隐藏起来，但那样的力量往往不会让我们得偿所愿——我们难以那样的方式去赢得爱、尊重或是成功。我们也学到了力量是似是而非的，有时弱者即是最强者，它贯穿了整个历史。像电影《洛奇》中讲的，洛奇永远要强于阿波罗；也像《马太福音》中说的，谦卑人确实会承受地土。

我们已经发现，我们和他人的力量，所有的力量都来源于我们自己。

而且只来源于我们自己。

至少我们懂得：我们就是力量。

所有的力量。

第四章｜信度的神奇力量

——坦诚相见

『门锁一：没有人听我讲话。为什么他们要这样？我是谁？』

『钥匙一：任何人都能是可信的，我们要勇于吐露真言。』

每个人可以成为闻名遐迩、思维敏捷、心智成熟、经验丰富的伟大演说家，但如果你的发言不可信，那一切都是空谈。

我们经常可以看到小朋友用最简单的语言揭示出真理而胜辩的例子。我们每天都能看到有人因为被信任而胜辩。他们不找借口，不做伪装。他们不尝试去吸引或操纵他人。我们会有所见即所得之感，真实的人是有缺点的，这才叫真实。

第一个小窍门：第一个胜辩的小窍门就是放弃耍花招。我们大部分人都可以聊聊自己，却往往是点到即止，即使是着重谈谈我们的感觉时，也通常是点到即止。但是我们都不会说出太多自己的真实情况。我们会隐瞒自己的伤痛、怒火以及内心深处的恐惧。我们害怕显露出恐惧或是愉快的情绪，我们掩藏着自己的思想、自己的不安感，甚至我们自身。可信度是骨子里散发出来的——甚至在更深层的地方。我们自我膨胀，想要变得像令人害怕的歌利亚巨人一样。但我们不记得大卫王了吗？[1]再好的借口也什么都赢不到。虚情假意的眼泪和说辞都是没用的，最终得到的只可能是额度为零的可信度。

要想赢，我们必须被相信。

要想被相信，我们必须变得可信。

要想可信，我们必须说真话，关于我们自己的真话——全部的真话。

温斯顿·丘吉尔曾说过："人们最想得到的是事实——最令人激动的事情，就是说真话。"

寻找童真：我们的内心都住着一个受惊的孩子，他不愿前行，停滞不前，要想辩论，我们就得从停下来的位置再次出发；我们必须从隐藏着呜咽哭声的地方，从怒火中烧的地方，从恋人、圣人和古代战士合为一体的地方出发，去进行辩论。这就是我们最要注意的地方、极为珍贵的地方，我们人类的核心。那就是可信度所在的神奇之处。

几年前，我在芝加哥对阵一群老练又时髦的出庭律师，他们蓝

---

〔1〕 歌利亚巨人：传说中的著名巨人之一，《圣经》中记载，歌利亚是非利士将军，他拥有无穷的力量。最后，牧童大卫用投石弹弓打中歌利亚的脑袋，并割下他的首级。大卫王：大卫统一了以色列，成为著名的大卫王。

色的条纹衫上装饰着昂贵的羊毛线。在我陈述之后，一个年轻的律师在门廊叫住了我。

“我有些不对劲，”他说，“之前所有的案子我都能赢，当时我不会交叉讯问，不会辩论，但是我赢了。这些年我学了所有出庭律师的技巧——我学得很好，但是我没再赢过了。似乎是我用的技巧越多，我就输得越多。”

技巧对提升可信度没有什么帮助。所以也对胜辩没什么帮助。最能说会道、油嘴滑舌的律师也欺骗不了普通的陪审团，至少不能长时间欺骗。我两岁大的孙子咯吱地叫着拍打桌子，却是可信的。他不能用华丽的辞藻去描述一个教育学论点，但是当孩子哭的时候，我们就知道他是饿了或者累了。可信度的建立需要回归童真。

『门锁二：我们每天都在被骗——被媒体，被老板，被所有人。撒谎是生活的一种方式。胜辩就仅仅是学着成为一个撒谎专家吗？』

『钥匙二：我们可以欺骗别人一时，却不能欺骗一世，他们的信度探测器会传递一条不容置疑的信息：“这不是真的。”那时任何辩论都会全盘皆输。』

当然，我们能通过装作可信的样子获得暂时的可信力，但是这不是长久之计。当我们高谈阔论的时候，那些听着的人就会伸出无数条心灵的触手，去寻找欺骗和谎言的蛛丝马迹。那些触手摸寻着隐藏的阴谋，因为危险隐藏在我们心灵的荆棘丛之中，我们必须负重穿行。

我们心灵的触手：如果能从自我精神的角度去看，我们看起来就像长着两条腿的小虫子，有着四散延伸的触手。我们的心灵触手伸向演讲者，包裹着、触诊着、丈量着演讲者。他在说真话吗？这些触手汇集在一起组成一个警报机制，评估着那些说出的、听到的、看见的东西。这个机制搜寻着那不和谐的元素——一个错误的发音，一个不恰当的词汇，一个有着一丝预谋痕迹的动作，一种节奏，一个表情，一阵颤动，一声不礼貌的咳嗽。

我们都拥有这种触手。就像我们的免疫系统，我们的隐形信度探测器一直在搜寻敌人的踪迹，因为伪造的东西迟早都会露出马脚。我现在说的不是智商方面的问题，无论是天才还是普通人，都有这样的探测器。我不是在讲直觉或是虚无缥缈的概念。我讲的是可以让我们找到真理指环的精神机制，从而在欺骗和谎言中更好地保护自己免受伤害。

用更多方式交流：就像我将在后面的章节提到的，我们不仅用言辞交流，还要用词语的不同声音和节奏。我们还通过沉默交流，通过身体四肢交流，用肢体语言交流——通过我们做动作，起立或移动的方式。

面带微笑：我们要怎样认识那些当进行着伤感发言时会面带微笑的，笑着经历那一切的人？看到他了吗？他还在笑着。那些闭着嘴巴笑，就像是要忍住笑意的人怎么样呢？他们有什么瞒着我们的吗？那些在每个词中间都紧张得笑的那些人呢？你也见过他们。嘴角抽动一样稍纵即逝的笑不是表示快乐，而是明显的悲伤表情。我们可以相信这些吗？

还有眼神：常言道“眼睛是心灵的窗户”，它们真的是吗？我们都遭遇过那些抗拒窥探他们心灵窗户的人，我们不再相信他们。我认识一个法官，当和我说话的时候，他的眼神总聚焦在我眉毛中心向上两英寸的地方。我还在暗忖，我的天，难道我脸上那块有什么脏东西？我不止一次擦了擦他盯着的那个地方。我又挺了挺身，他的目光也跟着抬了抬，又盯着我脸上同样的位置。虽然我出过很多次这位法官的庭，这么多年了和他也有点交情，但他没有一次直视过我的眼睛，也没有直视过别人的眼睛。虽然这么多年他也和我分享了许多事情，但我一句话都没记住，因为他从来都是和我的脑门儿说话，不是和我说话。

然而，有时眼睛就像镜像一样可以迷惑我们。在法庭上我遭遇了很多可怕的变态杀手。我曾让他们正视我的眼睛，他们的眼神空洞，没有一丝恨意。从他们的眼睛里得不到什么信息，他们的眼睛没有生命，就像空瓶子一样。在法庭上我还见过隐藏着恶毒心思却充满爱意的眼神。我知道那个保险公司的律师，当他说话的时候，总是用敬爱的眼神注视着我和在场的每个人，即使他和我是敌对关系，我发现自己仍然在用友好又温和的语气和他说话。当你对视着别人满含善意的眼神，你很难用不和善的语气和他说话。但回头想想，我总觉得有什么不对。他太聪明了，他说的话太让人高兴了——我就叫他“甜嘴巴”。但是如果有人听着看着，一定会发觉气氛不太对劲，他的眼神爱意太满了，他的嘴也太甜了。而且如果一个人无意中掉进这个陷阱，好吧，我完全相信他会被摧毁，当“甜嘴巴”把刀插进那人的心脏的时候，他的眼神一定会轻柔且充满爱意，就像他裹了糖衣的嘴巴一样。

可信的眼神会传达你言语想要传达的信息。这样的眼神也会契合剩下的演讲。开心的、伤心的、悲痛的、愤怒的眼神，始终配合着声音，支撑着讲话人的情感。当眼神里缺少了那些东西，那些原本应该有的东西，我们就会发现。

让身体也说话：身体肌肉事实上也参与了对话，而且有时要比言语更加敏锐。我们都可以看出这个新手，他一直苦恼地注意着他的手，他把手插进口袋，或是背在身后，或是双手合十，又或是垂在身侧。该死的胳膊！该死的手！作为一个新手，我特别害怕在没有讲台的地方讲话，那样我简直就会手足无措。女人可以做得更好，因为她们的裙子上没有口袋。有些人他们把双手紧紧贴在肚子前，好像他们的肚脐有什么危险要护着似的。

老练的演说家会忘掉他的手，让它们随着感觉而动。但是他的身体动作不仅要舒展，而且最好还是发自内心的，以免展现出和说话人的发言相悖的感觉。最近我参加了一个销售会计服务的电视节目，镜头前的男人穿着典型的“相信我”式的灰色商业套装，搭着蓝衬衣，打着稳重而令人尊敬的领带。他的发型精心整理过，我可以说他的肩膀上也没有掉下来的头皮屑。

根据那些教销售知识的人说的，发言人会正视着观众的眼睛然后开始推销。到观众跳起来大叫“好，好，不要再说了，我买了”的时候，他的身体语言和他想说的正好相反。当他劝着我们去买这个服务的时候，他的头猛烈地左右摇摆，就像在说“别买”一样。

我们都知道身体语言，身体语言就是人们怎样通过动作和身体的姿势来展现事实。一个人可能会微微避开他不接受的东西，他可能会在疑惑的时候把手指伸到嘴边，或是当他要告诉自己不要说话只听就好的时候，就把手指放在最中央做一个噤声的动作。但是身体语言不总是说出全部的事实。

在一个案子中我控告了生产克莱斯勒轿车的公司，其车身内部放置了一个不合理的座椅，该座椅在一次追尾事故中塌陷，致使我的委托人受了重伤。审判期间，我开始注意一个坐在后排的陪审员，那是一个穿着背带工装裤的农民，他把我拒之千里之外。根据身体语言学家的理论，他的胳膊经常交叉在腹部的话，证明了他不想参与我的辩论。但是我需要说服他。在怀俄明州，裁决必须要陪审团全员一致通过。但是当他怒视着我，他的胳膊还是叠在胸前的。当陪审团得出结果，裁定支持我的委托人时，我仍对那个农民十分好奇。我在他走出法庭的时候叫住了他。

“你知道，”我说，“我刚才一直在担心你不会通过。你一直抱着胸，我听说这意味着你反对我”。

“喔，不是那个意思，”他说，“我肚子太大了。人总是要找个什么地方放胳膊嘛！”他大笑道：“你做得很棒。”

我们的信度探测器：我的经历证实了每天人们都用他们天生的信度探测器来探测大多数的虚假之事。美式陪审团的优秀之处就在于此。在几乎任何一个陪审团的审判中，双方的律师都会雇用专家来证实那些超出常人认知的信息。但是每一天，人们都在评判那些专家，而且评判的准确度不可思议。一个弹道学的专家可能会验证在被告人手上发现的火药残留，以证明被告在事发当天开过枪。但辩护方的专家就会站出来，告诉陪审团火药残留的成分是很常见的，我们每天都可能会碰到，比如普通的车用润滑油里面就有钡——射击残留中的一种常见成分。即使被告手上的那种物质是来自射击，被告方的专家也会说，他手上的物质不是因为射击而留下，可能是碰了刚射击过的枪，可能是摸了遭遇枪击的死者的衣服，可能当时离射击的枪口很近。因此专家们的辩论还会继续进行，但是哪个专家是可信的呢？

陪审员是判断可信度方面天生的专家。就像陪审员，我们每天对话的人们都是专家。人们用信度感受器测试我们。当在交流中有什么东西是不合适的，警报就会拉响。他们通常能下意识地听出和看出十分细微的差别。他们能听出词语发音的差别，他们察觉到选择用词的些微不一致。测谎仪的原理就是分析我们说谎时的生理反应，但是我们每个人都比这种设备复杂得多。我们的感觉记录了上百种关于短暂邂逅过程的信号，并且要比电脑快得多，我们掌握信息，当即宣判。测谎仪及其操作者要花上几分钟甚至几小时来完成对一个句子的分析，而我们的大脑在语句从说话人的嘴里说出的那一瞬间就能得出关于说话人信度的结论。

如果我们费力地分析几分钟的简短讲话所传递出的信号，比如，嘴角边浮现出来的矛盾的表情，潜意识下的躲避转身，不安的眉毛，与文意不协调的措辞和发音，暴露真相的肢体语言，背叛的眼神等，我们就会意识到，要故意去完美地协调这一连串动作从而完成发言简直是不可能的任务。如果我们的注意力集中在选择措辞上，那我们的发音和动作很有可能出错。如果想要让我们的动作和我们的措辞一致，那我们就会变得僵硬不自然，一点儿也不可信。在特定的交流中，想要控制每一个信号点都合拍，就像想要拴住一群野生火鸡一样难。我们能控制住一只，但我们会丢了剩下的一群——于是这场辩论我们也就输了。

真相的生理学优势：一个合理的生物学阐释了为什么从古至今的文化都将诚信提升到道德图腾柱的顶端。那些对我们说谎的人将我们至于垂危之地。我们可以躲过一次袭击，但躲不过隐藏的谎言的攻击。在陪审团审判中，我可以把自己的主张在可靠的陪审团面前发表出来并接受他们诚实的回应。但我不能防止我的委托人受到某位有着隐藏动机的陪审员的伤害，因为那样的陪审员一定有所企图，他潜伏在陪审团休息室，而我的委托人就会被暗地里放冷箭。

几年前我为一个警长辩护，案情是他当着两个助理的面，朝着他的一个地下特工眉心开了一枪。受害的特工原本应该在第二天出庭作证，全州范围内选出来的大陪审团[1]正在对警长进行调查，同案还有另外几个人。这个案子后来闹得世人皆知。丹·拉瑟在《60 分钟》中讲述了这个事件。大陪审团调查的主题是怀俄明州

〔1〕　大陪审团（grand jury）：和一般的陪审团不一样，大陪审团由 12 位以上 24 位以下的陪审员组成，他们并不参与是否有罪的定罪环节，而是调查证据，决定是否对当事人提起公诉。

犯罪集团的问题，而现在这个本应在大陪审团面前出庭作证的特工，却死在了出庭的前夜，这无疑成了万众瞩目的话题，人们无一不义愤填膺。即使我要为被告人作无罪推定的辩护，我也相信这位警长就是杀害那位可能要对他作出不利证词的目击者的凶手。后来，在我和警长谈话之后，我开始相信他开枪确实是出于正当防卫。后来在法庭上，我发现这些从怀俄明州各处召集而来的陪审员都相信我的委托人有罪——因为大量的新闻报道已经先入为主，影响了他们的判断力，正如同我一开始也相信我的委托人有罪一样。

我敢相信坐在陪审团席上那些掌握着我的委托人命运的陪审员吗？相信他们就像宣誓词中说的那样，不管他们看到了什么、听说了什么，都会保持公平吗？我记得我和警长说："那么，艾德，我们应该选那些还没有下决心反对你的那些人，还是留下那些直言并且认为你有罪的那些人？"

"我们去和那些想绞死我的人打交道吧，"他说，"至少他们说的是真话。"

我们最终选好了陪审员，他们还没听过一句证词，就已经私下里剥夺了宪法赋予我委托人的无罪推定的权利，咬牙切齿想要给他定罪。但是当州法院不能证明谋杀的指控已经排除了合理怀疑时，那些之前相信我的委托人有罪的十二个诚实的陪审员，同样诚实地作出了"无罪"的裁决。我们往往可以相信那些能告诉我们真相的人。这就是为什么在人类历史的进程中，无论是在什么样的文化中，讲真话都是最高贵的品质；这就是为什么从此可信度变得那么重要。

『门锁三：别和我说有的人没有被骗，我被骗过好多回了。』

『钥匙三：每个人都被骗过。但是当我们被“骗”时，我们的信度探测器往往被我们的渴望蒙蔽了。』

你我都知道，我们都可能被骗。但是如果我们只要看一看或听一听，那些迹象、信号和警告很容易被发现。我们大多数人被骗的时候，都不是因为我们察觉不了那些欺骗行为，而是因为我们不想察觉。我们是听着圣诞老人和超人的故事长大的，我们想要相信这些传说；我们从小被教导美国是一个人人都享有自由和公平的国家；我们想要相信法院里的检察官和晚间新闻的主持人；我们想要相信我们是被关爱着的；我们想要信任我们的邻居和朋友。我们想要安全感；我们想要好吃的食物，好喝的饮料；我们想要一夜暴富。比起注意到我们的信度探测器，我们想要的却多了许多。

我相信大多数人对我说的都是真话——对于他们来说，那就是真话；我相信大部分人想要做好事——对于他们来说，那就是好事；我相信大部分人都是诚实的——他们会在自己舒适的区间确定诚实的程度；我相信大部分人都不会伤害我——至少不是故意而为，至少不是充满恶意。我在这里不是要说服大家去怀疑所有人，我只是想说我们应该去看，应该去听。听和看的能力要比说的能力重要两倍，要不然为什么上帝要给我们两只眼睛和两只耳朵呢？

『门锁四：大多数时候我都想要说真话，但是人们的反应和我想的根本不一样。有点儿不对劲。』

『钥匙四：坦率的真情流露可以证明我们的可信度。我们的感受塑造了我们自己。』

我们对管理孩子有什么感受，对伴侣准备换工作有什么感受，对老板的招聘政策有什么感受，对市政的区域规划提案又有什么感受？在我们的辩论中，坦率流露出真实的感受几乎总是能搭好我们的可信度的基石。但是我们大多数人不想表达我们的感情，因为我们害怕我们会变得愤怒。“我保持沉默所以我才不会发脾气。”有人如是说。但是往往我们的愤怒之下，隐藏着恐惧。管教孩子可能会让我们生气，但是我们害怕这样会给他们留下阴影。老板的招聘政策可能会让我们发火，但是我们怕被老板炒鱿鱼。城市的区域规划提案可能会让我们狂躁，因为它重新划分区域，允许在我们安静的住宅区进行嘈杂的商业活动，但是我们最害怕的是这项提案会让我们自己房屋的产权受到影响。辩论可能是对抗，就像其他对抗一样，它最终会引起恐惧——这种恐惧的思维最终导致了我们失败的结果。

恐惧是胜辩的燃料：在我的印象中，没有一场辩论是不与恐惧相随的。如果我输了，即使是一场特别小的辩论，我都会觉得沮丧。沮丧是讨人厌的，回避机制会一触即发，它试图回避那些讨人厌的沮丧，这也是恐惧。恐惧不管大小都驱使我们去避免痛苦——不管是多是少。痛苦，就是我们辩论时应承担的风险。即使只有一点点儿痛苦，也仍旧是痛苦；即使是一点点经历痛苦的恐惧，也仍旧是恐惧。

可信度与承认恐惧：我曾简单又准确地辩道，要获得可信度，就必须要说真话。我们已经讨论过，恐惧并没有什么大不了的，我们应该直面恐惧的感觉。但是我们应该做到向别人坦白我们的恐惧的程度吗？我说过，承认事实，甚至是我们恐惧的事实，大概尤其是关于我们恐惧的事实，可以创造可信度。

最近有一个案子，我为兰迪·韦弗辩护，他被指控多项罪名，其中之一便是谋杀国家执法官。助理检察官刚刚结束了被众人称赞的他职业生涯最精彩的辩论。接着该我进行结案陈词了，我委托人的生死将取决于我的发言具有多强的可信度。在我开始结案陈词之前有五分钟的休庭时间，我焦急地踱来踱去，肚子发紧，脑子里一团乱麻。我的一个朋友，一个和我合作代理过另一桩谋杀案的律师，叫我去她坐的地方。她发现了我的痛苦。

“我给你讲个新笑话。”她说。

“别说笑了，”我一脸颓丧地回答她，“快告诉我怎么让我的发言更真实。”突然之间我又一次顿悟了真实的真谛：我必须要再次感受恐惧——再来一次。我能克服恐惧的痛苦。但我要用什么来克服？我要用逞强来克服吗？谁会喜欢一只趾高气扬的公鸡？我要用冷酷而不动声色的伪装来克服吗？谁会喜欢冷漠迟钝的人？谁会相信他们？我能像缩头乌龟那样逃避吗？谁会相信向他们隐瞒的人？我要像狮子一样进攻吗？谁会对可怕的野兽敞开心扉？我能像兔子一样躲进洞里吗？谁会相信那些躲避的人？当乌龟缩进壳里的时候，当狮子进攻的时候，当兔子往洞里疾跑的时候，都显示出同一种情绪：恐惧。我看着陪审员一一进场。

我听到法官开始说那决定命运的话：“斯宾塞先生，你可以开始你的发言了。”我飞快地扫视了整个陪审团。我走向他们的时候，他们也在看着我，等着我的发言，等着评判我。我能回答美国助理律师的问题吗？陪审团会相信我吗？我能合格吗？我感觉我在奔跑。我感觉我像狮子一样，正在经历困兽之斗。我的心跳加速，我很害怕，万能的神啊！我总是这么害怕！

然后我低下头看着脚，想要感受恐惧具体藏在哪里。我发现它正在从各个方向压迫我的肋骨，让我抬头挺胸。我抬头望向陪审团。“各位陪审员。”我开始发言。“我希望我没这么害怕，”我听到我自己说，“我希望在法庭的这些年的经历会让我不再害怕。你们应该觉得我能克服害怕的情绪。”

一些陪审员看起来很吃惊。这个不怕死的律师，接了被告这样一个的案子，在交叉问讯环节就已经遭遇了超过五十个不利的证人——联邦调查局的探员们、执法官们、专家们。眼前的这人仿佛总是获胜，此刻却诉说着他的恐惧。他们看着，他们等着，他们的触手伸了出来——感受着，探测着。

“我害怕我不能向你们作出兰迪·韦弗罪有应得的发言，”我说，“在将近三个月的审判中，我害怕我不能胜任。我希望我是个更好的律师。”就像以前那样，恐惧悄悄溜走了，我的发言也开始步入正轨，这耗费了将近三个小时的时间。这是一段真诚的发言，也是愤怒的却不失幽默的发言；这是一段语法上、句型上有着缺点，能吓坏任何一位有自尊心的英语教授的发言；这是一段尽我所能的真实的发言，最终它让我的委托人重获自由。

发言结束后，陪审团退庭商议判决结果，一个年轻的律师在我离开法庭时向我走来。“斯宾塞先生，你是怎么想到这么粗略的开头的？”他问。

“你是什么意思？”我反问。

“你在开口的时候完全是不知所云啊，但是你还是接着说了下去，天哪，你最后居然力挽狂澜了，”他大笑道，“但是不得不说，你的开头太粗俗了。”

“我开头粗俗是因为这是我的方法。”我说。

“哦。”他说。但他似乎没有明白我的意思。他感受到了我发言的可信度，但他不明白发言的可信度，这种可信度来源于律师即便是有着无边的恐惧，但是仍然愿意直面的勇气。

可信度与善意的谎言：社会的车轮是靠所谓善意的谎言来润滑的。我们告诉朋友你看起来棒极了，实际上他看起来就像被一群大猩猩揍过一样。我们惊呼着晚饭的食物太好吃了，实际上它尝起来糟透了。当我们被介绍给别人时，我们说着很高兴认识你，其实我们才不在乎我们会不会再遇到他们。大多数社交都是假装的，但是我们与其他人都默许了这些社交谎言。有时我们需要相信他们。

前阵子在一家咖啡馆里，一个男人走近我的餐桌，那时我正在边胡思乱想边吃午饭。自从他在年轻的时候一夜暴富后，我就再没见过他，而他现在也不复年轻。他的头发开始变灰，身体也臃肿了起来，我真庆幸自己还能认出他。“你看起来气色不错。”他说。这句话可以理解为：“这么多年过去了，你也老了。”他站在桌子旁边继续说道：“你过得一定很好。”而他说这话的时候摇晃着脑袋，他的四肢，他的身体表达着相反的意思。

而他到底应该说什么呢？他应该走过来说：“天哪，伙计，我们二十年没见面了——你的脸就像被卡车碾过一样，还有你的头发——之前是暗金色的，现在居然全要白了，但是不管这些，我还是能认得出你。”而我应该说什么？我该说：“为什么？当我上次见你，你还是个年轻、英俊的小伙子，但是现在你和那些大腹便便的普通中年老浑蛋没什么区别，你走到我桌子前面，打断了我的午饭还告诉我说我看起来气色不错？”我应该这么说吗？不，我说的是：“天哪，你气色也不错，朋友！”当我们分开时他可能会想“这老小子十有八九快不行了”，而我在想：“岁月真是不饶人啊！”但我们两个都没有去想想自己到底是副什么样子。我们互相之间撒一点无关紧要的小谎完全没有什么关系。那是我们的礼物，馈赠给他人的礼物。它对可信度方面没有什么影响。

『门锁五：表演。这是我认为的辩论的真谛所在。你或许是烂演员，也可能是好演员，而我从来不是好演员。』

『钥匙五：表演就只是揭露事实而已，一个人要想成为一个好演员，就必须可信。』

人们最常问我的问题就是：“当你在法庭里，你演戏吗？”这个问题其实是想确定：“我们能信任你吗？你好像很真诚。我们想要相信你。但你一定是个老练的演员，不然怎么可以把陪审团和我们耍的团团转呢。”这显然就引出了关于演戏的问题，它究竟是什么呢？

表演是与生俱来的本性。真正的表演从来都不是假装的，而是一个人在特定的情境里以角色真实的体验来找回自我的过程。表演需要密切联系表演者的真实感受，如愤怒、愉悦、惊喜、悲伤或是痛苦。在电影《闻香识女人》中，阿尔·帕西诺扮演了一个脾气暴躁的眼盲退休军官。他并不是假装看不见，当他深深地投入表演时，他仿佛真的失去了视物的能力。当然，我们也可以假装，但那些假装而不是真正表演的演员很少能把奥斯卡小金人捧回家。

即使如此，台上一分钟，台下十年功。电影明星不仅要不断地背诵台词直到脱口而出，而且每个镜头都要不断重拍以做到尽可能地完美，他们的标准就是“这个镜头看起来可信吗”。导演和我们一样，想要的是可信度。当我们辩论的时候，我们不可能一遍一遍地重复演出直至完美。我们不能要求我们的妻子或是老板一直无视或者旁观我们一次又一次地发言直到我们说对。如果我们在假装，不管装得多么老练，不管装得多有说服力，排练得多好，别人总会察觉有些地方不对劲，那时我们就输了。我们可信，别人信服，都是因为我们就自己知道的事实和自己经历的真情实感实话实说。

『门锁六：所以我们要怎样实话实说？我不太清楚。』

我们从小到大都在被告诫要实话实说，我们人生的每个阶段都要奉行“诚为上策”的观念，然而这么长时间过去了我们都没有学什么关于说真话的技巧。真奇怪，我们的社会一点儿都不鼓励说真话。我没有听说过大学有开设“怎样实话实说”的课程，也没有听说过有什么自诩“匿名骗子”的组织。我从没见过任何一个专注于研究讲真话的专家，如果一个人告诉我他一直都实话实说，我大概会掉头就跑。

我们的早年经历告诉我们，当我们说真话时，往往会被罚。如果我们说了真话，我们往往会输，会被拒绝或是被孤立。如果我们说了关于我们犯的错的实话，不管是多么小的琐事，不管我们多么无辜，我们总是会被罚。如果我们将我们的感受或恐惧说出来，我们就会被鄙视。如果我们表现出渴望，我们就会被嘲笑。如果我们袒露爱意，我们会被拒绝。如果我们表现出不情愿，我们就会被排斥。如果我们发怒，对手也会发怒。我们学着回避真实。我们在真实的外围踟蹰。我们播撒迷雾，蒙蔽了真实的所在，我们就像躲避可怕的传染病一样躲避真实。我们一直被教导，讲真话的人太幼稚——他们都是些蠢蛋。对我们而言，真实成了一个贬义词。真实：上帝拯救我们吧！特别是关于我们自己的真实。

『钥匙六：学会坦诚相见。』

不管和我们之前所学有多矛盾，我想说，我们必须要袒露心声。但在让你脱掉你心灵上的外套之前，我要先脱掉我的。顺着这个比喻继续说下去的话，我承认，我很害怕脱光之后要暴露的一切——我松垮的腰腹、苍白的皮肤、难看的胸脯，还有其他那些不够健美的部位，但我仍要说，我们要像赤裸着身体一样说话。

我曾经写过一个小作品，讲述了不能从律师口中得到真相的法官的沮丧心境：

当我回过神来，法庭里的每个人，包括证人们，都像是除了长袜什么都没穿一样。检察官裸着——他有着大多数五十岁男人都有的毛茸茸的大肚子。奇怪的是，他看起来很自在，他靠着椅背，心不在焉地用手指拨弄他稀疏的腋毛。黑色长袜包裹着他皮包骨似的小腿，脚趾在袜子里乱动。我也裸着，而且——妈呀——我的袜子不是一对儿！我拉了拉桌子来遮住我的脚。

“天哪，法官大人，大家都裸着！”我大叫。

“律师，你真细心啊……”法官无所谓似地回答道。

“为什么啊？”

“这还不简单。我让他们都脱掉衣服——除了袜子。因为脚太丑了。”

“看在上帝的份上，到底是为什么啊，法官大人，恕我直言，是你命令他们脱的吗？”

“律师，我告诉你为什么！那些穿着昂贵条纹西装的律师，他们的遮遮掩掩和花言巧语让我恶心。脱光了陈述案情的律师或许更有可能说实话吧。”

“但您穿着衣服呀，法官大人。这似乎不太公平！”我抗议道。

“这就是司法特权。我们的黑袍里藏着的秘密多了去了。”像是讲了一个天大的笑话一样，他自己先笑了起来。

给心灵穿上衣服，我们就能隐藏自己。这个社会渐渐变得不在乎你到底是谁，而在乎你看起来如何。我们的形象，与本质截然相反；我们的神格，与现实自我截然相反。就像摆在货架上那些包装精致的水蜜桃，我们得到的未必是看到的那样——不管是在超市，或者其他地方，这都是真实发生的。我们被自己或是别人的伪装迷惑，渐渐迷失自我。因为我们都知道当别人对我们坦诚相见时，力量就应运而生，我们就可以认出我们面前的是不是真实的他或她。这时另一种动力也会随之产生。人们在充分信任我们的时候就会与我们坦诚相见，这也就证明了他们也是值得信任的。

有时，当我特别在意我的感受时，我会想象我脱掉所有的衣服赤裸着站在观众面前的样子。有时他带给我的恐惧要比想象多太多。不穿衣服站着？还露着我那些羞耻的部位？但是这样我们就会发现信度的力量，让我们去辩、去听、去想、去赢。

『门锁七：如果我说真话，如果我告诉别人我的真实所想，我会大受其折磨。我有这样的经历。』

如果我们告诉邻居我们想要买他的房产，房价就会陡增；如果就像《十诫》[1]里说的那样，我们告诉朋友我们觊觎他的钱和女人，朋友就会敌视我们；如果我们对异性坦率地表达欲望，我们可能会有大麻烦。我们都知道，但是……

『钥匙七：表露我们真实的愿望，求我们所想，让别人很难拒绝我们。』

当我们真诚地与他人交流我们的所想时，我们有着巨大的力量。人们不想说出拒绝的话，他们不想当着我们的面说，不想伤及我们的面子，不想在我们诚实地表达之后立刻拒绝，也不想在我们表达合理要求时拒绝，更不想在看起来理所当然的时候拒绝。

做生意要说真话：那时候我和妻子身在伦敦，我们在市场里闲逛，每天农民们都会在这里卖东西，街上全都是大大小小的摊位和板车，到处都摆着各种各样的英国本地水果蔬菜。大多数小贩都呆呆地坐在他们的摊位上等着人们光顾，他们的眼神就像嵌着玻璃球眼睛的印第安人一样。而一个头发斑白的老年人在我们路过时大声叫卖："先生来买我的蔬菜吧，我需要钱。"

在我还没有完全意识到的时候，就已经不由自主地走了过去，买了一捆胡萝卜，而当时我的手上全是购物袋，我也不饿，我甚至

〔1〕《十诫》：是《圣经》记载的上帝（天主）借由以色列的先知和众部族首领摩西（梅瑟）向以色列民族颁布的十条规定。犹太人奉之为生活的准则，也是最初的法律条文。

不是很喜欢生胡萝卜。我被真话的“魔戒”[1]迷住了，被这位老人的坦率迷住了，所以心甘情愿地掏了钱。他没有提到胡萝卜有多么营养丰富，有多么有益身体健康；他也没提到它们多新鲜，多天然有机；他更没有试着劝我说这是捡了个大便宜。他只是实话实说了：他需要钱。他的坦率和真实让他可信，因为他可信，我买了他的叫卖，而不是那捆胡萝卜。

通过袒露心声来使委托人得到释放：在兰迪·韦弗案那次我对陪审团作的发言中，我用了相同的策略。我直截了当地告诉陪审团我想要什么。我说：“在这个案子结束后，我想和他走出法庭——一起走出法庭。”我指向我的委托人。“我想要兰迪·韦弗无罪释放。我想要他坐在这里的孩子”——我指向他的孩子们——“和我们一起走出去——和我，和你们，和他们的父亲一起走出法院的前门。”我走向孩子们，陪审团的目光随着我移到了孩子们的身上和脸上，看到孩子们正在专注地听着、等着、期望着。然后陪审团的目光又回到我身上。“我希望你们能把我们所有人无罪释放。”

几周后陪审团作出裁决，我和其中一个强烈要求赦免兰迪·韦弗先生的陪审员聊了起来。“你告诉了我们你想要什么，”她说，“这也是我想要的，你能说出来真的太好了，这样我们更容易明白你的意思，我们只是在等着给你这个机会。”这段发言的力量告诉陪审团我的真实愿望——我到底想要什么。

---

〔1〕 魔戒：传说中是一个充满魔力的戒指，它拥有奴役全世界的力量。

通过提要求来赚大钱：不管我到哪儿，都会有律师问我："你是怎么接到那些天价案子的？"我回答我只是开口要了那个"天价"而已。我告诉陪审团我想要什么。似乎我们想要的越多，就越难开口。你有没有发现人们想和一个人在一起的时候似乎通常都害怕直接说："今晚我想和你在一起。"而往往是天南海北地闲聊，然后孤独地回家。我们说不出口，往往是因为恐惧。

人们往往害怕告诉别人他们的能力值那个价钱，他们也害怕去问别人去索要什么报酬。在一个民事财产的案子中，我直截了当地告诉陪审团我想让他们给我的委托人钱，以及给多少钱。在陪审团休庭、考虑如何裁决的时候，他们都清楚地知道我的主张。这样的坦诚也有助于提升我的可信度。那些有求于我们却踟蹰不言的人真是让我们浑身不舒服啊。

谈钱好像总是一件难以启齿的事情。虽然当下的法律体制已经昭然若揭地反映了我们的社会就是用钱来衡量人和事物的事实，但是对于律师来说，从钱的角度去讨论人们的生活、人命的价值，或是人们遭受的痛苦，却似乎大逆不道。这种思想实在是对正义的贬低。怎样让陪审团给突然惨死的小女孩父母赔偿金？我的辩论可能会先请求陪审团试想将死去的孩子还给她父母。而现实却是，陪审团没办法将那具支离破碎、血肉模糊的尸体重新唤回人间。

"我们每个人在这里，都是为了正义。现在，他们的孩子被带走了，你们可以把她还给她的父母吗？"我看着陪审团们——每一个陪审员，我静静地等着。"所以，不可以对不对？不可以为他们伸张正义吗？"全场的沉默似乎更加突出了我的问题。"那你们可以给我们哪方面的正义？”我又让陪审团想了一会儿。“法律规定如果被他人所伤，我们要从整体上进行考虑。我们要怎么做呢？就算倾尽所有法律的力量、陪审团的力量，我们都无能为力，不是吗？”

“法院指示你们可以判决损害赔偿。这是我们唯一能做的。赔偿金！除了判决损害赔偿，你们能为这个死去的小姑娘做得太少了。这不过分，不是吗？只有钱。什么样的父母会把钱当作正义？但在这样的案子里，关于匡扶正义，陪审团能做的只有这些，你们能做的只有这些。”

然后我的陈词都是以这个简单的事实为基础的。“如果只有你们有给予损害赔偿金的能力，如果这个案子里伸张正义的手段只剩下给钱，如果只有钱才能补偿父母的伤痛和损失，如果钱就是他们的孩子的体现，他们应该收到的补偿金难道就只有不完整的一部分吗？难道要以法律陪审团只承认部分正义的方式再伤一次他们的心吗？”我又停了一会儿，让陪审团掂量我言辞的分量。“对这个案子来说公正就代表了整个的孩子，因为她的父母失去的是全部的孩子，而不是一部分。而我所求的也正是全部的公平，不是一部分。不能把残破的小女孩给他们啊！不能把她指节僵硬的小手给他们呀！不要只还给他们她那稚嫩的声音、她的笑颜或是父母晚安吻她时柔柔的脸颊，不要只是给他们一部分！还给他们完整的孩子！”

“这个小女孩的生命是无价的，请给她父母完整的她，我们主张要完整的赔偿金，为了他们！”

我是怎么得到大笔赔偿金裁决的？因为我说真话，因为我的委托人有权得到它，因为这是公平的。更因为我说出了请求。

通过提要求来加薪：我会在后面的章节具体讨论怎样与老板争论，但现在要说的是怎样去要求加薪。我想说的是，直截了当地说出来就行了。

“琼斯先生，我一直想和您聊聊，但是我不太敢。今天早上我终于鼓起勇气找您了，我相信您愿意听我说完，因为你是个正直的人。”

这两个说法听起来都是真的——你害怕他，另外，老板都觉得自己是强硬又正直的雇主。他现在已经不知不觉地掉进了你设的陷阱里。“我想和你说说加薪的事儿。可以给我几分钟时间吗？”

别着急慢慢来，看着老板的眼睛。现在说一说你做的工作，你对公司的忠诚，然后找出实例来证明。找出一项别人不能及的长处，详细地讲出来。为什么你是独一无二的？你的哪些品质和天分，你的什么技术是别人望尘莫及的？人们有特别喜欢你吗？你比别人好说话吗？你有在造成损失前发现问题解决问题的能力吗？你是比别人好的组织者吗？你更有效率吗？说出你自己的想法，要求你想要的，而且要极度真诚直接。直接说出来你想要的薪水是多少，因为你值那么多。你能再加一句：“我知道现在经济不景气，世事艰难，我知道，因为我也处于困难时期。”给他一点时间去消化你刚才的话，老板知道你听过他之前关于困难时期的讲话，现在你要让他听你的。

提要求的风险就是没有风险：但假如老板不同意怎么办？他

可能会说："呃，我们正在考虑你们部门的裁员问题，要是你不满足你现在的工资，那你可以另谋高就了。"但是你也赢了呀。有什么比倾注自己人生更冒险的事情？你把生命倾注在公司里，时时如此，日日如此，岁岁如此，而这家公司竟然正在考虑要裁掉你，就像被用完就丢掉的垃圾一样。更冒险的是，你若是不说，那么可能在明年，甚至往后的二十年里，你还要为这个不顾公平也不重视你的老板当牛作马。

所以：我们一生必须要面对我们的陪审团——同事、老板、配偶、儿女。我们都有必须要赢的案子，但华丽的辞藻往往并不奏效。辩论不在于言辞而在于人本身，不在于表面的可信而在于本质的可信。

当然，可信度的问题，会在我们言辞与想法不一致时出现，就像我们嘴上说在乎其实并不在乎，就像我们假装有极深的宗教信仰其实并没有。可信度的问题在我们没能说真话的时候出现——在我们没能说出事实真相和真情实感的时候，在我们没能告诉别人我们感受的时候。

胜辩的形式和内容可能源于与逻辑以及智力相关的衍生物。而正是诸如能量和力量那些能够令人激动和感动的因素，才让我们变得可信。须知，最终能让人信服的东西，都源于灵魂。因为发自内心的发言才真实，才能散发着真实的魔戒光辉。当我们没能实话实说时，我们之间的交流就不会那么和谐，如同整齐的军队正在列队行军时，其中一个士兵同手同脚总是显得很别扭。再圆滑的人也会在某一时刻藏不住自己的虚伪。但当我们真实地袒露感受，恰当的词语就像事先挑好的一样接踵而至。当我们在事实和情感两方面都实话实说时，交流的动作和语言就会自然而然地融为一体。

当我们重拾展现自己、吐露感受、直截了当地求我所求的能力时，我们便能胜辩。最后，我们必须洗尽铅华、赤身而立地去发言。啊，诚实的人会拥有力量，它会告诉我们他们是谁，他们想要什么！

第五章 | 倾听的力量

——听取嘈杂背后的声音

『门锁：我和他们唇枪舌战，但是我似乎不会赢。』

『钥匙：听——只要去听，你就会开始赢。』

如果要从诸多组成辩论艺术的技巧中去选择一个必不可少的，那就是倾听的能力。有些律师——从未成功盘问过一个证人、从未了解过法官的来头，他们被周围原本清楚的事物迷惑着；我知道还有些律师——永远都不知道诉讼对方当事人的弱点、不知道检察官的担忧，甚至有些到最后都不知道他们面前的问题。这都是因为他们从来不学着去倾听。听是一种从人们的话中分辨出他们在说什么或者没有说什么的能力。

从没有说的话中倾听：我曾经在一个为一位寡妇做代理的案件中，询问一名准陪审员一个问题："当一位寡妇因为丈夫的死向你讨要钱的时候，你会有怎样的感觉？"

"我不知道。"他回答道。其实"我不知道"不是真的意味着这名陪审员不知道，这意味着他不是很想告诉我。如果他真的觉得要钱是正当的，他就会说："我觉得这是可以的。"

"你对这类诉讼案件有什么看法吗？"

他回答说："谈不上有什么看法吧。"这句回答不是真的意味着"没有什么看法"。这意味着或许这名陪审员不想向我这类人发表什么公共评论。相信如果是在家和他妻子在一起的时候，他就不会这样说了。我继续问他："如果你在家和你妻子谈论这件案子的时候，你很有可能会这样说：'我认为人们不应该为了死去的丈夫求取赔偿而提起诉讼。就算世界上所有的钱加起来也不能让她们的丈夫死而复生。所以我觉得这类诉讼是没有必要的。'对吗？"

这名陪审员回答："我不会和我妻子说这些。"显然他不会再回答接下来的问题了。

"如果我们是最好的朋友，我们喝着啤酒聊着这个话题，你会跟我说什么？"

"我不喝啤酒。"

"那咖啡呢？"我示以他一个大大的友好的微笑，表示我不会再强迫他回答了。

他突然说："我的父亲被谋杀了，我母亲一分钱都没有得到。"这就对了！我能立刻感受到所有的痛苦—— 一个男孩失去了父亲，他的母亲在没有丈夫的情况下含辛茹苦地撑起她的家庭。

“你的母亲独自养育这个家的时候一定非常艰难。”（“一定”这个词对别人说的时候，是一个充满魔力的词汇，就像在说：“我是真的感同身受。”）

“当然。”现在，我和他站在同一方了。

“你在成长中没有了父亲，一定非常难过。”

他低头看着他的手。

我又问他：“如果你有能力为你的母亲获得帮助的时候，你会这样做吗？”

“当然会，我会为了她做我所能做的一切。”

“所以现在，你会赞成我在这件案子中，为理查森夫人和她的孩子们争取正义吗？”

“是的。”他回答。于是这就是最后的结果——倾听带来的神奇效果产生了。

我们的急切需求需要被倾听：如果我们走进一间厨房，一对夫妇正因为寻常家务事而大声争吵，如果我们仔细听，经常会发现：那些声音不过是极度想要被倾听的产物罢了。因为如果不被倾听，就永远都不会被理解；就像如果我们不被爱着，即使和他人在一起，也像是独自一人。简单来说，一般在争吵背后都有被倾听的需求，在愤怒背后都有隐含的痛苦。梵高一直渴望被倾听，在绝望中，他割掉了他的耳朵，最终还是没有一个人去倾听他、欣赏他。于是，他自杀了。有一双倾听他人的耳朵是至关重要的。

当我们听到大声的争吵时，我们对他人会产生愤怒，可是如果我们是熟练的倾听者，我们会退一步去听一听，不是去指责谩骂，而是感到悲伤；不是无休止地争辩，而是孤独、失望，或许是害怕在喧闹之下郁积。当我们听到所有的好斗的喧嚣时，我们需要问一个简单的问题：在这些嘈杂的争论背后，都有着什么样的痛苦？

“无妄之灾”：很多次在法庭，律师们会遭遇这样的法官——他们把他们的怒火宣泄给某个人，一般是我们律师的身上。法官通常不是因为我们的不当行为而生气，而是由于在法庭外的不愉快的经历。我曾经看到过法官攻击律师是因为在家受了气或者是在庭审中有人勾起了他们不愉快的回忆。法官会生气，不是因为在早餐时跟他闹别扭的妻子，不是因为同事激怒了他，也不是因为上诉法院改变了他的判决，而是因为坐在他周围的律师因惊恐而睁大了双眼的举动触动了他的回忆。把自己当作受害者的法官想使其他某个人变成受害者。

你看见过两只正对峙着的狗吗？它们毛发竖立，摇着尾巴，僵硬地摆动？然后有人用一根棍戳了其中一只较大的狗，这只狗却去攻击了另一只较小的狗，而不是戳它的人。人和狗一样，都喜欢寻找“替罪羊”。父母总是喜欢把烦恼宣泄在无助的孩子身上，而不是真正惹他生气的配偶；领班总是喜欢将怒火撒在员工身上，而不是刚刚向他发出警告的受到上级批评的副总裁。这让我想起了那些病情严重的麻风病患者，他们认为把他们的疾病传递到其他人身上，自己就会因此得到净化。因此理解“无妄之灾”（代替他人承受怒火）非常重要，这样的怒火不会宣泄在本应负责的人身上，而经常会由一个比较弱小无力的替代者承担。

另外，我们应该跟那些不管是在司法部门还是在其他地方都习惯性地谩骂、非理智的人去辩论。同时我们要采取一些方法来保护自己，但是最有力的获胜钥匙就是“听”。报复性的愤怒会封锁你的耳朵，封闭你的头脑，耗尽你的灵魂；愤怒的表象让我们变得紧张，准备去战斗，而不是有效地辩论，更不是真正准备去赢。

“善于观察”：对于野兽的突然猛击，西班牙斗牛士有一句习语——“Ver llegar”（观察即将到来的事物）。海明威在《午后之死》中是这样解释的：“有一种能力是看着公牛袭来，同时心里唯一的想法是——冷静观察它的动向，根据烂熟于心的策略做出必要的移动。在斗牛中，冷静地观察公牛的动向是最重要和困难的事情。”当一个人面对指控他的人、法官、对方当事人、证人或者老板的时候，善于观察也是很重要的一件事。也就是说，在绝对专心的情况下，用耳朵冷静地观察。如果这样做的话，我们就能注意到其他人的进攻和侵略，从而在我们的意愿下，让噪声和麻烦像拍击罐一样从墙壁上反弹开。

倾听心灵的耳朵：只要心灵的耳朵会倾听，不尽的知识就会像隐藏的珍宝一样被挖掘和收集起来。让心灵的耳朵告诉我们它听到了什么，然后信任它听到的。我不是在讲什么神秘的事情。对于我们出生和在一生中积累的广阔的知识宝库，我几乎给予了所有的信念和声誉。当我们在生命中前行的时候，知识的储藏慢慢地、稳定地、悄悄地充实着。句法结构、语气、其他人给单词添加的词缀——比词汇本身传达了更多内容和人物信息，以上这些都一起慢慢地形成了词字的筛选。当我还是一个小男孩的时候，我的妈妈告诉我："一个人开口说话的时候，你就能够分辨他是干嘛的。"

我们能够在很短的时间里召唤我们头脑的储备知识从数以亿计的类别中脱颖而出，去挑选出哪些是和我们的决定有关的，或者是以某种形式呈现我们的决定的信息，这种感觉或好或坏。去倾听心灵的声音的能力据说是一种直觉，但我们都拥有心灵的耳朵，如果我们去听也会得到回应。倾听和相信心灵耳朵告诉我们的——这就是诀窍。

我们怎么能够相信这种未经证实、没有支撑的、仅从内心发出的信息呢？毕竟我们一直都被教导要合乎逻辑和有理有据啊。可是单靠有意识的、逻辑性强的思想只能得到一小部分事实和极少数的方法。同时，逻辑经常是一项冒险的才能，我们从来都无法完全确信逻辑的作用。另外，心灵的耳朵听到的是宛如整个图书馆数据的内容，构成这些数据的基础就是——感觉。

没有任何一本操作手册能够解释心灵的耳朵是怎样运作的。但是就如同心脏的跳动一样，不需要解释。心脏在跳动着，心灵的耳朵也在倾听着。就像我们能听到心脏有节奏地跳动一样，我们也能听到心灵的耳朵进而感受到它的智慧。

音乐的意义：听音乐时我们会发现，音乐能够传递表演者的言语。每一个演奏某种音乐的人都会使用他们自己的乐器，用不同的声带发声。我们会想，他们演奏的是活泼、欢快的音乐还是悲伤、忧郁的音乐？他们的喉咙有时听上去是紧闭的，这会阻碍他们的发声吗？他们的声音是有力而肯定的还是虚弱而犹豫的呢？我们听的是音乐还是沉闷而单调的机械的声音呢？我们听到的声音是愤怒的、攻击性的还是悲痛的呢？声音和歌词匹配吗？嗓音就像是透过过滤器的光线，光线呈现出过滤器的颜色，同样地，一个人的声音能呈现出他的观点和情绪。

有时听到对手的结案陈词，我会低下头，闭上我的眼睛，不管他说话的内容，只关注他的声音。声音经常能比语言更好地传递论点，声音会流露出急迫、关怀感、怒气、真理和能改变陪审团的力量。不管那些话有多么的有力，如果声音没有感动我，它将不会感动陪审团。声音传达出意义，只有当声音强有力地渗透，使人清醒的时候，我才会做下笔记以备反驳。

历史上有文字记录的那些最伟大的演说包含了出色的句法结构和雄辩的措辞，它们能够穿过听者的思维，就像无线电波一样影响你，除非你是被坚定的心灵的声音陪伴着。葛底斯堡演说“其文如诗”，为人民所敬畏但是据说这场演讲当时并没有触动到真正在场聆听的观众。

用眼睛倾听：我在前文已经谈到过关于人体动作学的一项新兴科学了，它通常被称为“肢体语言”。当一个人做一些简单的动作，比如握手的时候，我们通常就能分辨出他对我们的感觉和看法。你曾经注意过别人和你握完手之前那一秒透露出的一丝焦虑或反感吗？你曾经察觉过一个人是选择和你握手还是给你一个拥抱吗？当你处于一个社交场合的时候，你注意过别人跟你握手的方式吗？一些人是怎样保持身体接触距离的？你是否注意过当你撤回拥抱的时候，对方是在注视你的眼睛吗？如果是，那眼睛在表达什么？

肢体语言是用眼睛倾听和感受的语言。肢体动作会传达出恐惧、厌倦、兴趣、反感、坦率、吸引力、关怀和憎恨的感情。如果认真地用眼睛去倾听，肢体会和我们对话。要去发现别人的身体所传达的语言，最简单的方法莫过于去模仿他，然后问问自己，当我们处在他的位置时会是怎样的感觉。

打个比方，如果我们看见一个人在听别人说话的时候用食指紧压着他的嘴唇，我们做同样的动作就会发现，这样的肢体语言能够提醒我们保持沉默，认真倾听。当我们模仿其他人用食指轻敲嘴唇的时候，我们就会知道这样做好像是在说："我在想他说的是不是对的？"所以，同样地，当一个女人紧紧地交叉着腿，当一个人环抱着他的手臂，这些肢体语言通常会传递出很明显的含义，这样的例子和例外都多不胜数。

我们也能通过观察其他人的衣着而得出信息。例如，一条华丽鲜亮的领带或许表示他是一个特立独行的人？我知道有一个女人，在任何场合，即使是正式的场合，都会穿着又旧又邋遢的围裙工作装和一件 T 恤，这传达出她是一个怎样的人？我曾经看到过一个被告在为自己辩护的时候，穿了一套整洁的定制西装，他有一张非常黝黑的脸，鞋子看上去昂贵、发亮甚至无可挑剔，衬衫笔直，在口袋处有他名字首字母的刺绣，金色的袖扣上刻有名字首字母的古英语写法。当他出庭作证的时候，他交叉着腿低头看着裤脚，挑剔地拿掉衣服上一小根线头，不屑一顾地弹向空中。然后他趾高气扬地看向他的律师，等待第一个问题。不用等他说话，陪审员们就立刻对他这个人下了判断，很明显，他给陪审团留下了不好的印象。

我们还可以用眼睛观察人们行走的方式从而发现讯息。他们是背负着重大的责任前行吗？他们是趾高气扬、用脚重击着地面行走吗？好像对脚下的土地充满了不满和愤怒。当我在法庭的时候，经常会有同事帮我做笔记，这样我就能专心地观察陪审员的落座。陪审员们的举止和态度可以折射出生活留在他们身上的印记。我看见有些人走路的姿态就像艰难的跋涉一样，也看见过有些女人就像想要逃之夭夭的麻雀一样快速跳跃着走路。还有些年轻男人像圈中的马儿一样昂首阔步地走路。我明白了有的拖着脚步走、有的缓慢地滑走、有的偷偷地溜走、有的小心翼翼地走、有的踮着脚尖走——人们移动行走的方式构成他们人生的自传。

所以：当我们不知道在争论什么的时候，就无法展开有效的辩论。漫无目的的辩论就像是费力打了一百拳，却都不着要害。在生活中，我们看见很多人不分对象、不分场合地斗争、争吵，对于一些人来说，生活变成了永恒的、不中断的争辩，而其他懂得倾听的人才是最后的胜利者。

第六章｜偏见的力量

——审视外表，漂白污点

『门锁一：偏见禁锢了思想，阻碍了你。一切真实都不能避免偏见。』

想象我们去窥视一个充满了偏见的头脑的感觉，那就像打开一扇房门，却看见满屋的垃圾已经堆积到了天花板。其他任何事物都无法进入，当门打开的时候，这些垃圾一涌而出。

那些充满了偏见的人经常会忽视其他事物，他们没有成长的空间，获得新知无异于天方夜谭。他们理解我们的逻辑，但是逻辑不起作用。“偏见”这个词的词根表示预先或过早判断，人们对于哲学、宗教、价值观的看法都会存在偏见。人们对于政党、汽车制造、种族甚至是名字也存在偏见。如果一个人憎恨犹太教徒或天主教徒，那么任何事都不能改变他的看法。你可以试图用讲道理、尖叫、哭泣和祈求来唤醒他，但是你关于公平正义的呼号最后也是徒劳，一切都将是对牛弹琴。

理解偏见：我们每个人都存在一些偏见，这是我们性格的一部分。问题在于我们的偏见潜伏在我们潜意识的底部，在无意识中，慢慢地渗透和改变我们的思想。偏见来源于一个残酷的父亲或者一个病态的母亲，或者被一直锁在壁橱里的儿时经历。偏见还来源于一个人的恐惧、被逼迫去完成令人憎恶的任务和忍耐不应接受的惩罚。偏见还能从这些事物中显露出来：人的迷失、因某种食物而患病的痛苦、被仇恨洗涤的年轻头脑。偏见就像恐惧症一样，深深地存在着，即使我们意识到了也无力去改变。如果我们意识到了我们的偏见，就能去防止它对我们自己和他人产生的危险。我们的偏见与生俱来。无论心理上还是生理上，辩论都不能消除偏见或创伤。

宗教偏见：所有的宗教都不存在偏见吗？还是我们因为偏见太深不愿意去承认？事实上，一个人应不应该希望有机会去说服一个浸信会教徒：基督不是上帝的儿子？或者去说服一个虔诚的摩门教徒：杨百翰是一个喜好女色的贱民？如果你在此时此刻选择了这本书，那么你的偏见会受到影响。

如果你想使一个商业大亨信服，他的高于公共财富的资产是通过不道德和邪恶的途径获得的，那他必然会用他最新的被审查的财务报表作为证明他资产正当的证据，而在这份报表里，辛辛苦苦工作的员工，仅仅被记载为“人力成本”。孩子们不应该挨饿，病人应该得到关怀，年轻人有受教育的权利，每一个男人、女人和孩子都应当有一个家，这些观念都不被视为人道主义观念，而是社会主义的邪恶信条。相较于桥下饥饿的儿童，我们更关心饥饿的小狗，这都是因为盲目的偏见。

法律和偏见：法律允许偏见的存在。法律承认抱有偏见的法官不应该审判特定的案件，但实际上，即使偏见最深的法官也往往意识不到他的偏见，或者是不愿意承认他的偏见，他才不愿意因为偏见而离开呢。让一位怀有偏见的法官从一件案子中撤离就像要去撬开一只狂躁的大猩猩的牙齿一样困难。法律同样准许一位显示出偏见迹象的陪审员离开其工作的案件。但荒谬的是，即便是发现这个陪审员抱有偏见，这位陪审员本人、对方当事人以及法官，都会想方设法使这位怀有偏见的陪审员继续留在原席位上，不过这是另外一个问题了。

偏见的普遍性：问题不是我们是否是怀有偏见的，而是我们存在的大量偏见是什么？我们甚至对“偏见”这个词抱有偏见，因为我们被教导：“偏见”这个词在社会上和政治上都是非正确的。我对种族主义者、顽固者（除了我所赞同的）、银行家和低水平的高尔夫球手都抱有偏见，我同样对墨西哥食物中的酸奶油有偏见。我不喜欢银行家是因为他们合法地剥削人们，我称他们为无良的银行家，相比之下，我更尊重迪林杰[1]，他不剥削穷人，而是剥削那些因为剥削穷人而变得富有的人。银行家大都是目中无人的，眼里只有本质上令人厌恶的金钱。我对银行家怀有偏见还因为他们对穷人的恶意对待，这反映了他们内心深深的、不变的丑陋偏见。

〔1〕 迪林杰（Dillinger）：胡佛时期的银行大盗，当时造成了极大的社会影响。

他们对大街上的饿汉视而不见，却看似慷慨地进行社会性捐助，以示同情，条件就是要把他们视为主要的贡献者，让他们的名字出现在晚会节目中。我对高尔夫球手怀有偏见是因为任何高级高尔夫球手团体似乎都会包含很多银行家，或者是银行家的朋友——高尔夫球手基本上和银行家一样无聊。他们不重视高尔夫分数，而是重视说教。我认为（当然也是饱含偏见）：或许某一天，上帝应该把高尔夫球场的球手都消灭掉，这样世界就会回归正轨。

我不喜欢酸奶油是因为在我小时候，祖母曾经把黄油和酸奶油搅拌在一起，特别难闻。她把酸奶油喂给鸡吃，这让我对鸡也产生了偏见，因为我好奇谁能吃下像酸腐牛奶一样恶臭的东西。偏见不是完全从事物自身产生的，有一次，我的祖母要求我喝完所有的牛奶。而那个时候，牛奶已经开始变质酸臭了，因此从这之后，我厌恶一切酸乳制品。

我的儿子厌恶所有种类的坚果：花生、核桃、腰果、巴西胡桃等。我们已经意识到，偏见来自早期的经历。因为当某个父母憎恨黑人，或者警察、牧师，或者不管父母讨厌什么——波士顿红袜或者共和党，都会影响到孩子的看法。偏见也来源于生活经历，一个被拉美裔人抢劫过的人，从此以后会趋向于憎恨所有的拉美裔人。问题是偏见的延伸就像是桌布上的污点延伸一样快，被拉美裔人抢劫过的人现在可能会憎恨所有的有色人种。我知道一个在孩童时期被气根毒藤引起的皮疹折磨过的男人，现在他不仅憎恶所有长得像常春藤的植物，甚至讨厌所有在墙上攀岩生长的植物，他憎恨生长着大量气根毒藤的森林、所有户外的生物，他讨厌山脉、草原，事实上，他讨厌鲜活的植物界。

更糟糕的是，抱有偏见的人们通常没有意识到他们的偏见，甚至感到非常舒适。对于他们来说，偏见所代表的道理，才是他们的真理。对我来说，银行家就是麻木的、没有灵魂的机器人，他们是道德性和社会性弱者，把没有及时付租的穷人赶出房子，他们甚至都没有读过一本像样的书，即使他们从哈佛商学院毕业。即使我意识到了我的偏见，但是我对它的存在感到舒服和自在，我喜欢我的偏见，它也是我的一部分。

『钥匙一：信息是使我们免于偏见的钥匙，但是要怎样做呢？』

我们是怎样发现其他人的偏见的，不管他是一名陪审员、消费者还是一名市议员或是隔壁邻居？我们明白的是，当他们反对我们完全充足的论证时，他们的偏见就暴露出来了。如果我们能学习从他们的偏见去着手是一件好的事情，但是我们怎样才能获取信息呢？

有时候，我们会询问陪审员，他们是否对诉因或者委托人有偏见，他们会承认是的。他们通常会承认存在偏见，去逃避陪审员义务。但是大多数的陪审员不会承认他们的偏见，他们认为他们的偏见是基于事实判断的观点，他们知道自己在内心里是抱有偏见的，但他们觉得这样是极好的。另外，当他们想参与这件案子、送委托人进“油锅”的时候，他们为什么要揭露自己的偏见从而离开陪审团呢？再者，在充斥着人的法庭，没有空间去供认个人的喜好习性、某个人反社会的观点或者政治不正确的态度。银行家会告诉我们他对黑人、拉美裔人或者穷人有偏见吗？人事部主管会承认他不会雇佣50岁以上的人吗？反同性恋者会公开或者至少是对所有除了同性恋的人去承认他对同性恋者的歧视吗？所以，陪审员友善的微笑就可以简单地否认他的偏见，所以我们对此要怎么做呢？

识别个性集群：我经常会依赖"集群概念"以助识别。人们的个性、喜好、态度和观点，还有他们的偏见，皆来自集群，就像葡萄以束状生长。如果你摘下一颗葡萄，就会知道剩下那一束葡萄的美；如果你品尝了一颗，就会知道那一束的味道。一颗颗葡萄之间只有细小的差别，就算只吃了一颗，你也知道剩下的葡萄绝对不会有牛排的味道。

以银行家为例：如果你知道他是一个银行家，你就会知道他绝对不会住在贫民区，他也不会开老破卡车，那种有几个篱笆桩、一卷铁丝，跟着一条老牧羊犬的卡车。他看上去不属于五旬节派教会，也不会订阅《工人日报》，他的朋友也不会是共产党的成员，他不会用烟袋锅抽大麻，他一次也不会整晚睡在大街上。他上过私立小学，可能有大学学位，他的父母一定很富有，他很可能给共和党投票，他不会购买廉价的西装，他从来没有外出打工，他从未写过一首诗、画过一幅画……当然例外的情况也有很多。

银行家的态度集群是什么？他或许认为如果你没有被雇佣，是因为懒惰，他会告诉你："到处都有大量的工作机会。为什么这么说？我找不到人清洗我的窗户、修理火炉，花了两周的时间才找到水管工，那些没有工作的人是因为不想工作。"他对于社会福利的观点也是显而易见的，他会告诉你一个你听了成百上千次的故事：这个故事是关于一个有几个孩子的女人是怎样更容易地得到更多的救济金的，“为什么这些女人可以因为多生孩子就得到社会福利的救济？她们就靠这个生活”。他从来没有遇到过，一个贫穷的、没有受过教育的女人带着七个孩子住在没有电梯的第三层楼的房间里，在冬天，房子大多数时候都非常寒冷。银行家从来不会问她为什么会有这么多孩子，他又怎么会问这样的问题呢？

银行家对于黑人社区的看法也是很明显的。他会跟你说他对黑人完全没有偏见，但是你再进一步了解的时候会发现，黑人占他借款人的比例不到 0.00067%。他还认为流浪汉睡在大街上是因为他们喜欢那样做。对这些问题的答案，不管他是否承认，他都坚信应该“放任自流”。我们必须“顺其自然”，这就是我们对社会问题放任不管的借口，所以就让那些穷人自己饿死算了。

于是，你不用问银行家就能知道他们的政治观点。他拥护自由贸易，反对增加税收，就算只是多一点点也不愿意。他认为政府除了应当对工业和金融的发展大力扶持外，不应该干涉人们的生活。信贷危机只是政府的骗局而已。政府应当抵制犯罪，但不应当干涉银行家们对存款人、他们的客户做出的不公行为。他们认为国家的边界应该封锁起来，因为“我们不再需要‘老墨’了”——当然，“老墨”这种对墨西哥人的贬义称呼，除了和同僚洗桑拿的时候他会提起，一般他都装作自己根本不知道。他认为死刑不应该被废除，而应该被扩展。换句话说，社会应该惩罚更多的人，而不是少数人。社会不应该为杀人犯提供居所供他们度过下半生。他们认为抢劫犯、小偷，尤其是银行抢劫犯应该被处以绞刑；那些开空头支票的人，应该在他们的额头上刺青，以便更好地辨认。银行家们性格中的有偏见的方面大多都是一样的。例外随处可见，但是如果你拿起一串紫色的葡萄，你经常只会发现一颗是色泽不均的。我所说的集群指的是其中的大多数人。

另一个例子：黑人铁路工人群体的个性是什么呢？他们在一些事物上的观点和银行家的看法是截然不同的。的确，或许在其他事物上是差不多的吧，比如他们都看不起失业的人，他们都怨恨缴纳更高的税收，他们关于社会福利的看法或许也差不多。但是黑人铁路工人知道监狱里百分之七十的囚犯都是黑人，他们怀疑种族歧视是造成这种不平衡比例的原因，他们不喜欢银行家（自然也不喜欢高尔夫球手），他们以一种政治正确的态度尊重他们的工友，和他们一起相处，一起在食堂吃饭，他们对朋友也体贴周到。不要忘了，我说的是集群，每一个人都有他或她自己的集群（一起生活的一群人），但是这些集群多半是有着相似背景和经历的一群人的集合。

传道士：再以传道士为例。有一点会使你感到震惊——大部分传道士都支持死刑，虽然很多传道士都宣称他们遵循基督教教义，忍受"错位的爱"，换言之，他们热爱上帝，却憎恨人类，即使相比人类而言，上帝对他们使用了更多卑鄙的手段。想到神职人员在各种战争中给予的广泛帮助，传道士的小汽车保险杠上出现的标贴"为基督而捕杀"，我对这些就不感到奇怪了。简言之，传道士们在政治上越来越拥护平等的权利了，与此矛盾的是，他们对人类的庇护却越来越少了。当传道士们想要钱的时候，他们告诉我们要奉献，要像耶稣曾给予的奉献那样。但是当一些心灵受到残忍创伤的穷人做错事的时候，就像单纯天真的小孩不小心犯下罪行的时候，他们又会指向《摩西法典》——“以眼还眼，以牙还牙”或者我们是再一次抱着偏见吗？

其他群体：牧场工人和蓝领阶层的集群类似于政府职员和公用事业公司工人的集群。作者、演员、音乐家、艺术家的集群大体上属于同一群体。查尔顿·赫斯顿努力健身，使他的右脚看上去并不比左边的短，简·方达的左腿也受过伤。学校教师、登山运动员、护士、秘书的集群特性是更不明确和难以预料的，富二代也是难以预料的，他们中最好的一部分人经常因为他们轻易得来的财富感到内疚，为他们的愧疚做补偿，然而其他人，比如梅内德斯[1]兄弟，他们在道德上的空白就像是海滩上的空啤酒瓶一样。高龄的家庭主妇比年轻的职场太太更容易反映出她们丈夫的集群特性。正如你读到的我关于集群的看法一样，我的看法受到了我的偏见的影响。如果我们看法一致，我们看上去就都没有偏见，如果我们意见不一，那就是你有偏见了，难道不是吗？

忽视集群的危险：把人们按照种族、民族背景、性别、经济地位或者职业来分类是危险的或者错误的。但是如果我们想用任何

〔1〕 梅内德斯（Raul Menendez）：《使命召唤：黑色行动2》中虚构的反派角色，他贩卖毒品，组建私人军队，试图挑起中美之战。

一种方式来保护我们自己，从而免受偏见的危害，那么集群分类的概念则是一种可行的方式。或许它不是“政治正确”，但是它比简单粗暴归类的方式要好得多。让我来告诉你一个故事。

许多年以前，我在路易斯安那州为一个银行家辩护，他以联邦银行诈骗罪被指控。他预付了我报酬，从路易斯安那州一路赶到怀俄明州，来劝我接他的案子。

我说：“听着，我不喜欢银行家，即使你看上去像是一个不错的人，但是我从不为银行家做事，所以我也不会为你破例。”我尽量用一种平和的语气说。

“尊敬的斯宾塞先生，”他说，“我是一个很好的坏人。”这句话引起了我的注意，他用一种极其悲伤和严肃的神情看着我。

“好吧，我大半生时间都在代理案子，我想得到一些回报，我愿意相信我为其做辩护的那些人都能为这个社会作贡献，否则我就在浪费我的时间，我不想浪费时间。”

但是他向我解释说，他惹上麻烦是因为他做了很多善事。他给穷人提供借贷，带来了不好的结果，这些贷款本不应该属于那些穷人，因为他们没有满足政府的一些苛刻条件。他来自一个贫困的家庭，白手起家做到现在，他鄙视银行业的行业标准，这个标准建立的前提是：如果你不需要钱，银行可以借给你一切，而当你真正需要钱的时候，即使你想抵押你的妻子和孩子，它也不会借给你钱。他曾经帮助过一些刚起步的小公司。他一直忠诚地对待他的朋友，就算他们不是银行家。他为当地的黑人银行作出过很多贡献，包括对黑人大学的大量捐助。他这些观点和举动带来的后果是：他发现他跟监管人产生了分歧，甚至因为他为自己的强力辩护，他和美国联邦检察官也产生了争执。

看来这位银行家不属于我一直认为的银行家集群的类型，但即便如此，我也不想为他代理。我和伊麦琪讨论了这个案子。

“我不懂你为什么不为这位可怜的银行家代理，银行家也是普通人。”

“对，但是其他每一个社会的反常者也是普通人。”我说道。

“银行家们有权证明他们的清白。”她说。

“其他每一个被告也有权利。”

“银行家们有权拥有辩护人。”她又说道。

“对，其他每一个被指控的人也有这样的权利。”我和她争论着。

“你对银行家抱有偏见，这正是一个克服你的偏见的好机会。”

她是对的，她一直是对的。我越了解这位银行家，我就越赞赏他，每一个人身上都有闪光点，银行家也不例外，最终我同意了接他的案子。

当我到法庭的时候，我遭遇到了以前从来没有遇到过的一个问题：路易斯安那州的黑人对一个路易斯安那州的白人银行家会有什么看法呢？[1]当陪审团的选拔还在继续的时候，我还没有意识到这个问题，我选择了一些看上去顺眼的陪审员。我出生在怀俄明州，在孩童时期，我和黑人有一些相处的经历，我感到轻松和舒适。我不信任傲慢的白人社会，我感受到了这个社会的不公平，因为它把自己的优势建立在无权无势的人们身上。我在孩童时期

〔1〕 路易斯安那州以黑人居多，长期以来，种族对立问题比较尖锐。

已经经历过了贫穷。在学校，我被尖子生和男生群体排挤，我是一个被遗弃的人，作为独立的代价我也经常愿意被流放。然而，我经常感到孤独，感到自己是多余的。在 20 世纪 60 年代之前，我都被黑人朋友同情着。

陪审团的选拔正在进行，我决定，如果可能的话，我要选一个全是黑人的陪审团，我认为我了解黑人。如果我喜欢他们，他们就会喜欢我；如果他们喜欢我，他们就会听我的论据；如果他们听我的论据，他们就会支持我的委托人，这就是我的整个逻辑想法。银行家同意了我的想法。他也喜欢黑人，并且完全相信他们去决定他的命运。此外，一个黑人陪审员一定会理解，这位银行家选择了他们，就代表着他信任他们，因此，他们也会更相信他。信任带来信任，我一直都是这样宣扬的。

该案的检察官，自以为黑人会支持政府，所以当最终确定陪审团的人选的时候，有十个黑人和两个白人。我甚至也想把这两个白人撤出陪审团——他们一个是白人农场主，另一个是家庭主妇。我已经做了所有的努力，但是令人失望的是，他们还是留下来了。

这件案子持续了几个月。在庭审中，陪审团的领导者开始出现了，在这个案子中，是一个坐在前排最左边的年轻黑人男子。在与我的同事聊天时，我把他称为“那个家伙”，因为他看上去非常自大，精神饱满，趾高气扬的，像是在告诉全世界他在掌控一切。而且他看上去是赞同我的，因为当我在表达观点的时候，他会给我一个大大的微笑，有时会眨眼示意，有时会有力地点头。

当庭审缓慢进行的时候，我得出了结论：他不仅会做陪审团团长，还会引导陪审团无罪开释我的委托人。而且，我们也在陪审团前表明了这样的事实：我的委托人支持过很多黑人的事业，他显然是黑人的朋友。所以我在交叉询问阶段也进行得非常成功。在庭审结束之前，我揭露了政府的一些事实：有些官僚主义者是想通过起诉我的委托人，来告诉他谁才是老大，因为他毫不让步地回绝，他们想报复他。

我作了一场绝妙的最后陈述，是这本书所写的所有的想法、观点、技巧的范例，我动摇了陪审团，陪审团意见无法一致，法官宣告审理无效。当我正在法院前门外面走的时候，我看见那个家伙开车经过，他看见了我，向我大大地挥手，微笑，还向我用手指比了"V"（胜利）的手势。

后来，法官举行了一次陪审团投票，让我困惑的是，所有的十个黑人都向我方投了反对票，但是两个白人陪审员投了赞成票给我的当事人。原来是我忽视了集群现象，事实是：我喜欢黑人陪审员，他也喜欢我，但是他们对银行家特别是白人银行家抱有深深的、固执的偏见。特别是，银行家虽然给黑人学校进行了大量捐助和支持，而这些黑人陪审员都上不起这些学校，这在很大程度上都影响了他们的决定。他们抱有和我相似的偏见，其实都是完全可以预测的，只是我没有注意，我以为黑人对美国检察官和政府当局的偏见会比对银行家的更深，我应该考虑得更清楚一些。我对黑人陪审员也抱有偏见，我的偏见使我作出了错误的决定。

白人陪审员作出表决同样也体现出他们的偏见，也体现出他们的集群性特征。农场主对政府的规则有不满，他喜欢我和我的委托人，从他关于贷款的观念来看，我的委托人比他们需要打交道的大多数银行家都更慷慨。那位唯一的家庭主妇也跟随了白人农场主的投票。整个逻辑是很简单的，不用读这本书，任何一个有合理逻辑思维的人都能预测这个结果。

总而言之，集群概念就是不审而判，偏见本身考虑的是和他们拥有相似背景、种族来源、需求、经历、目标和社会地位的人。就是一个人用自己的偏见来预测其他人的偏见的过程，这个过程充满了误区和例外。最有效的办法是让人们意识到：他们经常喜欢用偏见来推测和判断其他人和事物。其实了解人们最大的乐趣就是发现他们身上的不同之处、发现他们身上让你感到惊奇的地方。

学会做人：经常有一些年轻人来问我，为了给以后成为庭审律师做准备，他们在学校里应该学习哪些课程？其实更应该思考的是，我们需要做些什么去学会为人？无论我们是想成为成功的庭审律师还是在其他任何方面取得成功，我们必须先学会了解人，但是我们怎样做才能成为“了解人”方面的专家呢？不幸的是，有些人甚至都不知道学习怎样在学校里做人。

那些富裕家庭的孩子经常会被送进私立学校上学。在私立学校，他们会学习传统文化，学习拉丁语和希腊语，接受精英教育。我知道一些关于传统教育的争辩。然而，我的重点在于：我们对于每天和我们打交道的人们的看法，是取决于我们自己是谁。当我们集群的经历和那些人匹配的时候，我们就更容易理解他们。工人要比学者更理解工人。最可悲和引人发笑的是：一个受过严厉的常春藤名校教育的人在和一个普通陪审团辩论的时候，他使用的词语、句法和修辞手法，他想说服法官和陪审员的想法都反映出了他的毫无经验，他的傲慢自大又自命不凡，陪审团都难以同情他或者是相信他，因为他们完全不理解他。

我告诉年轻人，如果他们想成为优秀的庭审律师，准确地说，如果他们想在任何一方面取得成功，他们都应该尽可能学习人所遇到的各种情况，有经验才有希望成功。我主张年轻人应该多学习、多去做，把这作为教育的一部分、为人生做好准备的一部分。他们应该学会珍惜每一分钱，知道为生计为房租而担忧是什么样子，学会体会完成一些小事的快乐。我想让我的孩子们学会很多生活中的琐事：知道怎样清洗厕所、怎样建造房子、怎样运送煤斗、怎样砌砖。他们还应该知道怎样照顾病人、怎样灌溉草场、怎样爬山、怎样写诗、怎样为人们歌唱，去体会爱的愉悦和失去的痛苦。我还建议那些出生优越、无忧无虑的年轻人去体会一下在贫民区长大的底层社会的人的生活。

有钱人喜欢错误地把他们的孩子送到安全的地方成长，保护起来，和外面的真实世界相隔绝，却又期待这些孩子长大后能神奇地在成人的现实世界里取得成功，这就相当于一个要去拳击赛场上搏杀的人，他不为战斗做准备，而是去学芭蕾技巧。

『门锁二：既然我们发现了偏见，要怎样做呢？』

知道偏见是怎样潜伏的之后，我们必须记起我们之前学了些什么——直接同抱有偏见的人辩论是没有意义的，我见过很多律师同抱有偏见的法官或者陪审员辩论，当他们失败之后，他们非常苦恼，问：“为什么会这样？我哪里做得不够好？我觉得我作了一个成功的论证。”当然，他们的失败不是因为他们辩论得不够好，是因为他们没有意识到对方的偏见，没有学会怎样去处理这样的偏见。

『钥匙二：当门锁的锁芯被偏见塞满的时候，拿什么钥匙恐怕都是枉然。』

利己主义，是一道坚不可摧的墙：当认识到他人的利己心占上风的时候，这时候进行辩论是不会赢的，因为任何生物包括人的核心偏见都是持续存在的，不管我们拥有多么高超的辩论技巧，当和他人的利己心对抗的时候，我们都不会赢。

一场有利的辩论却失败了：举个例子，一个伐木工人需要砍伐树木来维持生计，你和他辩论让他去保护原始森林，这样斑点猫头鹰才不会失去它们的家。可以理解，伐木工人因此对斑点猫头鹰抱有偏见，这种单纯的小鸟的生存困境成了环保人士的典型说辞。为了说明我们在与偏见的辩论中难以克服的困难是与个人生存息息相关，让我们做个假设——我们所说的这位伐木工人在是否砍伐古老茂密的森林的问题上，有着一语定乾坤的权力。要和伐木工人辩论，最好是首先意识到他的偏见，意识到他的生存需要，他需要伐木来维持生计。

跟他说：“我们都完全能理解，你的生计要依赖伐木来维持。”

“对，你想做什么，剥夺我的孩子们的晚餐？为了支持那些该死的猫头鹰？”

“你说的有道理，但是你已经愿意听我的反对伐木的观点了，你只是想去作出一个公正的决定，这就是我们之间的辩论，不是吗？”

“的确，我会给你一个公正的机会去说你想说的，然后我要举枪崩了那些长着斑点的杂种。”

有一次我和他面对面地交流，询问他是怎样把个人利益放置一边的。

我问他：“你打算怎样把个人利益放在一边，来做到完全的公平和公正？”

他说：“我不太明白你的意思。”

“好吧，我是说，你是怎样确定你的决定不是建立在你的个人利益之上的。毕竟养活你的家庭是最重要的事，难道不是吗？”

“没错。”他说。

“维持生计甚至比保持公平更重要，你觉得呢？”

“或许吧。”他回答。

“那在这种情况下，你打算怎样做到公平？”

“我不知道，我能做的只有试一试。”

我继续说：“在这些情况之下，我也不应该再追问你，如果我是你的话，我也会不知道该怎么做。或许当维持生计和家庭的温饱都成问题的时候，没有人知道该怎么做。”

他保持着沉默。

我说：“我可以给你一个建议吗？”

“当然可以。”

“试着去假设你拥有这世界上最高的权力，你对地球上所有的生物都有绝对的控制权，假装你的渴望是做到纯粹的、绝对的正义，你可以尝试着这样想象吗？只是在这一刻。”

他说：“好吧，我不太明白，你是想让我假设像上帝一样吗？”

“这就是你此刻拥有的力量，不是吗？不过这片森林就是天地万物本身，进化了数十亿年，这儿有成百上千万的植物、动物、树木和其他生物。而你作出的决定就是上帝对它们作出的决定。你觉得，作为这片森林的上帝，你能够作出一个公正的决定吗？”我问他。

“你在向我施加很大的压力。”

“的确，但是作为这片森林的上帝，你就负有这么多的责任。成为上帝不是一件容易的事。”

此时此刻，在这场辩论中，这位伐木工人获得了绝对的权力。他知道他要独自作决定，并且，他被迫看到：当他的利益和组成这片森林的许多生物的利益相冲突，他同意了要尝试去把个人的利益放在一边，即使他知道这非常困难，他知道如果他选择了他自己和家人，他的决定就是不公正的，就会是一个充斥着利己主义的决定，他正处在要决定这些生物命运的紧要关头。

这时我把辩论转变成一种讲故事的方式了：“让我来告诉你一个真实的故事。在1800年以前，在附近的某个地方，有一千万名到一千五百万名的非洲人作为奴隶被运送到美国，而这只是奴隶贩子在非洲抓住的人数的三分之一，另外三分之二的黑人因此丧命，他们像鱼一样被装进船舱里，一位观察者曾经报道过，‘一张奴隶甲板上布满了黑人们的血迹和黏液，就像是屠宰场一样’。”

“在1637年，第一艘美国的奴隶船——‘欲望号’——从马布尔黑德驶来，它的船舱以二英尺和六英尺划分为两个部分，装满了脚镣和栅栏。官方机构估算自美洲大发现的几个世纪以来，非洲大概损失了五千五百万的人口，这些人要么成为奴隶，要么死亡。”

伐木工人问我：“这些和斑点猫头鹰有什么关系呢？它们又不属于人类。”

我回答他：“但是猫头鹰就像这些非洲奴隶一样，是没有权利的生物。”

“可是猫头鹰是一只该死的鸟，而那些奴隶是人。”他争执道。

“我承认猫头鹰不属于人，但是你有没有想过，这些奴隶就被看作物品，就像是被捕获后成为财产的野生动物，这样他们就根据主人的意愿被买进、卖出或者是被杀掉？”

他没有回答。

我继续问他：“同样地，树也是野生生物，它们被砍伐、占有、成为财产，难道不是这样吗？”

“可是树只是树而已。”

“不管是奴隶还是树，是不是财产其实取决于我们人类的钦点而已，不是吗？”

他又沉默了。

我进一步解释：“我的意思是，人类不管是被当作没有人权的财产还是没有权利的公民，都仅仅取决于谁拥有权力，对森林而言不同样也是这样吗？财产和权力是紧密相联的，你难道不赞同吗？”

“我还是不太理解你的意思。”

“我是说，既然我们现在对黑人再没有支配的权力，我们就不可能把他们转变为财产。你要是没有对于森林的支配权利，它也不可能转变为财产了。说到底，森林是不是财产仅仅和权力有关。”

“所以呢？”他问。

“所以，现在我们把原始森林看作我们的财产，不是因为它原本就是财产，而是因为我们有权力宣称它是财产。”

“所以呢？”他追问。

“所以你现在拥有这样的权力，你会宣称这片原始森林是财产还是会以一种其他的方式看待它？”

他回答：“或许会，或许不会吧。”

“我们能够认同一件事吗，单纯所有权没有对错之分，我的意思是，仅仅是因为奴隶主对奴隶有所有权，这不能意味着这种权力是正当的。”

“我们人类和斑点猫头鹰相差很远。”

我继续说：“所有权的权力不能确定在道德上的正当与否。什么是正确的，什么是错误的取决于所有权本身，难道不是吗？”

“我想是这样吧，但是我不赞同你将要说的。”

“所以，仅仅是因为拥有这片森林，不能够成为毁坏这片森林的借口或者理由，你难道不这样认为吗？”

他没有回答。

“我的意思是，如果你决定要伐木，你不能简单地说因为你拥有它或者你有权利决定它的命运，你的行为就是对的，对吗？”

“我觉得你有点偏题了。”

“拥有所有权所以负有责任，不是吗？”

他继续沉默着。

“如果你拥有一匹马，你不会因为你对它有所有权就怎么高兴怎么来吧，比如，你不会由着性子活活饿死它，对吧？”

“是的。”

“再给你举一个例子，假设我有一幅很棒的画，是无可比拟的梵高的作品，我是有义务保存好它还是可以随意地毁坏它？”

“这是你的画，但是这不是一匹马。”

“但是你难道不赞同，保存好这幅画符合全世界的利益吗？所有人去保存好这幅画的权利比单个人的权利更大，在所有权规则下，可以随意地对这幅画处理吗？”

“我不确定。”

“那好，让我们进一步思考一下，所有权规则源自哪里？这是一项天赋的权利吗，来自上帝吗？”

“我不知道，我对此也感到疑惑。”

“这是一项人类的权利，难道不是吗？”

“我想是吧。”

“那么作为一项纯粹的人类规则，能因为人类有更好的利益改变吧？”

“听上去有道理。”

“难道我们不应该同样相信规则应当惠及绝大多数人吗？”

“这就是民主制度的含义。”

“把这些观点适用在森林的问题上，如果保护好森林，保护好珍贵的鲜花、树木、鸟、野兽有益于人类，你难道不认为我们应该改变所有权规则，不能让一个人或者少部分人因为他们的私利破坏我们的世界吗？”

“那我的工作呢？”

这就是重点了！一道阻挡所有理由和正义的毫无办法的“墙”——一道关乎自身利益的墙。不管我们怎么做，付出多大的努力，它都岿然不动，无法改变，生存本能印刻在人的基因里，它凌驾在一切物种思考的大脑之上。

“你说过不考虑你的个人利益，还记得吗？”

“是的，但是我同样拥有改变的权利。”

“当然，但是作为一个公正的法官，你会把你的权利放在一边，用理性和正义来判案，不是吗？”

“我认为我比一只该死的猫头鹰拥有更多的权利。”

“谁赋予你这些权利？”

“这是我作为一个美国公民，作为一个人的权利。”

“你天生就拥有这些权利吗？”

“当然。”

“那这些森林生物天生的权利是什么？”

“他们没有权利。”

“为什么没有？”

“因为树和臭虫没有权利。”

“谁说的？”

“我说的！”

“你是在以全世界的最高权力者来作决定吗，还是以一个需要养家糊口的伐木工人来作决定？”

“在这件事上，我认为两者没有差别。”

当我向一个苏福尔斯的学校教师或者一个纽约的艺术家进行以上这些辩论的时候，我或许会成功。我的反对破坏原始森林的论点或许是合乎逻辑的和正义的，但即使是和他们辩论，结果或许也是一样。我猜想大多数人都会认为人类比斑点猫头鹰拥有更多的权利，而这就是我们人类的偏见。

转换辩论去赢：辩论的要旨可以轻微地转变，这样就可能成功。转变，能让他人的自身利益得到重视，可以像这样处理：

“伐木工是一种危险的职业，不是吗？”

“你说的对。”

“每年都有人因为这项工作受伤或死去，他们的家人只能通过极少的补贴来过活，是吗？”

“没错。”

“这项工作也不稳定，有时有活干，有时候没有。”

“是这样的。”

“你喜欢这项工作吗？”

“我只知道我喜欢待在树林里。”

“现在如果有一个方案，既让原始森林得到保护，也让你拥有一份稳定、安全、你又喜欢且收入不错的工作，你愿意考虑吗？”

“如果是这样，我当然愿意考虑。”

“你愿意成为计划委员会的一员，去尝试制定这样的解决方案吗？”

“当然，事实上，我也不想砍伐那些参天古树，我讨厌听到它们倒地的声音，就像是在哭泣。”

把这位伐木工安排在委员会是在解决他的权利问题，记住，当其他人没有力量接受或者反对这场辩论的时候，我们是不会赢的。但是假设他和其他像他一样的人能够被制药公司雇佣，去森林里采集植物生长的样本，从而可能为人类疾病研究出新的治疗法。假设他能够当一名导游，或者他在一间用其他资源生产建筑材料的工厂工作，并得到更高的报酬。在这些情况下，我们更容易听到一位真正热爱森林的伐木工，并且愿意用我所说的那些观点去保护森林，保护它的象征——斑点猫头鹰。“它是一只可爱的小鸟，”我们可能会听到这位伐木工争论，“森林里的斑点猫头鹰所剩不多了，人类可以不用这些大树建造房子，但是为什么斑点猫头鹰不行呢？”

我把以上的这些观点说给我的一个朋友听，当我讲完的时候，他说：“我会告诉你我的想法，我认为对于地球来说，一只斑点猫头鹰比一个人更重要，因为斑点猫头鹰濒临灭绝，而人类不断繁衍，到处都是。”

“你说的有道理，”我说，“但是你会用哪种人的生命去换取斑点猫头鹰的生命？”

“我不知道，”他说，“但是有大量的人整天无所事事，他们拥堵着和破坏着地球”。

“但问题是，你会用什么样的人交易去挽救一只猫头鹰呢？你会选择新德里的一个饥饿的孩子吗？”

“或许是一个情况更好的人吧。”他回答。

“新德里的哪一个孩子？”

他没有回答。

"你的孩子怎么样？"

"拜托，别闹，"他说，"我们另外说个话题吧。"

当我们面对偏见的时候，逻辑和正义是无能为力的。我们仍然有义务去和偏见做斗争，即使没有赢的机会。如果有一个人主张：所有的英格兰人都是邋遢的醉汉，或者西班牙人天生懒惰，或者由于女人的感性特质，她们不如男人有资格去担当重任，我们就有义务去用我们所有的技巧和力量去和这样的偏见作斗争。但是其他人的偏见—— 一个人固有的偏见，就像衣服上的污迹一样，不是用一次辩论就能去除的，污迹是难以去掉的。

一起个案：多年以前，我的一个非常亲近的朋友，他美丽的妻子，和十八岁的儿子—— 一位年轻的杰出运动员，在睡觉的时候死于家里的爆炸事故。应该为这场爆炸负责的人是一个屡教不改的罪犯，他是一个毒品贩子，雇用了一个当地的恶棍去实施这场犯罪。后来，我被任命为这起案子的特别检察官，这名凶手谋害了我们的首要证人，而当时这名证人马上要去大陪审团前作证，当时拟提起的罪名是一级谋杀。

我一直固执地反对死刑。我由衷地相信，直到我们的政府能阻止人们在家里或者是在世界上遭受伤害，我们才能阻止大街上的谋杀。谋杀就是谋杀，不管是凶手自行杀人，还是政府奉命杀人，那都是谋杀。

但是在这个案子中，我和凶手在法庭对峙，是他导致了我认识的四个人毫无征兆地死去，作为一名特别检察官，我完全赞成法律还允许死刑存在的事实。这名凶手最终在庭审中被定罪了，在超过十二年的上诉之后，他被处以死刑了。当我的道德观和法律发生冲突的时候，我能够清晰地回忆起这些年来的痛苦。

想要保持高高在上的冷漠形象，保持事不关己、中立公正的形象，都不是什么难事；从抽象的角度来发发牢骚、自以为是地辩论，也是正常的。站在自己道德观支持的角度去辩论，无疑是顺理成章的事情——就像我刚做的一样，为了原始森林的保护，即使这不是我的工作，也和我的家人无关。主张斑点猫头鹰的生命比人类的生命更有价值也是一件容易的事，只要不拿我的生命或者我孩子的生命作为交换。同样，主张反对死刑也是一件容易的事，只要不是我的妻子、孩子或者朋友遭到谋杀。只有圣人没有私欲，他们甚至逃避私欲去保护自己——他们给世界带来正义。

识别和应对社会偏见：作为任何社会中的成员，我们都遇到过制度的偏见，它们可能是高尚的、原则坚定的、邪恶的或者是腐败的。我们赞同利润制度，却对经济管制有偏见；我们坚决拥护民主政治，畏惧极权主义思想；我们认为穆斯林不可信，却认为基督教徒是诚实正直的。我们把偏见当作社会准则一样来接受，我们的社会态度可以明显被预见和被操控。

对"政治正确"的强制性规定，对于追求正义的社会来说，不可能既发挥积极的作用，又带来毁灭的影响。德国纳粹分子所谓的"政治正确"思想导致了人类历史上最可恶的残暴行径。然而，如果没有政治正确的思想带来的社会强制性手段，我们也不会在与不公正的枯萎的种族主义和性别歧视的斗争中取得些许进步。但是因为政治正确的强制力量，我们仍然在前者的淤泥中艰难前行。我的意思是，社会态度就像个人的偏见一样，具有双重性。

马科斯案和公众的普遍态度：我提到过，我曾在纽约的联邦法院为伊梅尔达·马科斯做过辩护。这个案子成了一个受偏见影响的经典案例，这种偏见是整个社会文化的普遍观点。被阿基诺政权推翻的费迪南德·马科斯和他的妻子都面临许多指控，这些控告包含了任何你能想到的为 FBI 熟知的在欺诈和诈骗领域的控告。在开庭之前，社会大众普遍认为：马科斯夫人——我们几位前总统和他们妻子的朋友和赞助者，本应该在时代广场辛勤工作的女人，突然变成一个贪婪的犯罪婊子。

社会公众要求她被定罪，要求把她关进某个丑陋的地方，让她罪恶的双脚再也不能塞进她之前收集的那几千双华丽的鞋中。纽约市的市长——鲁道夫·朱利安尼，也是当时的美国联邦检察官，意识到了全社会对她的偏见。他作了一个书面的保证，保证马科斯夫人会得到有罪判决。然而，当时一些谴责她的人之前甚至从未见过她。

我接了这个案子，无论社会公众的看法如何，我始终认为美国联邦政府无权通过起诉已故总统的妻子而参与菲律宾的内政。最后，她最严重的罪行变成了她对丈夫忠诚不渝的见证——不管是生前还是死后。

庭审持续了三个月，陪审团是被精心挑选的，可是他们没有被大众的观点所影响，他们对所有的指控作出了无罪判决。在庭审过程中，公诉方的支撑材料实在太过薄弱，我甚至都没有被要求传唤一个证人。联邦政府原本认为陪审员对她一定会抱有偏见，认为她的无节制的花费、她被指控的那些与她丈夫有关的资金计划都会激起这些纽约的穷困陪审员的愤怒，其中一些陪审员连付清电话费账单都很困难。

在庭审期间，媒体都相信了自己的报道，他们认为那些报道都完全反映了社会公众的真实观点——马科斯夫人是一个极其邪恶的女人，他们继续贬低和指责她。每天早上，我都会阅读多张纽约的报纸，来查看关于这场庭审的新闻评论，我感到非常困惑。这些新闻报道和评论使我觉得，记者参加的案件和我参加的案件，根本不是同一个案件！报道称，控方赢得了每一个证人、每一场争论，但在事实的庭审中完全不是这样，在政府的证人出庭之后，没有一点儿将我当事人和不当行为联系起来的证据被证实。不仅如此，之后出庭的证人还为马科斯夫人的善良和正直的品德作了担保。庭审进一步展开，即使是法官都开始对这场庭审感到疑惑了。

在庭审的过程中，有一家报纸的记者每天早上都出现在现场，他不是来采访马科斯夫人的，也不是来采集任何信息的，他就专门过来给马科斯夫人所穿的鞋子拍照。她一直所穿的都是恰当的黑色船鞋，并且毫无疑问她经常穿着同一双鞋。然而这家报纸是想引起国民对这种所谓邪恶的、拥有几千双鞋子的腐败的女人的偏见和不满。我曾经拦住这位记者告诉他：我的委托人之所以拥有这么多双鞋，是因为在菲律宾有非常多生产鞋子的工厂。马科斯夫人作为第一夫人，每年都会收到成百上千双来自各种公司赠送的鞋，因为这些公司想以第一夫人穿他们的鞋来做宣传噱头。马科斯夫人跟我说，大部分收到的鞋都不合脚，但尽管如此，她也会把它们收藏起来。但是这个真相，与公众们以为的事实完全不符，却从来没有被报道过。

一位极尽嘲讽之能的媒体人员对马科斯夫人抱有极大的偏见，当马科斯太太在法庭上突然昏倒的时候——她的头倒向桌子，血从嘴巴里涌出——这是她的胃壁血管破裂的结果，他竟然跑来问我是从哪儿得到假胶囊，能让她在这个精确的时刻咬破。马科斯夫人被紧急送往医院，在那儿接受了几天的医疗护理直到可以继续参加庭审。如今，每次有抱着“这个女人太邪恶了”的观点的人和我谈话，谈话内容在寒暄之后往往是这样的：

如果那个人认为她是一个邪恶的人：“在你接这个案子之前，我曾经很钦佩你，斯宾塞先生。你为什么要接这个案子？是因为钱吗？如果是因为钱，我能理解你。”

“我认为你不喜欢我的委托人。”

“你说得对。”

“如果你和她相处了很长时间，你就会知道她很好。”

“我从来没有见过那个女人。”

“这非常奇怪，我知道你是一个公正的人，那你一定是知道可靠的信息，熟悉她的人告诉你的吧？”

“也不是这样。”

“她身上是不是有一些你不喜欢的东西？”

“该死的，我的确每天都读关于这场庭审的报纸。”

“这就对了！你已经预先有了看法，如果你从报纸上读到它，你就会觉得那是真的。”

“我没有买报纸。”

“我或许是全世界你遇到的唯一一个真正了解马科斯夫人的人，在最困难的情况下，我每天花大把的时间和她在一起。如果你感兴趣的话，我乐意告诉你关于她的事。”但是这样的辩论多半是我的一厢情愿，我从来没有遇到过一个人，能在我的论证之后，把他和公众观点一样的想法丢掉。

怎样（在有的时候）和社会偏见辩论？你要怎样和强烈的社会偏见辩论或者争论？你一般不会和它正面硬碰硬，你会寻找一个突破口慢慢地靠近它。举个例子，大部分公众都认为，刑事辩护律师操纵事实从而让他们的有罪委托人通过钻法律的漏洞而免刑，要对这个问题进行辩论，一般来说是这样的（以这样的问题展开对话，事实上是给攻击披上了伪善的外衣）：

“告诉我，斯宾塞先生，你曾经有没有为某个你知道他有罪的人代理？”（这个问题设定了一个必败的回答）

“你这个问题很有趣，如果我回答‘是’，那我立刻就是一个坏蛋；如果我回答‘不是’，你又会觉得我在撒谎。你希望我怎么回答呢？是作为一个坏蛋还是作为一个骗子？”

“你的回答非常聪明，你的确实至名归。”

“那好，让我来问你一个问题，当你去看医生的时候，他会问你——你所声称的病症是你犯罪造成的结果——这样的问题吗？”

“当然不会。”

“无论你是否犯了罪，你的医生都不会这样对待你吗？”

“当然。”

“我认为在他同意帮助你之前，他不会评价你。”

“你这是在耍小聪明啊。”

“你一定赞同：你有权利得到医生的客观对待，而不是一开始就被进行道德上的评价。”

“当然。”

“我的委托人也有这样的法律权利，直到他被证明确实是有罪之前，他都应该被认定为是清白的，我们中的大多数人都忘了——这是宪法赋予的权利。”

“看来你是真的聪明呢。”

“我只是想简单地证明，就像你和你的医生一样，我的委托人也有权利得到他的律师的帮助，而不是一开始就被下判断。”

“所以，你给那些你知道他们是有罪的人代理过，是吗？”

“如果你犯罪了，来找我，你会期望在接你的案子之前，我先在我的办公室弄一间告解室来听你的忏悔吗？”

“你还是在耍聪明。”

“但是你看到了，更好的提问是，每一个有罪或无罪的被告都拥有得到律师帮助的权利吗？如果你这样问我，我就会回答。”

“好吧，那你就思考一下这个问题。”

“每一位律师都知道，在一个公民被宣判有罪之前，国家都必须通过法律去证明他有罪，这也是宪法给予公民的最重要的保护。这些法律保护我们作为美国公民的权利，保护我们免受暴政的统治。每一位诚实的律师，都有义务去保护每一个被指控的人，不管有罪无罪。除非政府公正地适用和遵循法律，否则都不能被定罪。而正是这种崇高的理念使我们区别于其他的国家。”

“你说得很精彩。”

“好好想想。”

“那你们律师经常钻的法律漏洞又怎么解释？”

“这些所谓的漏洞和所谓的罪犯，就是你神圣的宪法权利啊，这是上帝赋予的权利，不让你或者你的家人被随意地指控为有罪。”

“那好吧。你觉得谁会成为超级杯的最终赢家呢？”

难以撼动的偏见：在有些场合，当一个人面对一些真诚的、持有固执偏见的人时，和他们在一起，辩论没有任何意义，唯一能做的是去礼貌地倾听。举例来说，如果你设法去劝服一个机械理解《圣经》的人，让他相信我们是生物进化的产物，而不是神在第七天的创作，他是不会相信的。在 1932 年斯科普斯审判案中——就是那场著名的“猴子审判”[1]，一位最伟大的律师克拉伦斯·达罗尝试去和这样的偏见作斗争，最后他失败了。我宁愿因为好奇去敞开心扉，而不是因为信仰封闭自己。

正如我以前所定义的，胜辩，是要去获得我们所想所要。从长远来看，我们想要的是保持我们的有创造力的生活，去源源不断地努力，我们不想被浪费。我们保留了自己的权利去决定要为了什么辩论、与什么人辩论和做什么样的辩论。如果我是一名将军，我永远都不会把我的军队派到这样的战争中——敌军在这场战争中异常偏执，这无疑是让我的士兵去送死。我们应该关心自己，就像

〔1〕 1932 年，“猴子审判”在美国引起轩然大波，事情的起因就是中学生物教师斯科普斯在学校上课的时候，讲述了达尔文的生物进化论，结果他被以违反田纳西州法律为由告上法庭，并最终败诉。

这名将军关心他的士兵一样。因此，胜辩并不是一定要获胜，有时它体现在智慧的战术性撤退上，特别是在面对固执的偏见的时候，面对无法理解地锁上思想的“坟墓”的时候。

所以：很多辩论经常会面临难以克服的偏见，但是这样的辩论是必需的，当其他人的私欲得到解决的时候，辩论就会赢。有时，很少见的是，辩论会让其他人意识到他或她的偏见。在这种情况下，辩论会让其他人引发思考，产生好的效果。

有时，我们会在一些赢不了的辩论上取得进步，但是，在最后，辩论很少会改变偏见。据说，基督用他的辩论改变了世界，但是，他的辩论是为了解决人们永生救赎的更大私欲，拒绝的人将会被永久诅咒的恐惧所笼罩。如果在我们辩论的背后有这样的力量作用，我们也能改变历史进程。

所以，要当心偏见，要知道不是跟每一个人的每一场辩论都能赢，尽管这本书的书名是这样。否则，这个世界早就被逻辑和正义征服了，我们这些人也早就失业了，不是吗？

第七章 | 言语的力量

——给独白加工

最好的辩论闪耀着智慧和隐喻。当我们在讲台上描述着无聊的事情时，我们可以转向身边的人，说："这种兴奋劲儿就像看到墙纸从墙上脱落一样。"但是过度地使用这样的陈词滥调也会变得无聊。更糟糕的是，当我们使用这样的言语的时候，我们自己也会慢慢变得像剥落的墙纸那样了无生趣。对一个无聊的人的更好的描述是这样的——就像桃乐丝·帕克尔[1]在听到卡尔文·柯立芝[2]去世的消息时说："他们怎么能分辨他是真的死了呢？"或者去安静地抱怨，就像丹尼斯·希利——英国前财政大臣，在1986年面对一个自大的笨蛋唠叨时的回应，他说："我感觉我就像被一只死羊乱咬了一样。"

大部分人实际上可以提高自己的创造力，正如蒙田所说，引

〔1〕 桃乐丝·帕克尔（Dorothy Parker）：美国著名诗人、短文家、批评家、讽刺艺术家。

〔2〕 卡尔文·柯立芝（Calvin Coolidge）：美国第30任总统。

用就是“摘取其他人的智慧之花”。事实上，这是不正确的，正如爱默生曾说：“每个人都从祖先那里引用说辞？”但或许我自己的原创也不见得多有意思，“其他人的引用和俏皮话给我们提供了基础”？

我认为，如果一个人一定要引用其他人的话，最好的资源就是每天在我们身边的人。与一个非常严肃的、对语言苛求完美的英文教授相比，我们经常会从一个鲁莽地遵从语言习俗的农民身上听到更有趣、更生动、更具讽刺性的语言。我赞同尼采的观点，他呼喊着：“我离开了学者们的房子，我砰地关上了背后的门，我在那儿太煎熬了。”

我记得在多年以前，在长达一天的庭审之后，我来到一个酒馆。我开始听坐在我旁边的工人抱怨当地警长：“这个警长太蠢了，他甚至能毁坏一个双车葬礼[1]。”说话的是一个戴着棒球帽的牛仔，你能看出他是一个牛仔是因为他的靴子，还有他说话带着俄克拉荷马州口音，而且好像还有一点怀俄明州的味儿。

“他太蠢了，给他个最亮的手电筒和一面镜子他都不能发现他在哪儿。”一位油田工人说，他戴了一顶钢盔，你能从我坐的地方闻到井口油的气味。

“他就是蠢到家了，如果在靴子的鞋跟写个方向牌，他都不知道朝哪个方向撒尿。”另一个牛仔说。这不是一个真正的牛仔——他的蓝色棉 T 恤口袋上因为长期放着啤酒罐的开瓶器，已经磨出一个开瓶器的轮廓。只有药房的牛仔才会放开瓶器在口袋里，一

〔1〕 双车葬礼：美国俚语，原意是最简陋的葬礼，代指最差的情况。

个真正的牛仔会整天坐在马鞍上吧，哪有人天天泡在啤酒罐里开瓶子呢？

一个人可以选择引用霍尔姆斯[1]关于蠢蛋的说法——“最后一个发现自己处境的人”，这个评价当然再恰当不过了。但是我仍然更喜欢这些工人的尖刻的嘲讽语气。我的眼前会描绘出这位警长，我能生动地想象着他努力纠正靴子方向的样子（我已经忘了霍尔姆斯的名言了）。我记起了一个家伙对美国众议院候选人的嘲讽：“为什么他这么蠢，竟然花了两个小时去听六十分钟的内容。”

我听着这些工人的观点和语言，他们的语言很粗俗，但是这些从内心自然迸发出的智慧语言，又非常贴切，而那些有知识的贵族经常会视而不见。当我想要知道如何论证论点的时候，我经常和一个手上有老茧或者是生活不易的人讨论。再来回顾一下马科斯夫人的案子：我跟载我去法庭的纽约出租车司机讨论为她进行的辩护。

“你怎么看伊梅尔达·马科斯的案子？”我问。

他没有从镜子中过多地看我，说道：“我不知道他们为什么那么关注她的鞋子，”他带着深深的布鲁克林口音，“我只是一个出租车司机，我的太太也有一百双鞋子，又有谁关注过？”我把他的话稍作修改带到了陪审团面前，他们也同意了这种说法。

和过去的时代相比，我们现在更注重视觉。电视，以它的播放优势，或许已经成了很多人获取主要信息的方式。一些教育家宣

---

〔1〕 霍尔姆斯（Oliver Wendell Holmes）：美国著名法学家，曾任美国联邦最高院首席大法官。

称，我们已经进化到了如果看不到就无法学会的地步。因此，如今，清晰的视觉图像成为一场成功辩论的材料。我曾经写过第一次见到推土机开进原始森林的情景——我们沉默着，震惊地站着，好像是在看一条巨鳄吞食小羊一样。我是这样描述的：

"推土机的声音开始变大，地面开始摇晃，高大的松树也开始抖动，我抬头看见松树上的针叶正在颤抖。高耸的冷杉树勇敢地笔直站立着，它曾经历了四百年的火和光、洪水和干旱、瘟疫和风暴。当帕特里克·亨利[1]赞美自由的美德时，这些高大的树就像巨人一样，开始呻吟和摇晃，整个森林都处于恐惧之中，松鸦停止了叫声，蟋蟀、青蛙甚至是蚊子也像干石一样沉默着，人们的表情就像紧握的拳头一样紧绷着。"

然而我更喜欢使用朴实的语言来描述推土机司机驶着拖拉机进入森林的过程，因为与森林相比，我更容易理解人类的经历，这个司机的痛苦更可信，他的名字叫比利乔·惠勒，他尽力去解释他作为第一个人去伤害无助的森林的时候，所面对的人类的困境，他开始悲伤地哭泣：

"好人种植烟草，生产香烟；好人在威士忌酿酒厂里或者酒吧里工作；好人研究原子弹，同样地，也有好人开车进入原始森林……"他开始冷静下来，说："我需要养家糊口，如果我不这样做，也有其他人会这样做，我需要钱……"他用他红色的方巾擦了擦鼻子，最后他低声地说："你应该听到了冷杉木猛地坠地的声音，

---

〔1〕 帕特里克·亨利（Patrick Henry）：美国独立战争时期著名的政治家和演说家，是他喊出了"不自由，毋宁死"的口号。

它们有些已有四百多年的树龄，那种声音太可怕了，听过那声音的人永远不可能忘得掉。”

一辆测井车的司机插入了我们的对话，他叫卡普，他也参与了这场对原始森林的伤害，他说：“你知道，不是只有美国人砍伐和伤害树，害虫和豪猪也会造成树木的死亡。有时我和乔治亚会托运木材（乔治亚指的是他的卡车）。人总得想办法维持生计嘛。我有一次碰见过吉米·霍法[1]，现在砍伐树木成了他妈的一种犯罪，但是我要为吉米说的是，那是我们以前的工作！如果那些环保主义者有解决办法的话，我们会支持他们。”

“那原始森林呢？”某个人问。

“我来打个比方，人就像一只树虫，它吃掉周围的树木就是在破坏自己的家，但是不久之后，一切又会恢复，你劝告树虫没有意义，劝告人类也是一样的结果，我只是在自然里获取自己需要的东西，一切还是照常嘛。”

“但是我们人类有大脑，有思想，虫没有。”有人大叫了一声。

“头脑只会让人做一些疯狂的事。”卡普说，这是他所说的全部。另外，一个人只需要听听受人尊敬的詹姆斯·瓦特（一名前内政部长）的观点，就能证明卡普说的是对的。瓦特是一个公认的聪明人，他表面上的工作是向美国公司传递国家树木珍贵的思想，有一次他被一名记者询问他个人关于原始森林树木的观点——“你至少需要查看多少棵树？”他回答说：“如果你照看了一棵，你就照看了所有的树。”

---

〔1〕 吉米·霍法（Jimmy Hoffa）：著名的美国工会领袖，1975年失踪。

瓦特的观点和公园里的流浪汉都是值得关注的，当瓦特提出了他不朽的评价后，一名记者开始四处采访，他在公园里碰巧采访了一位流浪汉，他坐在记者旁边的长凳上，记者问他是怎样看待那些年老的树木的，据说他是这样回答的："恩，你们的新闻用纸是用树木制造的，对吗？"

"没错。"这名记者回答。

"而你们的报纸来自新闻用纸，对吗？"

"是的。"

"而且你知道你们用报纸来做什么？"

"当然，你们阅读报纸。"记者说。

"不对，我们得在晚上用纸包住屁股来保暖，这就是报纸的作用，所以我支持砍树。"

还有一个相关的故事，我没办法证明事实的真伪。传言说，一个环保人士的小团体向瓦特先生作了有说服力的论证。听说他们闯入了他在华盛顿的办公室，没有说一句话，他们就在瓦特先生的桌上扔下了五只刚出生的麋鹿尸体——在格蒂石油公司堵塞了花岗岩溪旁边的道路并把这些兽群从它们栖息地吓走之后，这些麋鹿胎儿就夭折了。

选择语言：在我们的成长过程中，正所谓"接受的教育越多，越见多识广"。我们经常采用明显的标记，想告诉这个世界我们是谁。我们不再说寻常人的语言，我们开始说一些大话，确实，我们比周围的人学了更多知识。填满头脑的程度大于了心灵，我们就会开始去仔细斟酌我们的用句，刻意装饰上华丽的辞藻。我们也知道了语言能够保护我们自己，我们能让自己无法被他人看透，就像穿了坚硬的钢铁盔甲一样。当我们被这些如钢铁网一样的华丽辞藻保护着的时候，其他人怎么接近我们、理解我们呢？

当然，语言的网络在两个方向都起作用。钢丝网也让我们远离他们，这就像是冬天里穿上厚重的衣服在做爱。我们早已认同这样一个观点：当一个人用语言保护自己的时候，也同时把其他人隔离在自己的观点之外。

无法创造出形象的语言可以被丢弃，没有内在情感的或者视觉内容的语言应该被避免，愚蠢的语言也应该被遗弃。我们应该使用简单的语言，使用可以创造出图像、动作和感觉的语言。

我不是说要选择正确的语言，而是指要让语言自由流动起来。语言选择是一个心理过程，是一个意识层面的清晰过程。当一个人选择他的语言的时候，他正在进行心理词典的整理和筛选。在一个人挑选语言的时候，不是一个适合交流的时刻。这就像用叉子喝蔬菜汤，我的意思是，一个人用叉子叉起一片土豆，戳一粒豌豆，然后四处寻找一块胡萝卜，然后——你懂了，如果一个人只喝汤，一次一勺，会是一个更愉快的经历。当被舀起的时候，汤里的原料就会被一起吃掉。如果我是真实的，我的话是发自内心的，正确的语言就产生了。就像是以适当的比例混合、一次一勺的方式来喝汤一样。

当说到坦率的谈话，律师们恰恰做得最不好了。他们的大多数语言都是死气沉沉的。当他们写案情摘要的时候，一些可怜的法官必须读这些沉重的、苍白的、死气沉沉的、恶心又枯燥的词，而且这些词语堆砌得又多又长。当我读大多数案情摘要的时候，我都痛苦地想要大叫，我想把它从窗户扔出去然后跳下去。如果我能找到作者，而且我有权力的话，我要让这个坏人吃下一页纸，而且是不加任何调味料的那种。

有一次我在美国法院提交诉讼摘要的时候，我的请求书只包含了几页卡通漫画，是我弟弟画的。这个摘要没有引用任何案例汇编中的先例。这让我的对手，或许还有法官都感到惊讶，而就是这个案子，最后却获得了成功。我认为律师的文书，实际上任何其他的文书，读起来都应该是有趣的——除非我们是要让法官去经历残酷和不寻常的惩罚。但是有什么还能比永远枯燥乏味的生命更残酷的呢？我们有义务去使法官愉悦，至少是不要让他厌烦，至少是不要在灰色的砾石山下活埋他。法律没有规定律师们必须让法官厌烦，也没有规定不许使用创造力，更没有要求律师们不能从心灵出发去说或者写。激情不是不合法的，可对大多数律师和几乎所有学者来说，激情却是他们不曾想到的要素。

我们思考过原始森林，我记得我起草过一份反对一个大型跨国公司的诉状，该公司进行过原始木材的采购，我想要阻止这件事。这份文书宣称：我们的政府“以一种超级廉价——甚至比起初的管理森林的花费还少的价格”卖给了这个公司位于小溪上游的木材站。我以一种简单易懂的语言陈述道：“这种出售简直就是一种赠与。这条小溪的排水道是灰熊喜爱的栖息地，罗奇波尔的茂密的森林和云杉是驼鹿、蓝松鸡、野兔、啄木鸟和成千上万的森林植物和动物的家园，砍伐森林会毁掉这些生物的家。此外，新的道路会用木头雕刻，伐木工所使用的电锯和伐木机器都会污染空气，嚷嚷的人群会开着压轮和坚硬的铁轨穿过森林，地球的骨骼届时都颤抖起来，这片森林的所有居民都将笼罩在恐惧之中。”这听上去不像是一份法律文书，但是它包含了一种更容易被理解的对于损害的陈述——相比于通常的“上述的关于车辆出行的介绍描绘了地区会对它的居民造成无法挽回的伤害”的描述。

我在起诉状中继续写道：“这片森林会爆发成一个战争地区，死者会堆积，会被拖车拉出，会被巨大的研碎机压得粉碎，暗冠蓝鸦和布朗画眉曾经的住所会转变成一次性尿布和向日本出口的成千上万双筷子。”这样的描述足够清楚。

我继续说：“在通向森林的路被打开之后，第二批侵略者会突然到达，伤害这里已经死去的、将死的和受到恐吓的生物。猎人们驾着一辆又一辆的长拖车抵达，带着马、物资和足够的枪炮，从俄罗斯人到阿富汗人，他们都会在这片森林里为所欲为。他们会搭建大大的篝火，喝着啤酒，大声地歌唱。在清晨，这些人和他们的马会践踏着这片土地，挖出深深的小径，乱扔他们的垃圾，四处排便，麋鹿、驼鹿和棕熊以及其他所有生物会为了生存而逃跑，猎人们将追寻那些可怜生物的每一处踪迹。这片森林会变成人间炼狱，地狱的声音会在峡谷中回响，直到每一种在那儿躲藏的生物从自己的家逃离，它们有一些会闯入猎人的视线中，有一些会跑入惊险的峡谷，还有一些会进入高地，这些动物会在夏天变得精瘦，会在它们的隐藏之处瘫倒，而冬季的来临将宣判它们被活活冻死的命运。”

正如他们所说，起诉状是正式的法律文件，是严谨的失去生气的语言，是智力堕落的体现所在。在一份典型的起诉状中，一个人能读到关于一个小孩子的可怕的伤害事实，似乎和某人忘了在沙拉上放调料一样呆板。但是并没有法律禁止活力或者是生气，尽管法律本身看上去就很呆板。

我曾经听过一个男人的演讲，我只知道他叫杰思罗，他极具表现力地讲述了同一片森林。他看上去并不帅气，一撮撮稀疏的、棕色的胡子长满了他那刻薄的、有麻点的脸，他的头顶是秃的，他两边的头发参差不齐地搭在肩膀上，我认为他看上去像一只蜕了皮的秃鹰。但是他流露出了一些吸引人的地方，他的眼睛看上去凶猛又温柔，他的演讲一会儿让我哭，一会儿让我生气。你听他的语言，是一种高亢而紧张的嗓音，然而你会发现他的语言是我所强调的。

杰思罗以一种爆炸式的语气开头："一场袭击已经降临到地球，生态系统因为利益正遭到破坏，地球维持生命的能力正在受到威胁，地球的气候正在改变，海洋正在被污染，臭氧层正在被撕裂，地球正在被酸雨浸透，放射性尘降物和致癌的杀虫剂正在地球上蔓延，如今，所有的生命都面临着在这个行星上 3.5 亿年来的最严峻的时刻。"我还记得他的声音传递出了深沉和心痛的爱："此情此景，闻所未闻！甚至是在恐龙灭绝的时期，在白垩纪时期的最后的时刻，在六千五百万年以前的时候，都没有出现像这样生态多样性剧烈减少的惨剧。"

"听啊！听啊！"有人大声地喊叫着。

杰思罗偶尔抓紧他有毛的、皮包骨般的喉咙。他的鹰钩鼻子从他瘦削的嘴唇上突出，鼻子的拐角处看上去都是湿的，他伸出的下巴就像脱臼的手肘一样，但是人们的注意力都集中在他的面部表情上，他们尽情欣赏着他的演说。

“在接下来的二十年内，地球上三分之一的物种都会消失。”杰思罗大声说。一条长长的软皮革带扣住了他的大肚子，他抬头看着巨大的冷杉木，眼神变得悲伤，他伸出手，掌心对着天空。“我们的森林兄弟姐妹们正处在危险之中，这些参天古木正在被刽子手的锯齿判决处死。”他的头跟着他语言的节奏摇动，“这不是一场猫头鹰的战争，也不仅是一片森林的战争，也不仅是那些漂亮的花、原始草地、山间小路的战争，这不仅是一场为了父亲和孩子储存钓鱼滩的战争，这是一场为了地球母亲、为了那些消失的物种的不顾一切的交战。现在，就在这里，是战斗的最佳地点和最佳时刻”。

我记得他是怎样停顿的，是怎样等待他的语言进入听众的心里的，然后他继续说：“当他们谋杀森林生态的时候，其实也是在谋杀我们。”他说得很简洁，“这是一副我们自己的缩图，当我们看着自己从地球分离的时候，我们呼吸的空气是我们的一部分吗？屏住你的呼吸，坚持一分钟，然后回答我——这股气流是不是我们的一部分？试着一天不喝水，你就会回答我——森林生态，也是我们的一部分。当它们遭受破坏的时候，我们都在被削弱。”

然后他的嗓音变得特别低沉：“法律抛弃了世人。”他用一种近乎指责的态度看着人们，露出了他的不整齐的牙齿。“法律不会保护这片森林，也不会保护斑点猫头鹰，然而……”他的停顿恰到好处，“在最后，人经常就是法律，而人现在就在这里！”

不管是不是因为杰思罗激动人心的演讲，一个简单的观众的反应使我深受触动。她是一个朴素瘦小的女人，她轻柔地讲着，就像是在对她自己讲一样：

“地球就像是我的子宫，我们的孩子在子宫里生长，如果我们破坏养育我们的子宫，未来所有的后代都会夭折。”

另一个看上去很坦率的女人，她把熟睡的孩子背在背后，描述了另一幅很有冲击力的画面：“每一个物种就像一个车轮上的每一个钢条，当钢条掉得足够多，整个车轮就会瓦解、坍塌。”

一位穿着蓝色羊毛制服的邮政职员说：“他们伐木去制造胶合板和卫生纸，就像用伦勃朗的画去包装鱼。”

站在他旁边的一名木匠说：“是的，我们需要法律去禁止任何人砍伐那些比我们年龄还大的树。”

然而在场的另一个人把传统的环保主义者们叫作“没有电池的震动棒”。在他看来，那些环保活动家所参与的塞拉俱乐部（一个美国的环保组织名），简直就是一个松散慈悲的主日学校，却旨在打击犯罪。而且，奥杜邦协会在他眼中也是一群胆小鬼的集散地，他们和“愚蠢的偷窥者”无异。

看看普通人所用的这些的语言、隐喻和故事吧！我要说，你只要去听了，就会发现，他们的语言充满朝气、恰到好处、精彩绝伦。我要说，如果你想感受阳光是如何洒在语言上的，你就应该去听听那些普通人说的话。

在同一场会上，我还听到了杰思罗和媒体之间的采访对话。

记者问他：“你是否不会去尊重那些通过合法手段获得伐木权利的人？”

“人类获得权利的来源就像蝌蚪的权利来源一样，”杰思罗回答，“人类的权利不会比地球母亲的其他孩子的权利更神圣，不会比池塘边缘微小的蟋蟀的权利更圣洁，不会比坐在睡莲叶子上像小绿芽一样的青蛙的权利更高贵。”

一个人能够以平等的层面来看待人、青蛙和蝌蚪，这幅画面让人非常难忘。

“你是在告诉我一只青蛙和一个人一样重要吗？一只蜗牛难道和你的孩子一样重要吗？”这名记者看上去对他的话难以置信。

“这只是取决于你是否是这个孩子的母亲，而作为地球母亲，她是所有物种的母亲。”

“我认为大自然的法则是适者生存。”记者打断了他的话。

但是杰思罗对于这个观点也没有直接回答，他说道：“如果是那样的话，棕色的阴沟鼠和蟑螂，它们能在原子能灾难的辐射下生存下来，它们才是被选定的物种。”

“那关于‘强权即真理’呢？”这名记者和他绕了起来。

杰思罗对于这样的嘲弄毫不泄气，他发表了如下一段壮丽的语言：“人不能创造出莲花池里的一只小蟋蟀，他能做的只有撕碎睡莲，排干池塘，使森林沉默。人有更大的力量去做善良和邪恶的事，因此他对于地球母亲的责任也更大。”

“那你是谁？”记者敬畏地问。

杰思罗没有回答。

然后我从杰思罗的背后听到了一个微小却清晰的声音：“他对那些死去的动物和植物都会忠诚守信，这就是他。”

杰思罗的辩论结束了。

我的也应该结束了。

2

第 二 部 分

作出成功的辩论

第八章 | 构建成功的辩论

——建一个大灰狼吹不垮的房子

『门锁一：如果我的生活取决于一个论点，那我肯定写不出来那个论点。』

『钥匙一：不用写下来，你只需要知道的是你已经知道的——怎样去讲故事。』

每一场辩论，无论是在法庭内还是法庭外，无论是在晚饭桌上还是在休息时间，都能够简化为一个故事。每一场辩论，就像一座房子，是的，就像三只小猪的房子，都会有结构。房子会不会坍塌，能不能抵御狼的袭击，都取决于房子是如何被建造的。而任何辩论最有力的结构都是故事。

"让我来给你讲一个故事。"

讲故事已经成了我们最初教导彼此的主要方法。在篝火会上，部落成员聚集在一起，小孩子在大人背后偷看，他们的眼睛睁得像铜板一样大，他们在倾听。这位年长的男人——你能听到他沙哑的嗓音，他是在讲过去的故事吗？他的故事总能让人学到一些东西，例如，包围和杀死一只剑齿虎的方法，如何在遥远的山谷里追捕乳齿象之王，如何在暴风雨中生存下来等。这是一些关于爱、关于特殊的魔法药水的发现、关于敌对的相邻部落的恶行的故事。这个男人学会的一切都以这些故事的形式被永世流传。

事实上，我们就是故事的生物。

所有的生物种类居住在同一个星球——牧场生物、狩猎生物、飞行生物、水生生物、穴居生物，还有寄生生物。但是只有我们是有故事的生物，讲故事和听故事是最能够区分出物种的活动，童年时期的故事是我们的初始经验，对我们成年后对问题的评价和决定能力产生重要影响，它们根植于我们的意识和潜意识中。我们现在享受的戏剧音乐、电视、电影，都是对讲故事的形式做出的进一步发展。最有效的电视广告方式就是微故事——用半分多钟讲完的故事。笑话是一些小故事，世界上最棒的老师会用故事来教学，基督寓言就是故事。

当工厂工头发现一台机器出了故障，他可能做的第一件事就是询问围着的人谁想尝试去修理它，他会说："这机器有什么故事？"当警察拦住我们，一脸不快地坐在前排座位上，他第一个粗暴的问题可能是："伙计，怎么回事？"你对老板或者是这位警察的回答也通常是以故事的形式，换句话说，你会告诉他发生了什么。面对故障的机器，工人会回答："这滚轴刚刚还在正常运行，然后我听到了一声响，我急忙跑过来看，它就被堵塞住然后开始自磨，幸运的是我们都在场，有人把它稳住了，我在想我们要怎样修理它以防这种情况再次发生。”这就是这个故事的剩余部分，讨论怎样让工厂里的设备装置更安全。

讲故事的能力是根植于我们的基因中的，听故事也是。因此，任何辩论最有效的结构也总是以故事的形式表现。

德国哲学家汉斯·费英格在美国写了一本十分重要但却鲜为人知的书——《“如果”的哲学》，在书中，他提出：除了归纳思维和演绎思维外，还存在初始思维——来自他所谓的“小说思维”。确实，神话、宗教寓言、隐喻、格言以及法律拟制和类比的世界，都需要我们运用日常的故事模式来思考。事实上，一幅普通的路线图就是小说，没有事物是像地图一样存在的，然而，我们能准确地在现实世界中移动，是因为我们相信地图的功能。正如汉斯·费英格所称：一个取决于“小说思维”的观点，是最有力的——基督寓言、部落酋长的故事、神话和寓言都是我们这个社会的支撑点。曾获得诺贝尔文学奖的博尔赫斯、加夫列夫·加西亚·马尔克斯、约瑟夫·坎贝尔也发表过同样的观点，认为“小说思维”是人类思维的原始形式，并依从我们的基因。

在我们能向别人讲述一个有效的故事之前，我们必须先让内心的图片形象化。我们要从如何搭建故事的形式开始。假设我们想请求郡县委员建造一条新路来代替现在这一条有安全隐患的路，你可以认为郡县委员有为纳税人提供安全的进出通道的义务，并且现在这条路本质上是不安全的，不符合最低的公路标准。你可以举证标准是什么，并说明这条路是怎样违反标准的；或者，你可以向委员们以故事的形式讲出下列观点。

“我今天和四岁的女儿萨拉一起，正在沿海滩溪路行驶，我轻轻地给她系上安全带，因为我知道这条路非常危险，我也给自己系好了安全带，虽然我知道这是一条危险的路，但是这也是唯一一条进城的路。”

“就像往常一样，我开得很慢，一路上小心翼翼，当我驶向第一条视线不良弯道的时候，我就在想：如果一个醉汉从逆向车道的角落跑来的话怎么办？如果一个超速行驶的司机从弯道快速地开来，轻微地滑过中线的话，将会发生什么？我们将无处可逃，座位很窄，然而又有一个急下坡。我看着我的小女儿，我觉得这对她不公平，她还这么小、这么单纯，她为什么要遭受这样的危险？”

“然后当我完全开到弯曲道路的时候，我看到了接近的车辆，我脑中闪过很多思绪，我记起在过去十年间这里发生过四起车祸导致的死亡事故，我不知道还有多少起严重受伤的事故。我想，以在战争地带每一千人的死亡数量来看，越南战争的存活率可能比在这条路上的更高。”

“正如你所看到的，这一次，我和萨拉安全地驶完了这条路。今天，没有喝醉的司机，他们都很专心地在开车。但是当我们真正遭遇到不幸情况的时候，就没有走运的空间了。要是对面来车的话，我伸出手都可以摸到他的车了。问题是，我和萨拉会不会成为这条路上的车祸死亡人数的统计数据呢？如果是，你们会记住我们吗？你们会记得我曾在这儿恳求你救救我们，特别是救萨拉吗？你会帮助我们吗？”

这样的叙述会产生文字意象，会让人们想象出那些无辜的人会陷入这种无法避免的危险之中，这会触动委员们的情感，他们有权力因此也有责任。“你会记得我曾经在这儿恳求你吗？”——这是强有力的、无法忘记的语言武器。

故事是任何论证展开的最容易的形式，你不需要记住下一个点、下一句话是什么，你不需要记住任何事，你早已知道了整个故事，你已经在你的想象中对一切走向了然于胸，而在正式辩论时，你也许会忘记原本的结构和顺序。

试想一下不用讲故事的方式向产品工程师解释事实的情况：在开头你可能会援引影响工人产量下降的数据，你或许会一口气地说出影响了收益并造成这种困境的数字，然后你会给出建议的补救方法，而这是产品工程师几乎每天都能听到的普遍观点和论证。没有任何生动的文字描述，也不会有画面产生。这样的论证没有情感内容，没有给人想象的空间。

以这样的故事形式说会更好：

我今天走到Z区，工人们看上去非常沮丧，他们面色苍白，我在想：“我的天，我是走进了太平间吗？”于是我走向一名技工，问他：“你怎么了？”他甚至都没有抬头，只是含糊地回答了一句，我什么也听不清。其他人也都静止着几乎不动。最后我把这名技工拉到一边，递给了他一个口香糖，说：“这里到底是怎么回事？”起初他耸了耸肩，最后他说：“你真的想知道吗？”我终于从他的眼睛里看到了生气，我说：“是的，我是真的想知道。”“好吧，既然你问了，那我就告诉你。”这就是他告诉我的……

接下来就可以描述机器故障的原因了，还有其他一些问题，比如各区之间沟通的缺乏、工人们尝试去修正机械缺陷的徒劳无力感、无穷尽的生产阻碍等。从这个故事中，产品工程师可以看到工人们的沉闷和无精打采。他能看到他们沮丧的表情，可以了解整件事情的来龙去脉，并从中想出清晰的补救方法。

几天前，我正在回顾一份答复摘要，这份摘要是我律师事务所一位年轻成员所写的针对另一方提交的诉讼摘要的回复。对方律师要求法官向怀俄明州的最高法院求证法律问题，其摘要冗长枯燥，而且充满了各种引用。

我们的年轻律师采用了和对方一样的死气沉沉的方式进行回复。他以重复对方已经确认了的几个问题作为开头，这些问题读起来就和冷冰冰的玉米罐头一样无趣。

“假设你是法官，”我对这位年轻律师说，“这一刻你是法官，要知道他面对着成堆的必须要读的诉讼摘要，一本接一本都要堆积到天花板上了，所以他讨厌律师一点儿都不奇怪，他被湮没在这些文件中，你能看见他吗？他想把这些堆积物都烧了，突然，他爆发了、生气了。他抓住最上面的一份摘要，扯掉封页，点燃一根火柴，大笑，兴奋地一次烧一页纸，把燃烧的文件扔向地板，继续烧其他的诉讼摘要，直到他的办公室里燃起熊熊大火。然后他不断地往这火里扔其他的文件，直到拿起你的，这是最后一份留下的法律文件了，房间里的窗帘已经着火了，这个地方变成了火海，他停顿了一下读这最后一份法律文件，他会读到什么呢？”

这个回复是就对被告的权利主张作出的回应，被告主张的问题具有一定问题——××法第××条第××款已有相关规定，就此提请法院进行考虑。

“你看不见这位可怜的法官吗？拿着你的诉讼摘要，他发出了最后一声可怕的尖叫，他把你的文件扔进火堆里，甚至自己也打算跳进去，这时恰好被他的员工救了。所以，为什么不一开始就拯救这位法官的生命呢？以故事的形式来写你的诉讼摘要，或许可以按照以下的内容来写。”

被告站在那儿，注视着你，你认为他会做什么？他看上去不屑一顾，在说：“我想怎么样就怎么样，我会毁坏这片土地，触犯法律，而在你查清这件案子之前，我已经糟蹋了这片土地，赚取了我的利润，然后你会听到我得意的嘲笑声，而你却还在读那费劲的诉讼文件。”

我本想对年轻人说：“你的摘要有些过于官方、传统，或者说是在一定程度上有很多废话。”这样的批评可能在他们下次坐下来写诉讼文件的时候就会忘了。但他绝对不会忘记法官生气的事情。此外，如果一个年轻的律师用一个故事来开启他的辩论，这个案件中的争议点便立即能为大家所知，法官自己也绝不会忘记被告方站在那儿不屑一顾的画面。

用故事辩论之所以如此有力，是因为这是以物种的天生语言形式来阐述的。这样的形式结构很自然，且能够让阐述者轻松、坦诚、有力地表达内心的想法。它会激起人们的兴趣，是任何辩论陷入剧毒困境时的解药。我们会被故事感动，这些故事往往会直击我们内心柔软处，那些柔软的不受保护的地方往往会让我们作出决定。

我们应该从什么地方开始一个故事呢？有时我会从故事的结尾开始。假如我想让陪审团了解车辆刹车失灵的后果和汽车制造商为了盈利而让这种带着致命纰漏的汽车上路的责任，我会阐述一个场景：我的委托人在一个愉悦的周日下午独自开着车。

这是风和日丽、春风和煦的一天。蔚蓝的天空，温暖的阳光，盛开的野花，都让人们心情愉悦。突然一头牛从沿路的取土坑中跳出来，塞米不得不踩下一个急刹车，但是车的后轮制动系统出了故障！塞米的血管突然被肾上腺素淹没，心提到了嗓子眼，他的这辆新车突然开始转向，车尾也开始移动了，他被困住了！如果他把脚从刹车上挪开，他就会撞向这头牛，这头牛会受重伤或者是被撞死，可是如果他不这样做，他的车会因侧倾而失控，后果也不堪设想，他意识到自己可能会死。

在故事结尾之前，我创设了一个悬念：他会死吗？而原因是什么？听者会被激起兴趣直到整个故事结束，汽车制造商的工程部门早在前一年就发现了汽车存在这样的安全隐患，但是管理层没有去修复，因为相比起召回成千上万辆汽车并整改缺陷，承担诉讼费和伤亡赔偿金的成本会更低。我还会讲述其他的数不尽的无辜的司机是怎样经历相同的噩梦的，当他们购买新车的时候，他们有权利去相信这些车本身是不存在危险的。然后我会让陪审团回到刚刚描述的场景，回到可怕的车祸现场，钢架和车身重压在司机身上，他血肉模糊的身体必须从汽车残骸中截出。

我会告诉陪审团塞米是谁，他在哪里长大，他在哪个学校念过书；当他是个小男孩的时候，他的梦想是什么；他的爱好和他经历过的成功和失败。我会告诉陪审团他和他的妻子是怎样省吃俭用来买这辆车的，当他们把新车开回家给孩子们看的时候是多么的自豪和高兴，他们从来没有想过自己辛辛苦苦攒钱买来的车会是伤害这位丈夫和父亲的凶手。最后我会讲述他的家庭，讲述这些天真单纯的孩子们和坐在他们旁边惊魂未定的妻子。人们永远都不会忘记这个故事，当陪审员商议这件案子的时候，他们会想起塞米遭受的一切。

准备好故事的论点：故事都是围绕论点来展开的，论点是一种靠论证来推进的观点。问问你自己："我想要什么？"我想要委员们去加宽这条危险的路，我的论点就是委员们有保护人们的义务。我想让法官驳回我对手的案子，那论点就是在案子得出结论之前，对方律师已经开始胡作非为了。我想为这位因刹车缺陷而死的父亲的家庭伸张正义的时候，论点就是贪婪的汽车制造商应该为我委托人的死负责。我们通过辩论的核心，也就是论点来达到我们的目的。

结构的简单问题：因此，当我们开始准备我们的辩论时，会提出以下这些简单的问题：

- 我们的目的是什么？
- 支撑的论据是什么？

- 我们想达成目的的正当性是什么？也就是支撑论点的事实、理由和公平正义之处是什么？
- 最后，能实现以上所有论证的故事是什么样的？

怎样开始：假设你对你的工作感到不满，想要改变。“我想要什么？”你问你自己，或许你梦想的是在怀俄明州的一个小镇上经营一家小餐馆；或许你想要的是每天早晨做新鲜的小麦面包，给当地的工人们提供健康的早餐，他们会成为你的朋友；或许你期望的是你的孩子们在附近的空荡的大街上骑自行车，钓鱼竿搭在他们的肩上。或许这就是你的梦想——去生活在一个安全宁静的地方。在那儿，你的孩子们能够学会信任，他们能够远离城市的污染，远离那些落在他们柔软的肩上擦不掉的污点。

那么你辩论的论点是什么呢？以那些涌向你心头的思绪开始：“我在这儿并不快乐，我对现在的自己也感到难过，时间过得飞快。在这个早晨，我挤出牙膏管里的最后一点牙膏，突然意识到生活就像是这样——在不久前，这支牙膏管还是满的。我不想把一生都浪费在这样的工作上。”简而言之，论点大概是：“我有权以一种更快乐的方式来生活。”

仔细寻找事实：当你向你的家庭提出论点时，你也能大概知道小餐馆是怎样的。你可能得找一家进去看看，跟它的老板聊聊天，了解一下食材和设备的成本以及营业执照、保险和店铺租金都是怎么一回事。也许你得自己去个一两次，才能知道你对它了解多少。这对准备你的论点都很有帮助。

定期去图书馆查找关于饭馆，尤其是小餐馆的资料。当你想知道搬去哪里营业才好，向本地商会咨询当地的竞争情况。周边有没有学校？有没有教堂？除此之外还要了解什么？

从“总利润”中算出“净赚值”：尽管你将永远不会回头去读你的陈词，你也要写下你了解的事实，怎么了解的就怎么写，再将这些杂乱无章的内容和彼此毫无关联的点子梳理清楚。就好比一个会计能把公司的总利润梳理清楚，算出净赚值。

精简句子，列举提纲：现在回顾你所写下的内容，剔除那些不合适的点子，重新排列顺序，精简语言，为它们撰写提纲。

——我有活得更舒适的权利（论点）

——我不满意目前的处境

——生活就像牙膏管

——每天挤掉一点点

——很快就会用光

——我在浪费生命

照着提纲去补完剩下的部分——你得挣多少钱，让你的孩子上个怎样的好学校，搬去一个能提供好的初级教育的地方，而非只有电视和街上的犯罪行为。

——我想当自己的老板

——我考虑开个小餐馆

——九张到十张高脚凳子

——坐落在怀俄明州的小镇里

——成本
- ——设施：二手设备，共 2700 美元
- ——可以与 Jako Restaurant Co. 共负盈亏
- ——租金：每月 700 美元，等等

怎么制衡你论点的另一面？ 自主创业固然诱人，但这也意味着你需要放弃能为你提供安全感和退休后的养老金的工作。两者相比孰优孰劣呢？假如有一天你病倒了，无法打理生意了呢？假如餐饮业竞争过于激烈，你的餐厅赔钱倒闭了呢？假如一两年以后，你的事业太艰难、使你太不自由，最后你恨透了这个该死的地方呢？假如它最后反而变成了你的监牢呢？我怀疑，每个空空如也的倒闭餐厅，都是现实中葬送它老板的梦想的斑驳纪念碑。所以，面对这些现实问题，你的回答是什么？

用试婚的态度去审视自己的论点。 为论点作准备的过程，同时也是我们为自己作个明智决定的过程。审视论点好比试婚。有时我充分地准备了我的论点，却发现那些论点根本不是出自我的本意。那条原则依然不变："每句论点，都忠于我们自己。"如果我们没有准备好去完成一篇可信的陈词，那我们就不应该去使用它。另外，如果我们的准备足够深入，直到我们确信我们的论点建立在事实甚至是那些至关重要的事实之上，那么我们所捍卫的，便正是我们真正想捍卫的观点。

现在，我们准备好讲故事了。一位丈夫请他的妻子外出用晚餐。当时机成熟，妻子会问他今天是什么日子。他说："今晚我请你来这里用餐，因为今天是个特别的日子。我想给你讲个故事。"

"讲故事？"

"是的，讲个故事。你想听我给你讲个美好的故事吗？"

"好的，我听着。"妻子点了头。

"故事是这样的：从前有个身怀梦想的男人，他梦想有一天能脱离他那令人厌恶的简直不是人干的工作，带上他的妻子和孩子去一个能让他们从此过得快乐的小地方。"

尽管这位妻子一下就知道她的丈夫想说什么，但她还是会静静地听下去。尽管她从不理会丈夫在家里是如何地咆哮。

"这个男人觉得他在浪费他的生命，"丈夫继续讲，"他感觉像是正迈向死亡，他很不开心。他觉得自己的生命就像一支牙膏，每天早晨挤一点，很快就会被用光。他想：'要是我能自己当老板该多好！'"

"男人突然意识到自己该干什么了。'我热爱烹饪，'他自言自语，'我还是个好厨师，我可以开个小餐馆。'于是他开始查阅资料……"他把余下的故事都讲给妻子听，在怀俄明州的小镇，孩子可以上学。他妻子是个老师。他已经为妻子在当地学校任职找好了路子。他把故事余下的部分一口气说完后，问妻子："我能跟你讲讲这故事的结局吗？"还没等她回答，他就讲了起来："故事的最后，这个男人与他美丽的妻子和可爱的小孩一同搬进了他们梦寐以求的地方。他们有着共同的梦想。男人开起了小餐馆，卖罐炖肉菜和可口的辣牛肉豆羹。他妻子则在学校教书。然后，”他举起了酒杯，“他们从此过上了幸福的生活。”

准备工作更仔细些。一个浅显的物理现象可以解释准备工作与开展工作之间的关系：如果水库里本就空空如也，那它也流不出什么东西来。正如程序员们常挂在嘴边的：“一无所进，就一无所获。”在为陪审团准备关于一位高位截瘫患者（腰部以下完全瘫痪、腰部以上部分瘫痪的人）如何生存的陈词时，为引导陪审团更好地在正式裁决中将他的实际损失转化成赔偿金的数额，我会与我的客户共同生活几天，住在他家里，与他一同起居，观察他为了起床要做怎样的努力，看他费九牛二虎之力才穿起裤子，看他被这些我们开始一天的生活前自然而然完成的准备工作搞得精疲力竭。除此之外，他怎么大便、怎么换尿袋、怎么洗澡呢？他的正常生活，将因在这些起床、梳洗、穿衣上付出的巨大努力而被占据多么巨大的一部分呢？

我会与他谈及他内心中那些一触即痛的感觉：曾经他生活中充斥的浪漫如今去向何处；他是如何不再能够做爱了；他内心充斥着怎样的无助；他是怎样怨恨着他的瘫痪，让母亲像奴隶一般照顾着他的起居；他每天抵抗的自我厌恶感；那藏于内心深处阴暗面的抑郁，他只有自己将自己从受伤的躯体和灵魂中拉起。我会去了解他之后将要面对何种处境，关于肾脏和膀胱的感染情况；需要服用的特种药物和后续治疗的高昂价格；他需要的辅助设备的价格，包括轮椅和方便他移动的一种特殊货车，他房子的坡道，为了让他的轮椅顺利通行而加宽的走廊，一间能让他坐轮椅直接驶入的浴室。我会全方位了解肌肉痉挛，因炎热天气而引发的高热——因为他无法出汗。我会阅读医学专著、访问专家，不断学习，直到我发现自己已经开始重复一开始学过的东西为止。

在撰写陈词时还需要注意什么。然而在经过这所有的准备工作后，我依然会写出这整个故事。写作是我让大脑准备完毕的过程。在普通书写模式下写出某人的陈词，能使他确认这份陈词是否值得陪审团花费时间与精力去分析其中的论点，并同意支持他的观点。如此程度的准备是对其自身和对其陈词重要性的肯定。这也表示我们对这份陈词的听众的尊重，我们的努力也才会被公认为是值得的。因为我们显然不会为那些我们毫不重视的人仔细准备陈词，也不会为无意义的空谈浪费生命。我们以精心准备的方式体现对他人的尊重，这样的用心在我们的陈词里对关键细节的灵敏回应中、在我们清晰的思维和深厚的热情中，都能被人感知。我们投身准备陈词这回事将透过我们的准备得以证明。此外，作为回报，我们的精心准备也会赢得他人的尊重。尊重，是一面神奇的镜子。

在写作的魔力中还能体会更多。我以撰写陈词的方式做准备还有一个目的：去发掘我所了解的东西。若不主动寻找，我们永远不会知道我们自己的脑回路里到底还藏着什么。当我开始写下关于为何撰写陈词是如此重要的想法时，我开始思考其与书写这一物理动作间的关系——对手与手指的运用（引发创造性动作），以及对右脑的运用。我没有事先思考过这个问题，而自然写下了如下内容："手指与大脑中主管创造的部分因某种古老的神秘关系结合在一起。因此创造力总与手相伴相随——枪型刀尖的打磨过程、刮刀与锥子的塑形过程、篮子的编织过程、石墙上的壁画的绘制过程、罐子的制作过程——所有人类的创新产物似乎与手都脱不开关系。因此，我认为，当我们开始写作这一物理动作时，手与大脑中主管创造力的部分即产生联系并被记住，所以我们在书写或打字的时候，比只进行独自思考更容易产生新点子。"

思维是如何运作的。在我这些年准备陈词的过程中，我发现了一个电脑与人脑运行的显著相似之处。既然前者是后者思考的产物，要说一者会去模仿另一者倒也不足为奇。数据储存在脑中，可通过多种方式被分类和检索。但电脑仅可以以数据最初被记忆的方式被检索，而大脑不仅可以检索完整句，还能依据喜好将信息打碎重组，将语言以情感修饰，以富有感情的声音和演说家式的激昂回放出来，调动身体的每个部分去完成这篇演说。它能调动手和胳膊去表达恰当的手势，调动脸部去呈现正确的表情，调动眼睛在信息被对方接收时眨动。这些动作均在大脑调控下自然而然地完成。

传说中的牛皮大王。但假如我们没准备，假如我们其实没太搞懂真实情况，留给我们的选项就仅有假装我们知道，或干脆承认我们不知道。那些敢于吹牛皮（没有更贴切的词了）的人，是美国社会里的常客。这些牛皮大王们常常身居要职，从白宫到电视台。他们游荡在麦迪逊大街上，他们的惯用手段是炒作、花言巧语和空头支票。这些人有时被大众接受，有时更是被膜拜——但并不长久。这些人最终总会被曝光，最终他们不再赢得任何舆论。当他用看似正确的装扮去填补内容的空白时，他实际上不过是在骗自己。最后他再也无法区别真相或是故事。而陈词的第一原则依然得到了证明——“每句论点，都忠于我们自己”——他的论点最终会被证明就如他本人一样不可信。

吹牛，或许就如某些人坚信的那样，是社会的润滑剂。但它的确最终无法为你赢下一场重要的争辩。诚然，这些牛皮大王们会越来越熟练地开出空头支票，但同样地，我们也会更加精确地分辨什么样的话语是在吹牛。仅有 32% 的适格美国公民参加民意调查，这就从侧面印证了美国选民中广泛存在的问题。人们在空头支票下早已渐渐变得麻木，我们在“牛皮”之下感觉窒息。我们感到无力和愤怒。最终，“牛皮”将我们与具体政治争议分离开，结果就是我们也不再习惯批判性的对话了。

选择论点。在写完论点大纲后，我们还要仔细检查多次，进行修改，用红色荧光笔标注关键词。然后再写一个描述性短语或者是一个暗喻——象征着整个事件的灵魂——如同歌曲的副歌部分，我们可以称之为“主题”。而这个“主题”支撑起了辩论中的论点。

在丝克伍案件中，我想证明，尽管科麦奇公司并不是故意为之，但仍然对丝克伍遭受辐射一事负有责任。正如在旧的普通法中，假使一方携带具有危险属性的物品进入室内，比如说具有放射性危害的钚，如果钚泄漏并对他人造成伤害，则持有钚的公司要对此承担责任。我给陪审团讲了一个古老的英国故事：一个人带了一头狮子回家，尽管他把狮子关在了笼子里，并且做好了所有的预防措施，狮子最终还是逃脱出笼，并且咬伤了他的邻居。普通法法院最后判决他对邻居被咬伤一事负有责任，因为野兽固有的危险性无法消除，狮子的主人也知悉这一点。所以承担责任的一方应当是狮子的主人而不是被咬伤的邻居。

在准备丝克伍案件的时候，我写下了狮子故事的梗概，但在纸张的背面，我写下了一句简单明了的标语，也是我辩论的论点——如果狮子逃脱了，科麦奇公司理应赔偿——代表我的全部论证。我一次又一次地对陪审团重申这句话，就像歌曲中不断出现副歌部分。而陪审团认可了这个“主题”，最后判决丝克伍应获得赔偿1000万美元。

在另一个案件中，我代表一家小型冰激凌公司以违背口头契约为由起诉麦当劳，我选择的论点是“让信任重回握手中”。这代表通过握手达成的协议应当得到协议双方的尊重。事实上我个人认为握手协议相较于专业律师起草的合同，承载了人们更多的信任。因为信守承诺是美国商业的灵魂所在。这个主题得到了陪审团的推崇，我的委托人最终获得了5200万美元。

几年前，我为一个年轻男人辩护，他因为精神受打击刺伤了同事。在调查此案的过程中，我去见了受害人，我的委托人将其视为性感女神，她却为了自娱自乐而无情地玩弄我的委托人，甚至通过无线电台与卡车司机相亲。有天早上，日班工人在学校的地下室里发现了她半裸的尸体，身上有数不清的刺伤，警察立马逮捕了我的委托人。

捅死她！捅死她！捅死她！捅死她！那个年轻男人仿佛将他手中的刀视为阴茎，他不断地捅向受害人。此案的检察官曾经是我担任县检察官时的助理，他已经得到了我的委托人的认罪供述。毫无疑问，检察官总是想让被告人坦白罪行。在我看来，这个检察官为了对我——他过去的上司——证明谁才是现在的老大，不仅想让我的委托人承认罪行，还想让我承认。庭审通常是激烈的言辞论战。

我的委托人是一个胆小怕事、骨瘦如柴的小个子，眼镜镜片有酒瓶底厚，脸上永远都带着古怪的笑容。你看到他的时候，会感到莫名的紧张，全身不自在。

但是在审判过程中，我们证明了委托人的清白。这场谋杀很可能是某个与被害人素不相识的陌生人在夜间入侵造成的。

在结案陈词的时候，我将委托人对正义的诉求称为“麻雀的呐喊”——这正是此次辩论的论点。我转身面对检察官，这个各方面都可以称为优秀的男人，却长了一个鹰钩鼻，我自然而然地想起了鹰。我指着我的委托人说：“这是一只小麻雀，而这头鹰想捕获它，然后吃掉它。”然后，我转向陪审团说：“好了，不用管这只小麻雀的哀号，现在我要把它送给鹰了，把他递交给检察官吧！”我依次看过在座的陪审员，等待他们的回应。我注意到后排的一位女士摇了摇头，我问她：“不？他只不过是一个毫不起眼的人，有人会关心他吗？我们肯定只会关注更重要的人，而不是一只渺小的麻雀。”此时有几个陪审员交叉双臂，这意味着我之后的陈词可以顺利进行了。原因在于，即使我的委托人像麻雀一样不起眼，但也成了陪审员重视的“麻雀”。我的陈词，以及选定的主题——“麻雀的呐喊”，揭示了事实的真相。我的委托人渺小又无助，但是有正义的存在！你可能会问，正义怎么了？正是因为正义的存在，才能让无辜者的微弱哭泣震耳欲聋。

让我们选定一个短语、一个主题或者一个口号代表我们辩论的核心。这个主题能够概括整个故事，支持我们的核心论点，也可以说是象征了问题的核心。在最近一个案件中，我代表四肢瘫痪的委托人以欺诈为由起诉了一家保险公司，要求赔偿委托人的精神损失费，而我确定的论点是“人类需求与贪婪企业的对抗”。陪审团站在了人类一方，判决我的委托人获得 3350 万美元的赔偿，代表人类的法官还另外加上了 1000 万美元的利息让保险公司一并赔偿。

当你想争取加薪的时候，你可以选用宪法第十三条修正案（禁止强制劳役）作为论点，若想增加一点幽默感，主题可以是“早在一个世纪前我们就废除了奴隶制”（幽默可以是辩论中最有攻击力的武器，但如果使用不当，幽默也具有危险性，我们之后会谈到这一点）。

当你在市政会议上想要表明一个产业计划会造成环境污染，或许你可以借用西雅图酋长的一句话——我们无法主宰地球，而地球才是我们的主人——作为论点。当我争取去怀俄明州的一个小镇吃晚饭时，我的论点可能是“终获自由”。确定论点可以帮助我们理解辩论的核心，并且可以创造一种精神意象，而这种精神意象比任何措辞都更能打动人心。

准备过程的魔力与欢欣。啊，准备！一个奇迹出现的时刻！

但听到我这样讲后，年轻律师们看起来很沮丧。他们渴望有一种简单明了的方法能让他们远离枯燥乏味的准备过程。我希望我能够给他们解释清楚，真正的准备过程并不无聊，相反，则是充满愉悦的创造过程。准备工作就是在生活中艰难前进、冥思苦想、翻江倒海，然后伸出双臂迎接新的可能，再涂涂改改，最后成竹于胸。你可能不记得莫扎特什么时候说过自己在努力创作音乐，因为他的生命、他的呼吸，已经融入他的音乐当中了。他谱写的那些不朽的乐章是他生命的宣言，是饱含热情准备后的结果。这种积极的准备过程贯穿于莫扎特生命的始终。我宁愿身为一个普通人，经过充分准备后可以能言善辩，舌战群雄；而不是作为一个高智商的天才，却没有足够的热情支撑来准备辩论。简单说来，准备过程是一个滋养内心的过程。天才不是脑细胞完美的排列组合，而是能做到永远保持热情，准确地来说，是做一件事时有强大的能量支撑。因此，正是准备过程孕育了天才。

当我准备辩论的时候，我并不是在工作；当我写这本书的时候，我也不是在工作，而是在玩耍。当我准备辩论的时候，我找到了自我，回归本心，仿佛回到了童年时代。当我还是个孩子的时候，只想玩耍，只想要快乐，从来不会因为玩耍而感到疲倦。内兹佩尔赛人的首领曾宣称："我的子民从来不该工作，一旦工作就无法开启梦想，而梦想会将智慧引向我们。"

那么，当你试图说服合伙人修改公司政策时，你想成功吗？当你试图说服伴侣进行事业转型时，你想成功吗？当你试图让陪审团支持你的观点时，你想成功吗？那就不断探索、不断学习、不断准备吧，或者说，将准备过程视为一场游戏，去玩耍吧。写下你的所思所想，体验灵光乍现的奇思妙想，明白辩论的目的，以及理解独一无二的有趣的灵魂——那就是，你自己。

仍然有律师问我："那魔法是什么样的呢？你在法庭上会念咒语吗？斯宾塞先生。"曾经有一次，一名辩护律师控告我催眠陪审团，法庭应禁止我使用这些阴谋诡计。他声称，在他所经历的律师生涯中，亲眼所见，我参与的诉讼案件中的陪审团，每一次都作出了有利于原告的裁决。他甚至调查了我过去的胜诉情况，宣称没有一个案件是我用正常的辩论方法完成的。为了证明他的观点，他指出我每次都会有节奏地挥动双手，使用煽动性的命令式话语，声音里还潜藏了催眠曲，而这些不过是拙劣的把戏，现在既然被他识破了，法庭就应当将我阻拦在外。

由此看来，他并不知道准备的力量，还误以为我通晓催眠术，并以此来蛊惑陪审团。他用准备过程来攻击我，而不是去研究和准备自己负责的案件。事实上，他也不知道我经常与世隔绝几周时间，有时甚至花长达几个月的时间来准备诉讼。他只看见我在法庭上是如何的能言善辩，却不知我为此付出了怎样的努力。但是法官肯定知道这个准备过程，所以驳回了这名律师的提议。在我的陈词环节，他多次起立提出反对意见来打断我，希望破坏我辩论的效果。好笑的是，他的行为引起了陪审团的憎恶，反而更想听听我要说什么。最后，仅仅用了很短的讨论时间，陪审团就作出了有利于我方当事人的裁决。

故事赋予了我的辩论以说服力，这些故事都承载着案件的事实。我尽量以一个愿意关注事实的律师身份去表达情绪，从而丰富我要讲述的故事。最后，我所有的案件的陈词都经过了无数次的锤炼与打磨。无数个黎明破晓时分，我坐在电脑前修改陈词，而那个时候我的对手还安睡在梦乡。你可能会问——我们要准备到什么程度呢？这取决于你对成功的渴望。我始终记得我的祖父有一个粉色的陶瓷咖啡杯，上面印有一个大腹便便的男子，笑容憨态可掬，还有一句话——“我可不贪婪，就是喜欢吃很多”。

让辩论形象化。我不喜欢我的辩论中充斥着纯粹的逻辑推理，也不习惯用一些客观的词语，比如，“我方当事人因被告方银行的恶意欺诈而受到重大精神伤害”。而如果让我来表述案情，我会选择讲一个故事：我看到乔心情沉重地回到家，餐桌上堆满未支付的账单。电力公司停止了供暖，冰冷空荡的房间里只有账单在等待他的归来。而乔，身无分文，疲惫不堪，人生跌落到谷底。而这一切的一切，都是因为银行的欺诈，并且，还有很多像乔一样的受害者。

通过人们易于理解的语言使辩论形象化，避免使用枯燥空洞的抽象概念，我们能够将力量调频至心灵深处的电台。在辩论中我们应当优先使用动态语言而不是抽象的描述。比如，“铁匠从事体力活动，用各种工具锻造产品”这句话就是抽象的描述，但是我们仍然无从得知铁匠究竟具体做了什么。如果采用动态语言，我们可以这样描述：“铁匠拾起笨重的钢锤，高举过头顶，仿佛要进行致命一击，同时他另一只手用火钳夹着烧红了的滚烫的铁片，他一次又一次不断地锤打铁片，然后将铁片翻个面，又开始不断地击打。铁片开始变软、变平整，最后铁匠将它打造成铁蹄，套在奶厂的马儿上。”

动态的词语可以呈现出生动形象的画面：男人踏着沉重的脚步回到空荡荡的家；铁匠为马儿打造铁鞋。之前提到的两种叙述方式都避免了空洞的抽象用语。我很讨厌人们使用抽象语言，我经常说：给我举个例子吧；展示一下你是怎么做的吧，不要只是口头上讲给我听；画一个简单的地图吧；可不可以用插图或图表说明；最好理顺事件发展的先后顺序，让我明白是怎么发生的，在什么时候发生的；不要只是和我说这个男人受伤了，股骨骨折，要给我看他伤腿的照片；给我看 X 光片，不要和我说他受伤了。告诉我骨头刺进肉里是什么感觉，告诉我它是什么样子的！让我看到它！让我明白！让我去关注它！如果你自己都提不起兴趣，那还如何去吸引别人的注意？

动态，而非抽象。坚持形象具体，避免抽象概念——这就是辩论的规则。在准备辩论的时候，要时常拷问自己："我究竟是在讲一些不知所云的抽象概念，还是在生动形象地讲故事呢？"要始终铭记，故事的力量在于它可以呈现生动的动态场景，而不是晦涩的概念。如果我听到抽象语言，我不得不自己构想出具体的画面。有时我无法充分理解那些抽象概念；有时我并不在意它们，左耳进，右耳出，那些抽象概念从来不会给人留下深刻印象。最好的情况也不过是，我成功地将那些抽象语言转化为动态画面，但通常在我理解了上一个抽象概念后，辩论的焦点已经转移到了另外一个抽象概念上，结果就是我完全不知道对方在讲什么，整个辩论中我也是一头雾水。

让步——坦白的力量。让步是建立信任、完成成功辩论的有效方法。我经常会做出让步，哪怕这可能削弱我论点的力度。我们要坦诚面对于自己不利的事实，相较于对手的揭露，自发的退让没有那么大的伤害力。毕竟，做错事可以被原谅，然而人们不能容忍你妄图掩饰自己的错误。我们可以主动坦白一些不利于自己的事情，退一步好好解释，消解不利影响。在我们让步后，或许别人还有耐心听我们的解释。但如果我们被迫承认，别人绝对不会听信我们的回应。总统也应该懂得让步，尼克松本可以避免“水门事件”，只要他最开始就承认：“现在我的生活一团糟，当关注政治的人们开始相信我做了错事，整件事就失去了控制。我多么希望我的错误从未发生。我希望美国人民能原谅我。”

让步力量的佐证。许多年前我负责过一个案件，我的委托人乔治喝醉了，摇摇晃晃地过马路，结果被车撞到了。但是他穿过马路的时候，人行道亮着绿灯，而那位撞到乔治的人不仅超速行驶而且闯了红灯。在法庭上，我没有掩盖乔治醉酒的事实，我做了一个让步：

乔治去参加一个聚会，度过了一个愉快的夜晚。当他离开聚会时，坦白讲，他已经喝多了，横穿马路时也是东倒西歪的。但乔治知道自己喝多了，不过喝多的人都会极度的谨慎小心。

毫无疑问，当乔治过马路的时候，人行道是绿灯，至少有六个目击者可以证明此事。可怜的乔治走在马路中间时，并没有意识到危险的来临。而我们的被告——梅杰斯先生，像一条欺行霸市的恶犬，从拐弯处猛冲出来，超速行驶闯过红灯，最后撞倒了乔治。

我承认当晚乔治的确是喝醉了，但美国宪法保护清醒之人的权利，同样也保护醉酒之人的权利。即使处于醉酒状态，乔治也没有丧失正常公民的权利，因为他遵守了“红灯停、绿灯行”的交通规则。事实上，我们仔细想一想，在同样的环境下，像乔治这样的醉汉相较于神志清醒的人，更需要法律的保护。

最后，陪审团作出了有利于乔治的裁决。而如果我试图掩盖乔治醉酒的事实，并且拒绝将乔治血液检测中的酒精浓度作为证据，这个案子肯定会以败诉结束。

说点有趣的——在竞选总统的过程中如何做到诚实。著名的橄榄球教练和体育比赛解说员约翰·马登曾说：“你爬得越高，底裤暴露得也越多。”人们只有通过辩论才能赢得总统候选资格，候选人应当在辩论中直面自己的过去。如果我是候选人，我会给我的对手写如下一封信：

亲爱的亨利：

鉴于现在我们目前都在竞争总统职位，你肯定想知道我人生中有没有污点，我想由我亲自告诉你比较好。这样可以节省你的时间和精力，毕竟这场竞选已经足够让人筋疲力尽了。至于是选择帮我保密还是公之于众，决定权在你手中。如果你认为公众有权利了解这些，那你可以选择披露这封信。

1962 年 6 月，在我和第一任夫人还未离婚的时候，我和我的秘书玛丽·露·约丹逊就开始了约会，也就是人们所认为的“通奸”。我那时候已经 30 岁了，足够成熟，所以不想为自己的错误找借口。玛丽·露非常漂亮，也很善良。如果最后你选择将这封信公之于众，请不要暴露她的名字。这些年她一直对此事守口如瓶。我希望你没有犯过“出轨”这样的错误，倘若你也有过类似经历，希望你遇到像玛丽·露一般善良有爱的女人。

大约在 1972 年 6 月 7 日，我参加了一个年轻人的聚会，他们中有人向我提供了含大麻的香烟。我接了过来，而且我吸了——不止一次，那烟传来传去，至少“走”了好几圈。有趣的经历。不过那之后我没再吸过了。

我持有皮博迪储蓄与借贷公司的股份，我的儿子担任经理人，在公司破产之际，我对我儿子说：你从来没有做错什么，没有你的责任，告诉调查组真相吧。他的确这样做了，随后他就被起诉了。这件事对他，对我们整个家庭都造成了很大的伤害。好在最后陪审团判他无罪释放。希望你不要有类似的痛苦经历。

后来我和原配离婚了，分给了她一半的财产，之后和我的真爱——贝琪结婚了。如果你曾坠入爱河，我希望你永远不会体会离婚以及家庭破裂的痛苦。这种痛苦，如同身处炼狱。但我对贝琪的爱依然不变，这是我一生中最骄傲的事情。

我还有很多罪行。有的时候，事实上，很多时候，我会骂脏话。要是说我在有的情形下，政治不正确，那也没错。我希望我可以变得更有同理心，能够理解人类的喜悦和痛苦，成为一个正直善良的人。

我试着不要撒谎，但我偶尔还是会说谎话。我努力使自己不要成为伪君子，但我偶尔还是会表里不一。我偶尔也会懦弱，裹足不前。我也会因贪图利益走了歪门邪道。但摸着良心讲，过去的这么多年，绝大部分的时间我都是在做正确的事。

亨利，我告诉了你我全部的污点，虽然可能会遗漏一些已被我遗忘的过错，但我保证，如果我想起来，你肯定是第一个知道的。当然如果你也愿意写这样一封信，我会非常开心，而且我看完后会立刻焚毁它，所以寄这封信的同时我也附带寄送了火柴，方便你看完后烧掉它。你选择保留这封信，将它公之于众，我也可以理解。我相信你肯定是为美国人民的利益考虑，而不是为了拉我下马。

诚心希望这是一次公平公正的竞选，有利于解决我们国家当前面对的问题。

总统候选人

比尔·皮博迪

敬上

（信封中附有一根火柴）

如果亨利决定将这封信公之于众，或者这封信被无意披露，民众也会很快忘记我，但如果我是被揭露，而不是主动坦白，结果就不是那么简单了，我会很痛苦。

所以：做好准备、做好准备、做好准备，然后赢得胜利！

第九章 | 打开他人心扉

——建立沟通的桥梁才能被倾听

『门锁：如何吸引他人注意，至少使其能够认真倾听自己的观点？如何打开他人心扉？』

『钥匙：做自己，说出真相，将选择权交给听众。』

对牛弹琴。将论点视为一份礼物，我们想与他人分享，试图和别人进行思想的碰撞、灵魂的交锋。但如果别人不想接受这份礼物，他又如何理解我们的想法呢？成功的辩论就像酣畅淋漓的性爱，需要双方的全心投入，而且不能把自己的欲望凌驾于他人之上。

但人们很容易竖立起一道心墙，将我们隔绝在外，防备我们的措辞和腔调。而一旦注意到我们的面部肌肉开始紧缩，身体变僵硬，他们就会着手反击，好像这是他们生命的重中之重。一旦我们展露锋芒，他们就会调动出所有的精神力量进行自卫和反击。这种力量，是我们的原始本能的爆发，是我们世世代代面对生命威胁时的本能反应。他们一旦形成防御姿态，就会永远将我们隔绝在外。辩论还未开始，我们就已经一败涂地。

但是如果我们能让听众打破心墙，敞开心扉，心甘情愿地倾听我们的发言，哪怕是最朴素的观点也能取得胜利；反之，无论我们的发言技巧有多么纯熟，论点有多么精妙绝伦，如果他们拒绝倾听，我们也只不过是对牛弹琴而已。问题在于，我们该如何打开他人的心扉来让他们接受我们的观点呢？

他们什么都听不到——这句话揭示了大部分辩论的初始阶段，当他们关上心门，断绝了我们进入他们心灵的道路，我们所说的一切对他们来说不过是耳旁风而已。他们的听觉系统仿佛处于失灵状态，好像戴上了耳塞，与外界隔绝。当我给律师或嫌犯讲课时，我时常怀疑，学生们出于某种原因，将我排除在他们的世界之外。所以我有时候会忽然停下来问他们："你们听到我刚才讲的了吗？"然后等着他们回复我，如果没有人回答，我就会随机点一个人问："我刚才讲了什么？如果可以的话请重复一遍。"事实证明，我的怀疑往往是正确的，的确没有人听我讲话。但无论是我的论证结构还是授课方式都没有问题，仅仅是因为学生们出于防备心理，为防御有意或无意的威胁，让耳朵停止了工作。

为什么我被隔绝在外？是我本身的错误吗？我是什么可怕的怪物吗，以至于他们看到我就担惊受怕，厌恶我的存在，然后关闭心门？大多数情况下，只有当人们感受到了危险，才会关上心灵的窗户。如果我们或我们的发言被视为洪水猛兽，那我们就不会被倾听。正是如影随形的恐惧，造成了这种困境。如果别人害怕我们，他们就只会永远紧锁心门。而我们，不辩而败。

而这些潜藏于人们心底的恐惧究竟是什么样的呢？你肯定能在下列问题中发现恐惧的影子：

“如果我接受了你的观点，我是不是就相当于投降了？”

“我担心在你眼中我是一个意志薄弱的人。”

“如果我顺从了你的想法，你会轻视我吗？”

“我会丧失自我吗？”

“我会不会失去金钱？失去名望？失去权力？失去地位？”

“我怎么能承认我做错了？”

“我会产生挫败感吗？”

“我会不会是在一个站不住脚的立场上？”

“我是不是要做一些我不想做的事情？”

“我会不会蒙受损失，一无所有？”

“我的权力会被削弱吗？”

“我要自揭伤疤，唤醒过往痛苦的回忆吗？”

“这些新的观点会给我带来风险吗？”

“你的观点看上去或实际上会损害我的利益吗？”

如果上述任何一个问题的答案是肯定的，别人肯定不会听你的发言，他们可能会愤怒地打断你、据理力争，或者毫无逻辑地谩骂你、讥讽你，但无论如何他都不会倾听你的观点。所以，在别人敞开心扉接受我们的观点之前，我们首先要化解他们的恐惧。

赋予听众力量，你的观点才有力量。让他人打开心扉接受我们的观点的秘诀在于赋予别人反对我们的权力。通过让渡权力，可以避免别人对我们的恐惧。如果他们知道自己有权力可以接受或者反对我们的观点，而不是一定要被迫接受，他们也就没有必要对我们紧锁心门。

浣熊派。当别人强迫我们接受他们的观点，就像拼命用食物塞满我们的嘴巴那样，我们会做何反应呢？假设我有一个朋友，刚刚结束一次狩猎之旅，用捕杀的浣熊做了一个浣熊派。他自信满满地把派从烤箱里端出来，想让我饱餐一顿，品尝他的杰作。然而我全身上下每一个细胞都叫嚣着抗议。浣熊的小爪子就像人类的手一样，脸上如同戴了面具，一举一动也都可爱非常。它们会把杀掉的小鸡拖到小溪边，冲洗干净再吃。这都是关于浣熊的一些无关紧要的琐事。设想一下我和我朋友的对话：

“嘿！看看我的浣熊派！看这完美的酥皮！还会有比这更美味的东西吗？”我的朋友并没有注意到我脸上的恐慌。

然而回应他的只有沉默，恐惧关闭了我的心门。一想到我要吃这个和生肝奶昔一样恶心的食物，我就感到害怕。最后，他意识到了什么，看了我一眼。

“怎么了？你不喜欢吃浣熊派吗？来一点嘛！”他边说边用刀切下来一大块，我甚至能看到棕色的肉汁慢慢溢出来。

“看看这鲜嫩的肉汁，简直完美，为了做这个派，我加了好多调料，洋葱、胡萝卜还有土豆。”他叉了一大块肉塞到嘴里，大口大口地咀嚼起来，嘴唇油光可鉴，肉汁沿着左边嘴角滴落下来。我不禁想起喜剧演员杰瑞·刘易斯在电影里拼命撕咬棒球的情景。

他又叉起一块肉，伸到我眼前晃了晃，我恐惧地向后退。“你到底怎么了？拜托，这可是浣熊派，这片地区没有人不喜欢它，你现在就像那些懦弱畏怯的外国佬。”我觉得自己的男子气概受到了质疑。

他生气地转过身，“如果你还是我朋友，现在就吃掉这个派”。

“友情的基础难道是一块浣熊派吗？”我怒吼道。

“现在！马上！吃掉它！这还是特意为你做的，能不能像个男人一样！”这个所谓的朋友貌似友好地想塞一块派到我嘴里。

而这件事不仅让我想和他绝交，甚至让我很可能开始厌恶一切和浣熊有关的东西，比如猎熊犬、有浣熊出没的地方、印有浣熊图案的帽子和猎熊人。

就像那块浣熊派一样，我们也不能把自己的观点强加给别人。但如果当时我的朋友能给我选择的机会，说不定我还会尝试着吃一口。设想一下他一边烤着派一边说：“我还记得第一次别人让我尝尝浣熊派的时候，我还那么厌恶，一点儿都不想吃，结果我吃了一口后，立马就爱上了那个味道。”

“这和味道没关系，只是一想到吃的是浣熊就让人抗拒。”我回答他。

“我懂，我第一次吃烤乳猪的时候也特别难受，我当时在一个聚会上，有人端上来一个大盘子，上面是一只完整的小乳猪，已经烤焦的嘴里还塞了一个苹果。”他说。

“我超级喜欢吃烤乳猪。”我打断了他。

“真的吗？”他看起来非常惊讶，“你要知道至少我们吃浣熊派的时候，浣熊不会盯着你看。”

“是你吃的时候，我可没吃浣熊派。”

“但生活就是要不断地尝试新鲜事物啊！”他一边说一边从烤箱里拿出来烤好的派。

“那你怎么不吃猫？”我有点刻薄地回击他。

“哇哦！你说得有点道理。”他说。此时，我不得不承认他烤的浣熊派看起来非常美味，棕色的酥皮烤得相当完美，空气中弥漫着浣熊派的香气，我的朋友也没有强迫我一定要吃它，而是把选择权交给了我。他切下来一小块放到盘子上，热气腾腾的胡萝卜、土豆、青椒和肉完美地混合在一起，让人胃口大开，垂涎欲滴。他一脸享受地吃着馅饼，陶醉地摇摇头，咂咂嘴又吃第二块。“我不会推荐给别人吃这种奇怪的东西，哪怕它真的非常好吃。”他看着我咧嘴一笑。

“打住，别让我吃，我不想吃。”我立刻答道。

“只要你不让我吃烤乳猪我就不会让你吃浣熊派的。烤乳猪那个烹饪方法太残忍了，把苹果塞在喉咙里让它们窒息而死。”

“见鬼了，去他妈的！”出于不甘心落于人后的心态，我可能会说：“给我尝一口你的派吧。”接着拿起他的叉子，叉起一小块肉连带着一片洋葱一起放入嘴里。我可能会说：“简直难以置信，这就像是鸡肉的口感！”然后我的视线会转移到猫的身上，对我朋友说：“既然要不断尝试新东西，那我们明天晚上把猫炖了吃吧？”

当我开始发表观点的时候，我就会提醒自己不能像逼迫别人吃浣熊派那样强迫别人接受我的观点，而是要给别人选择权，让他们知道自己有权力独立作决定——接受还是反对。只有这样我们才能立于不败之地。如果不这样做，别人永远都不会倾听我们的观点，我们将被隔绝在外，注定失败。

发现恐惧，化解恐惧。从下面这则寓言中我们可以深切地体会到恐惧是如何被化解的：一个猎人在深山中迷路多日，饥寒交迫，偶然在树林里发现了一间小屋，小屋的主人是一名隐士，对于任何进入他领地的人都恶语相向，因此臭名昭著。但猎人实在是太饿了，不得不求助于这位隐士。

猎人可以采取下面几种策略：他可以持枪直接闯入小屋，威胁隐士投降，胁迫他交出食物。不过在这之后猎人就会因此被法庭传唤。当然隐士也有可能会拿起自己的枪，这样一场枪战将无法避免。如果猎人在交火中打死了隐士，就会被判为谋杀；若猎人被射杀，结果也无须多言。

但是猎人采取了一种更为明智的方法，他直接敲开了门，问候隐士，然后把枪递给他，枪口朝向自己。隐士诧异地收下了那把枪。

“我想知道我可以用这把枪换取一些食物吗？”猎人向隐士请求，“我太饿了。”隐士拿到了猎人的武器，感到非常安全，同时也很满意猎人对他的尊重，于是邀请猎人进入家门，招待了他一顿饭。吃完饭后，隐士把枪还给了猎人，还指明了走出森林的道路。

让别人自主选择接受或反对你的观点，可以化解他们的恐惧。而正是这种恐惧让我们一直失败。举个例子来说，你可能对你的伴侣说：“我受够了最近的工作，下周我要去度假，你可以选择请假陪我一起，不然我就自己去。”最后结果可能就真的是你一个人去度假。但你也可以这样说：“亲爱的，最近我因为工作精疲力竭，我知道你肯定也很疲倦，等你什么时候有空了，我们一起去度假吧。当然啦，越快越好。”

“好啊，去哪里？”她说。现在她已经敞开心扉，多半会同意你梦想中的阿根廷之旅。

当一个孩子想让父母理解为什么他和他的新娘想要一个旅行婚礼，而不是在家举办盛大的仪式时，这个儿子可能这样说：“我讨厌这样大型的婚礼，我们想逃到里诺，然后在一个小教堂里结婚。”

“你知道我和你的爸爸有多期待你们的婚礼吗？这对我们来说意义非凡。”妈妈恳求道。

“我知道，你们只不过是想通过举办大型婚礼向你的朋友们炫耀。但这是我们的婚礼，不是你们的。”而在这之后，不管儿子有多懊悔，他余生都无法弥补对父母造成的伤害了。

但其实儿子可以这样说：“妈妈，我们想拥有一个属于自己的小型婚礼，想去里诺旅行，然后在那里结婚，希望可以得到你和爸爸的祝福。”

“但你知道我们对这场婚礼期待已久，它对我们意义非凡啊。”

“我明白，妈妈。如果你们真的希望我们在家举办婚礼，我们可以妥协，但那不是我们真正想要的婚礼。”此时选择权到了这位母亲手中，她的坚持可能会给这桩喜事蒙上不愉快的阴影。但通常妈妈不会对孩子这样做，因为大多数母亲都希望自己的孩子能够幸福快乐。但如果儿子没有给妈妈选择权，这件事情就可能成为未来家庭关系不和谐的源头。

另外，妈妈也可以给予儿子自由选择的权力，她可以说：“孩子，这是属于你们的婚礼，无论你作出什么样的决定，我们都会支持你。”当儿子意识到自己有自由选择的权力时，他就能更好地倾听，更能懂得邀请家庭所有成员来见证婚礼对于妈妈的意义，毕竟那是妈妈心目中最重要的时刻。哪怕最后，儿子仍然没有顺从母亲的心意，这位母亲也能够释怀，因为自己的儿子曾考虑过她的意愿。

当一位优秀的医生想让患者接受一场必要的手术时，他可以让病人自己选择——你可以去咨询别的医生，查阅相关的资料，或者是探访其他曾经有过同样经历的病人，然后自己决定要不要做这次手术。

当老板想让员工以低薪加班时，他可以和员工谈话："乔治，我们公司出了点问题，我想和你谈谈。"乔治说："好啊，什么问题？"老板邀请乔治到他的办公室，待乔治坐下后，递上公司最新的财务报表。"我们来看看这些表吧。"于是他们开始探讨公司当前的处境。老板回顾了一遍当前所有节约成本的措施，说："乔治，除非你有什么更好的提议，否则我们要采取进一步措施了。"他让乔治参与到了解决问题和作决策的过程之中，但他本人仍拥有最后决定权。而无论最后的结果怎样，乔治都会感觉老板有认真考虑过自己的意见。而采用这样的办法，无论老板最后作出什么决定，员工都不会认为他是一个独断专行的人。

每当我对陪审团作最终陈词的时候，我常会引用一个辩护律师们都很熟悉的鸟的故事。这个故事不是我写的，我也不知道它出自何处，但这个寓言故事能够让陪审团意识到自己有自主决定的权力，同时也能恳请他们主持正义——作出有利于我方的裁决。这个故事是这样的：

曾经有一位睿智的老人和一个自作聪明的小男孩。小男孩一心想让老人出洋相，成为别人眼中的蠢蛋。于是他心生一计，在森林里俘获了一只弱不禁风的小鸟，小男孩用手包住小鸟，去问老人："嘿，老头子，你知道我手里的东西是什么吗？"老人说："我的孩子，你的手里藏着一只小鸟。"

"那这只鸟是死的还是活的呢？"他接着问。如果老人说这只鸟已经死了，小男孩就会打开双手放飞它；而如果老人认为这只鸟是活的，小男孩就会捏死它，然后张开双手得意扬扬地对老人炫耀说："老头子，你猜错了，这只鸟已经死了。"然而老人听完小男孩的问题后，只是温柔地说："孩子，这只鸟的生死由你决定。"故事讲到这里，我对陪审团说："女士们先生们，就像那只鸟一样，我的委托人的生死现在也由你们决定。"

通过这个故事，陪审团可以清楚明了地意识到他们有绝对的权力决定我的委托人命运的走向，正因如此，陪审团和我站在了同一战线。

自命不凡的人。要打开他人的心扉，让别人接受自己的观点，有多种方法。有的发言者自视甚高，不惧听众之智慧，在发言开始就站在一个有攻击性的、居高临下的立场上。我们常常听到此类客套的开场："今夜与在座这些杰出人士和他们美丽的妻子相聚于此，我感到无比激动和荣幸。"当然，还有其他类似的场面话。而大家都深知，发言者只是为了来完成工作，他其实更乐意去赤着脚保育海龟，而不是站在这一群半醉半醒的傻瓜们面前，作一场半醉半醒的无聊演讲。自命不凡的人绝不可能打开听众的心扉，谦逊的人才可以。

同样，让他人打开心扉的最好方式就是给予他们权力。我们可以这样展开发言：“今天我将给你们讲述我的梦想，而你们则是我梦想的实现者。”听到这样的开场后，听众会好奇他们是如何帮助你实现梦想的，所以会集中注意力听你接下来的讲话。“我想让无家可回的人有所依靠，让他们成为和我们一样对社会有帮助的人，并且因此而自豪。”现在，观众已经把自己带入你的演讲中。演讲者没有高人一等的傲慢姿态，没有一味的阿谀奉承。听众只有被赋予权力时，才有可能敞开心扉。

失败的笑话。有的发言者会采用讲笑话的方式炒热气氛，但那些笑话不一定有趣。如果听众觉得很无聊，那么对于发言者来说，简直就是一场灾难。倘若听众假装笑话很好笑，施舍以零星的笑声，场面也会非常尴尬，这种笑声，就像从阴间传来的冷笑。这场演讲，是一场失败的演讲。如果笑话不合适，与演讲的主题毫无联系或者联系得很牵强，那还不如不讲笑话。如果笑话违背了整个演说的基调，这也是一场失败的演讲，演讲者在观众眼中就像一个跳梁小丑。我从来不会用讲笑话的方式暖场，我习惯于在一开始和听众分享一些对我很重要的东西。尽管我不讲笑话，但整个演讲的过程中从不缺少听众的笑声。

最出色的演讲也从来不会用笑话来吸引听众的注意力。在珍珠港被日军偷袭后，总统罗斯福发表了著名的《国耻日》演说，整个过程中没有出现一句玩笑话；马丁·路德·金在发表《我有一个梦想》时，也没有以玩笑作为开场，哪怕他有让听众开怀大笑的能力。我们也不会在跟老板提出加薪时讲笑话，也不会在和爱人吵架时讲笑话。我承认，笑话可以让气氛变得活跃，我们也确实想让听众打开心扉接纳我们，但不幸的是，听众不一定会因为笑话而喜欢我们。我们不需要像相声演员一样逗乐听众，如果我们选择用讲笑话的方式拉近与听众的距离，那么我们既不是合格的相声演员，也不是优秀的演讲者。我也听过很多次别人的演讲，结束后听众会投票选出演讲中令人印象深刻的部分，而结果通常是——人们只记住了笑话而忘记了演讲的主题。

好的开场是沟通的桥梁。如果演讲者可以有一个好的开场白，也就不需要讲笑话特意炒热气氛。你完全可以从观众的脸上看到他们期待的神情。而你自己呢，会感到内心火热，受到褒扬，被大家所接纳。我通常都单刀直入，绝不会在开场时向大家絮叨我是如何到达这里，在准备发言时又遇到了什么事情。我不会说，“当你们的主席乔治，叫我来发言的时候，我想……”这会让观众陷入无聊的深渊。那种残酷而陈旧的方式，将大家带入无尽的死气沉沉的状态，会让我想跳起来夺门而出。

良性互动的必要性。无论演讲者是谋求别人的帮助还是说服别人接受自己的观点，他都应该在演讲开始时，与听众建立一种良性互动。

设想一个这样的情景。你在散步时遇到了一个陌生人，他走到你面前，拿着一瓶啤酒说：“我刚打开一瓶新鲜的啤酒，我们一起喝个痛快吧。”你侧身避过他说：“不用了，谢谢。”然后匆忙离开，只剩陌生人依然孤独地留在原地。

然而换一个场景，假设你和朋友在酒吧聊天，这时你的仰慕者走过来要帮你埋单，即使你从未见过他，你也有可能欣然接受。之所以出现两种不同的结果，是因为第一个陌生人和你形成了一种负面互动，对你来说，他是一个闯入者，一个危险分子；然而第二个人提供了一种积极的良性互动，是一种善意的示好。

在我们开始发言时，一定要营造和谐的氛围，与听众建立良性互动。我们都希望自己被接纳，但怎样才能让听众喜欢我们呢？我一生都要与我的对手打交道，要充分理解他们，对我来说，建立良性互动必不可少。当我在刑事案件中为被告辩护时，受害人的亲戚朋友全都视我为敌人；当我站在少数派一边时，可以感受到对手对我的强烈敌意。当我打破常规时，当我攻击大众眼中的真理时，当我鄙夷政治正确时，我一手创造了大批敌人，无异于捅马蜂窝。然而坚持自我的代价就是与世界为敌，这是先驱者必须付出的代价，对于反传统者来说，外界的反对已经是家常便饭。

然而问题依旧没有得到解决：我们到底应当怎样与听众建立一种良性互动呢？只有在良性互动的基础上，听众才会有可能敞开心扉接纳我们。

微笑。何不多笑笑？如果有人可以一直面带微笑，他一定是被别人的微笑感染。和善的人都会以微笑示人，而我们都喜欢他们，不是吗？微笑还可以创造财富，促销广告里的推销人员正是用微笑蛊惑我们，我们才买了汽车、买了洗发露、买了汉堡。笑容有很多种，开怀大笑、会心一笑、性感妩媚的笑容、扬扬得意的笑容、不怀好意的笑容、尖酸刻薄的笑容、悲伤绝望的笑容……但当你想让别人喜欢你时，或者说想从别人那里捞点好处时，一个普通善意的微笑是你最有力的武器。对于政客和推销员来说，微笑是他们必不可少的装备，如果哪天无法微笑，他们会觉得自己赤身裸体地站在众人面前。而这种如面具般的好好先生式的微笑，则专属于政客、推销员和那些不被信赖之人。

做一个好人。好人绝不仅是礼貌待人，还要尊重他人、正直行事、诚实守信、富有爱心、勇于担当。但仅表现礼貌的并不一定就是好人。我不认为一个永远面带微笑的人可以被称为好人。对我百依百顺的人也只是精于社交而已。我希望在我死后，我的墓志铭上不会出现这样的字眼——长眠于此的是一个好人。几乎没这可能，我的朋友们很确信。

假设你去参加一个鸡尾酒会，环顾整个房间会发现几乎所有人都面带微笑，就好像每个人都事先戴好了一副微笑的面具。微笑无处不在。你可能会想：每个人都很友善，这真是一个愉快的夜晚。然而大家都心知肚明，这个屋里充满了恶棍、混蛋、骗子、家暴者、虐待儿童的人、无赖之徒等各种各样的坏人。而为数不多的好人都认为聚会相当无聊，迫不及待地想回家。

如果你观察正准备开车回家的夫妻，你会发现他们已经摘下了微笑的面具。有人在发牢骚，不停地抱怨聚会；有人因为伴侣忽略自己关注他人而生气；有人背部疼痛难忍；也有人在忍受无休止的胃痛。哪怕我们在与别人道别时互相挤出最后一次礼貌的微笑，并称赞这真是一场完美的聚会，但我们都对事情真相心知肚明。

然而永远保持微笑，假装自己是一个好人，仍然无法让我们赢得信任、无法让别人接纳我们。微笑不是掩盖真实情绪的工具，只有当我们发自内心想笑时，我们才应该展露笑容。当我们感到快乐时，当我们想对他人表达善意时，当我们因为玩笑感到开心时，我们应该笑一笑。而不应该仅仅为了让别人接受我们的观点而微笑，因为人们能够判断出我们的微笑是否合乎情理，是否与讲话者相悖。这样的话，我们不仅无法以微笑让自己被接纳，反而很可能使自己陷入泥潭，听众对我们的观点也会报以猜忌和怀疑。

在我看来，想让别人喜欢你，要先赢得他们的尊重；要想赢得尊重，必须得到他们的信任；若想得到信任，你必须是一个值得信任的人，这意味着，你要做你自己。卸下伪装，坦荡真诚，而不是戴上虚伪的假面。人若想自己被他人接纳，就必须说出真相。

说出真相，忠言逆耳。又回到了那个问题——如何与别人形成良性互动呢？答案是说出真相。当我想拉近与听众的距离时，我会说："你们之中的大多数人我都不认识，同样你们也不了解我。但我很希望我们是相识多年的老友，彼此熟悉对方的家人，也曾分享生命中的重要时刻。如果事实真的如此，我们接下来的交流就会顺利无比。所以希望我接下来的演讲能够让我们更了解彼此，成为朋友。"

当我在法庭上想要刻薄的检察官作出让步时，我会在一开始就讲明真相："我之前并不认识你，只知道你很有威望，有人告诉我你只是表现得冷酷无情，但其实你是一个公正的人。我希望我们能在此坦诚交流。我希望你能支持我的观点，但如果我无法让你相信我是一个公正可靠且值得信任的人，那么我也得不到你的支持。”

当我面对一个对我抱有敌意的法官时（我一直相信法官黑色的法袍有一种特殊的力量，能够将一个善良宽厚的人变得冷酷阴郁），我想和他建立融洽的关系，我会告诉他我的真实想法：“尊敬的法官，我知道你的工作是依法对诉讼作出判决，但由于辩护律师经常隐瞒案件真相，会给你的工作带来麻烦。然而在这件案子中，我承认大部分事实不利于我的委托人。之前，很多法官对本案的看法也并不如我方所愿，但我希望您能够依照法律判决。尽管事实真相不利于我们，但我相信公平正义依然在。归根结底，成功的审判要弘扬正义。我会在接下来说明为什么正义属于我们。”

我始终记得一个名为亨利的老人的故事。因为政府分配给他的土地位于怀俄明州，所以他从阿肯色州搬了过来。亨利一生都在勤勤恳恳地工作，逐渐收购了邻居的土地，最终成为当地拥有土地最多的农场主。

有一天亨利决定向银行申请贷款，他骑着骡子来到了银行。他穿着工作服，戴着一个又旧又脏的黑帽子，就像一个乡巴佬。他穿着笨重的鞋子，踢踢踏踏地走进银行来到银行经理面前。

“海耶斯先生，我来看你了。”亨利说。

“哇，亨利，看到你很开心，快过来坐，什么风把你给吹来了？”

“是这样的，我来是想问一个问题的。”亨利坐在了海耶斯旁边说。

“什么问题？”

“海耶斯先生，我想知道你今天早上洗澡了吗？”

“什么？”海耶斯先生相当震惊，感觉自己受到了冒犯。

“我说，我想问今天早上你洗澡了吗？”亨利又重复了一遍他的问题。

“你为什么会问这种问题？今天早上当然洗了澡。”

“是这样的，我想找你借点钱，如果你今天早上洗了澡，借到钱后我就可以亲一下你的屁股。”最后，亨利成功拿到了钱。

当对方对你怀有敌意的时候，唯一能让他打开心门并接受你的观点的方式就是指出有关敌意的真相。一次，在一场房地产业界的大型会议上，会议主席计划投资一个环境友好型的开发方案，作为著名的环保人士，我受邀在会议上发表演讲。然而在部分出席会议的地产经纪人看来，我就是一个狂热的环境保护者。

主持人对我的介绍非常敷衍了事，他是这样介绍我的：“大家都知道，斯宾塞先生曾经起诉一家公司，因为这家公司无意间用除草剂杀死了隔壁邻居的树木，最后斯宾塞先生帮他的委托人争取到了一笔数额巨大的赔偿金，甚至超过那棵树所在土地的价值。多年来，每当提及斯宾塞先生，地产商就如鲠在喉。但坦白地说，我们又不得不留心他的观点，这样才能对他的犀利言辞有所应对。”观众席上爆发出笑声。“接下来让我们有请著名的律师以及环保狂热者——盖瑞·斯宾塞先生！”

该如何打开他们紧锁的心门呢？演讲时，我首先提及了之前主持人对我的介绍。

“如果我事先知道会得到这样的评价，我今晚就不会出现在这里了。”我说的是实话，观众也都知道。底下出现零星的笑声。我接着说：“我觉得自己就像待宰的羔羊。”又出现了零零散散的笑声。“而提到那起我代表树木提起的诉讼，对我来说，那些被砍伐的树木是我的朋友，我曾无数次地拥抱过他们。”在座的地产商又笑了，但看起来更像是一种嘲笑。

“其中有一棵树叫雪莉，还有一颗树叫露露·贝尔。而我最喜欢的树——格拉迪斯，有着漂亮的树干，在萧瑟的秋季，树叶变黄，仿佛穿了一件靓丽的长裙。而在生机盎然的春日里，格拉迪斯枝干高耸，树叶随着微风轻轻摇动。我难以形容她的美丽，我也数不清，有多少知更鸟和山雀以她为家，在此筑巢；同样，我也数不清有多少啄木鸟在这棵树上为它们的孩子营造了庇护所；我也不知道她目睹过多少次愉快的野餐；也不知道年复一年有多少孩子在树下奔跑嬉戏。然而不幸的是，格拉迪斯也因为除草剂丧失生命，遭受同样命运的，还有格拉迪斯的姐姐贝蒂，更准确地说，格拉迪斯一家都死了，甚至连树脚的野花也都消失不见。然而，那些杀死树木的刽子手，竟然嘲笑、讥讽深爱这些树的人。因此，关爱这些树的人，来到法庭，寻求正义。”

整个现场陷入了沉默，我甚至可以听到主席磨牙的声音，偶尔有紧张的咳嗽声飘荡在一片死寂的现场。我接着说：“今晚我来到这里，不是为了讲述我对那些树木的眷恋，也不是为了捍卫我眼中的正义，而是想号召你们反抗那些破坏环境的行为。”

然后我开始抨击那些追逐利益的开发商破坏杰克逊霍尔山谷的行为。“我来给你们讲一个故事，在维纳斯成为巴黎卢浮宫的藏品之前，她在一个威尼斯的艺术品经销商手中，当时，这座雕像已经成为全民瞩目的焦点。维纳斯的端庄秀丽和富有表现力的衣褶使这件大成之作从众多完美的艺术品中脱颖而出。人们不远万里前来瞻仰她的美丽。维纳斯的名气并没有随着时间的流逝而削减，女人们相信只要能摸到维纳斯，就可以终生美丽。于是世界各地的女人们宛如朝圣一般前来欣赏维纳斯，甚至渴望占有她，哪怕只有一块碎片。艺术品经销商认为可以凭借人人都想拥有维纳斯的心理，赚取巨额利润。于是他计划复制一座一模一样的维纳斯，然后把真品打碎成成千上万个碎片，他相信分开售卖碎片的利润远远高于将维纳斯整体卖出的利润。所以他找来了几个工人，让他们带着锤子来到他的店铺，那也正是维纳斯展出的地方。他下令让工人打碎维纳斯，以举起手臂作为开始的信号，然而就在他放下手臂的一瞬间，他的胳膊仿佛被无形之剑砍了下来，与此同时，维纳斯的一只手臂也断裂开来。于是，一只真人的手臂和一只石头的手臂同时掉落在地板上，两只手臂交叉恰好构成一个十字架的符号，工人们认为这是神的旨意——警告他们绝对不可以破坏维纳斯。随后不久，卢浮宫得到了断臂维纳斯，直至今日，所有热爱美的人都可以在卢浮宫欣赏维纳斯摄人心魄的美丽。”

讲完故事后我停顿了一会儿，整个现场再次陷入安静，人们一脸凝重。我继续说：“霍尔山谷不是人类之手创造的，而是神的杰作。对于世界上很多旅行者来说，霍尔山谷拥有高耸的山峰、古老的原始湖泊，是这个世界上最美丽的山谷。正如那个贪婪的威尼斯商人试图毁坏维纳斯谋求利益，霍尔山谷也面临同样的处境，而它的未来掌控在你们手中。”

演讲结束后我走下了讲台，现场仍然是可怕的沉默，没有掌声，没人讲话。我本以为这是一次极其失败的演讲，为此羞耻不已。直到几天后，我在一家杂货店碰到了一位当地的房地产经纪人，他说那天晚上的演讲对他有很大的触动。我很惊讶，我以为没多少人在听我的演讲，哪怕听了，也不过是“过耳云烟”。他说他也不知道为什么，他本来有两片位于河边的土地，打算划分成小块出售，然而他昨天就把它们作为整体卖掉了，并且签订合同，约定永远不能分割这块土地。他最后大笑说：“我可不想分割出售那块地，导致最后我的胳膊也被无形的剑砍掉。”我不禁也笑了起来。

还有一次我受邀出席全国媒体大会，在这之前我刚结束怀俄明小姐的案子，帮她起诉《藏春阁》杂志，这本杂志上有一篇文章调侃怀俄明小姐是口交大师，男人都会被她高超的口交技巧所折服。这篇文章狠狠羞辱了我的委托人，并且摧毁了她的正常生活，怀俄明小姐甚至不得不休学在家，由于找不到工作最后选择参军成为牧师的助理。最后陪审团判决怀俄明小姐应得到超过2500万美元的赔偿。

所有的媒体人，以及正在读这本书的你，还有我，都绝对拥护宪法第一修正案——保证公民的言论自由。正因如此，媒体协会认为我起诉《藏春阁》杂志一案违背了言论自由的原则，当天出席会议的媒体人也都对我抱有强烈敌意。主持人仅对我进行了简单介绍：“这位，就是攻击言论自由的人，他曾经用煽动性的语言成功说服陪审团忽视神圣的言论自由权，判决给他的委托人2500万美元的赔偿金，仅仅是因为他的委托人声称感情受到了伤害。这简直就是公平正义的绝对体现。现在，女士们、先生们，让我们热烈欢迎这位扼杀言论自由的成功律师——盖瑞·斯宾塞先生。”

我信步走上讲台，看着这些冷漠并且带有敌意的面孔，我觉得自己仿佛是一个被指控猥亵小红帽的强奸犯，被愤怒的群众宣判绞刑。于是，我什么都没有说，只是默默等待，等待了很长时间。

然后我说：“去你妈的。”观众席上随之爆发出大笑，有人开始拍手叫好，那一刻，我知道，我和他们之间的隔膜消失了。正是因为我把自己内心的真实感受准确传达给了观众，我们之间的距离才被拉近了一步。在这之后，他们就会明白我对《藏春阁》提起的诉讼根本不是蔑视言论自由，而是为了维护言论自由，因为《藏春阁》杂志为了盈利滥用了言论自由权。

我曾经因为讲出真实情况而化险为夷。当时我忙于对陪审团进行资格审查，律师要询问陪审团候选人一系列问题，从而决定陪审团最后人选。在怀俄明州，要同时对 100 个候选陪审员进行预先审查。

当时我已经在怀俄明州的里弗顿小镇上担任了很多年的检察官，一手把很多人的孩子送进监狱，作出过很多当地人不理解的决定。之后我成了一名私人律师，坚持不懈地为我委托人的利益作斗争，因此我在里弗顿小镇中树敌颇多。意识到这一点后，我就决定要尽量确保最后选定的陪审团内没有敌对我的人。于是我开始技巧性地提问在座候选人，想据此判断谁对我持有敌意。

“在座各位有人认识我或了解我吗？”我询问道。

几乎所有人都举起了手。

“有没有人因为认识我，让你无法作为陪审员公正地审判这个案件？”

一位穿着旧衬衣和褪色牛仔裤的年轻男人举起了手，他说：“我知道你。”在我提议去法官办公室讨论之前，他脱口而出说：“我爸爸说你曾经是他的律师，他说你最后却出卖了他的利益。”我十分震惊，我根本不知道他的父亲是谁，然而他这样说之后，所有的陪审团候选人都会认为我曾经背叛了我的委托人。

过了很久我才恢复镇静，我说："的确是我让大家说实话没错，但我必须要说，在众人面前听到你这个答案，我感到很难堪。我现在真不知道该说什么。"我确实什么也没说，我当时看上去一定非常窘迫。那位年轻男人回答道："噢，斯宾塞先生，不要再想那件事了，我爸爸老是这样说别人。"突然间，我就脱离了尴尬的境地，这个年轻男人让我陷入尴尬，同时也拯救了我。因为他知道我没有掩盖真实的自己，而是大胆承认自己受到了伤害和羞辱。而这次对话也拉近了我与众多陪审员的距离。

所以：讲出真相，展现真实的自己，才能够化解听众的恐惧，打开他们的心门。

第十章 | 如何赢得辩论

——放开声音，释放愤怒

声音的力量。“声音”是我们讲话时利用的工具。如果我们没有这个工具，使用小提琴、大号或鼓也能达到交流的目的。这些工具，包括声音，都是创造音乐的途径。我们忽视了一点，如果可以放大蚯蚓在土壤里蠕动的声音，就能发现土壤下吱呀作响的声音就像人们在苦难中的呻吟。

声音就是灵魂之乐。仔细听人们说话时的声音，仅仅是声音，不需要听讲话的具体内容，听你妻子的声音、孩子的声音、老板的声音、同事的声音、丈夫的声音、电视播音员的声音、牧师的声音、演员的声音，只听声音就好，忽略说话内容。然后你会发现，人们说话的时候宛如在弹奏乐器。

相较于经过我们深思熟虑的措辞来说，声音本身能够更好地展现真正的自己。你可以对这点深信不疑。你可以像机器人一样读这句话——我是这个世界上最快乐的人，你会发现自己的声音毫无起伏、死气沉沉、毫无波澜。如果你一直这样说话，你的语言将完全没有说服力。如果这样的字眼就可以代表快乐，那么即使我不快乐，我也能在说完这句话后就立刻成为世界上最快乐的人。

现在，想象着你日思夜想的美梦终于实现，重新说出“我是这个世界上最快乐的人”，而不是机械地一字一句读出来。

想象着你被恐怖分子挟持，他们把你绑在椅子上，不停地折磨你，用尖锐的竹签戳你手指甲下面的肉，让你不停地重复说“我是这个世界上最快乐的人”。这个时候你的声音听起来会是什么样呢？你会认可受折磨的自己是世界上最快乐的人吗？其实，声音传达的信息要远远多于语言本身的内容。

我对很多律师敬而远之，因为他们一说话就可以轻易地让法庭变成死寂的坟墓，他们的辩论也随之失去了意义。他们根本就不会意识到自己的声音就像粉笔刮过黑板的“呲啦呲啦”声一样让人抓狂。有时候我甚至想给他们一杯冰甲醛让他们活跃起来，不再是半死不活的状态。我不得不说猪在性高潮时发出的含混的咕哝声，都要比很多律师最慷慨激昂的时候更有感染力。

我认识一位法官，他在听律师辩论的时候，哪怕是激烈的交锋，都会习惯性地闭上眼睛，好像陷入了沉睡。但他闭着眼睛的时候，还会偶尔咕哝几句或者咳嗽几下，我敢保证他这样做是为了迷惑律师。这样律师们就会以为他一直清醒着，但实际上他的确在睡觉，这样就可以不用忍受律师们单调冗长的发言。那些无趣的辩论就如同湿透的纸巾一样，把他包裹起来，他像溺水之人无法呼吸，最终窒息而死。他有时会毫无预兆地发火，对着律师大吼大叫，就像是从墓穴中传来的怒吼，但我对他的怒火一点都不奇怪。其实他原本是一个和善的男人，只是成为法官后，无聊的辩论日复一日地折磨着他，把他变成了一个喜怒无常的男人。

绝大多数的公司会议上都充斥着萎靡的气氛，有谁是真正在听报告呢？牧师的布道也无聊得令人恼火，也难怪孩子们即使挨揍也不想去做礼拜。而想象一下法庭上律师们无趣冗长的争论，也就不奇怪为什么法官们宁愿被关进拘留所也不想坐在法官席上。再试想一下无聊至极的委员会议、工会会议、政治集会、教堂礼拜，以及其他大大小小的会议，我不得不说，与其听那些无聊至极的讲话，还不如一把掐死那些胡说八道的人，而且你可能还会被判是自卫杀人而不受任何惩罚。

但我们不能仅仅因为无聊就攻击别人，而是要意识到不能让自己的声音也变成这样。在我看来，很多夫妻之所以选择离婚，不是因为性生活不和谐，也不是因为对方的事业失败，而是因为对方让人绝望的寡淡无聊、索然无趣。如果我们厌倦别人，很大可能我们也会厌倦自己——这简直是这个世界上最痛苦的事情，因为我们不得不与无聊的人——我们自己，终日为伴。而打破无聊的首要方式就是让自己的声音具有感染力。

让人讨厌的语调上扬。现在很流行语调上扬的说话方式——每句话的尾音都上升一个语调，好像是在问问题，而不是作一个陈述。比如“我昨天去了杂货店”这句话，说到最后时，语调忽然上扬，就好像在问：“我昨天去了杂货店吗？”还有一个例子，“我刚才买了一点东西”，同样也是说到最后“东西”的时候，语调上扬，仿佛他不确定自己是否买了东西，需要你确认。“这个要花 100 美元”，“美元”两个字语调上扬，好像在问你值不值这个价钱。毫无疑问，语调上扬是为了得到听众肯定的答复。很多人都有一个说话习惯——在“你知道的”后面又加上一句“对吗”，但这个习惯很不合理，因为没有人希望在听别人说话的时候，像提线木偶一样被人操控，被逼迫着说“好”。

神奇的感染力。我们肯定遇到过非常具有感染力的布道者和演说家，为他们着迷。一个优秀的演员可以让我们哭泣，一个伟大的戏剧演员可以让我们不由自主地开怀大笑。但究竟什么是感染力呢？为什么明明演讲内容相同，有的演说家可以让观众成为愤怒的暴徒，有的则能让观众陷入无法自拔的悲伤，而有的演说家却让观众昏昏欲睡？什么东西可以称为感染力？而感染力又来自哪里？我们又如何能够具有感染力？

感染力是一种精神力量，一种来源于内心的精神力量。如果演说家对外界的事情毫无感觉，他也无法传递给听众自己的感觉，换言之，他没有感染听众的力量。于是听众只能忍受他呆板无趣的声音。只有当演说家把内心最真实的感受传递给听众时，他才具有感染力。压抑自己的情绪，掩盖内心的真实感受，都不能产生感染力，只有当我们彼此交换内心的原始感受时，才可以说我们具有感染力。

想象一下你的情绪如同一个蓄水池，现在里面蓄满了兴奋之情。你能看到情绪蓄水池里面的“兴奋”在咕噜咕噜地冒泡吗？甚至都要飞溅出蓄水池。如果你想把“兴奋”转移到另一个情绪蓄水池，你该怎么做呢？如果“兴奋”就是水的存在状态，或许你会用水龙带和虹吸管抽干蓄水池，然后再把“兴奋”释放到另一个空的情绪蓄水池——你的听众那里。这正是演说者感染观众的方式。演说者的情绪蓄水池盛满了他内心的真实感受，他能够用“虹吸管”——他的声音、他的肢体语言，将情绪传递给他的听众。简单来说，具体过程是这样的：

- 在演说家的脑海里，他把自己的“交流管道”浸入蓄水池中。
- 他开始疏通管道，让他的精神力量、他的情绪，自由流动。
- 当他的精神力量和情绪流过喉咙时，激活了他的声带。
- 而他说话的声音和节奏自然而然地将这些潜藏的精神力量反映出来。
- 同时，这股精神力量激活了他的身体。
- 他的面部肌肉、胳膊、手、腿乃至整个身体躯干同时传递了这股精神力量。
- 这些依靠声音和身体传达的精神力量通过无形的管道，进入了听众的耳朵和眼睛，最终流入属于听众的情绪蓄水池。
- 听众被这股流入身体的精神力量激活，兴奋异常，并对演讲者的感染力作出回应。观众与演讲家已融为一体。

有的听众容易接收演讲者的情绪，而有的人难以被演讲者触动，有的人很容易被感动。但是不管怎样，所有人都会或多或少地受到演讲者精神力量的影响。我们可能不同意演讲者的观点，甚至有可能排斥演讲者，但起码我们能够感受到对他的排斥，而并非无动于衷。从这点来看，我们每一个人都无法逃脱演讲者精神力量的掌控，无法脱离演讲者的感染力。

既然感染力出现在演讲者与听众的情感交流中，拥有感染力肯定要比操纵那个想象中“虹吸管”简单一些。如果你过去从未使用过虹吸管，你可以实际操作一下，能够更好地想象出具有感染力的演讲家的形象。你可以找一个洗脸盆和一个短短的胶管，将胶管一端放入装满水的盆中，然后用嘴咬住胶管另一端不断吸水，当水开始流入嘴中时，拿出嘴里的胶管放入一旁的水桶里，保持胶管另一端位置不变。最终你会吸干整个盆里面的水，将其全部转入水桶中，就像是演讲家把自己的情绪传递给听众。

打开闸门。现在，在你的想象中，我们正准备将自己的情绪传递给其他人。你一定要集中注意力在自己的感受上，你必须感知到自己情绪的存在，感受到自己发言时的热血澎湃。你要记住，如果你自己都无法感知自己的情绪，你也无法传递给观众情绪。当你在追求正义、谋求晋升、洗清冤屈、苦追所爱时，要感受到内心奔腾的情感，也要感受到内心对于改变的渴求，感受到温柔的爱意，感受到愉悦，归根结底是感知自己感觉的存在。

这些感受来自哪里呢？事实上你能够接触到感受的源头，正是在那里，你在情绪蓄水池内插入了虹吸管。你只需要打开虹吸管，让情绪自由奔涌。

『门锁一：我不确定我能够感知到你所描述的那些感受。哪怕我感知到它们的存在，我也不知道该如何释放它们。』

『钥匙一：用歌唱来释放感受。请往下读。』

许多人声称他们的感受被围困在坚不可摧的墙壁后面，哭嚎着想要逃离，却无法逃脱。

而歌唱可以释放情绪，释放被围困在内心的“囚鸟”。无论是最简单的音乐，乡村音乐、牛仔音乐的歌词，还是布鲁斯歌手的乐曲，都只是歌手表达情感的方式，就像鸟儿用歌声表达它们的快乐和忧愁。即使不懂歌手或者鸟儿所用的语言，我们仍然可以感受到他们的情绪。尽管蓝调歌曲大量使用相同的词语和极其相似的旋律，歌手本人的声音和节奏却不大相同。

现在很多成年人从未学习过如何歌唱，而只是被电视上或收音机里的歌手吸引，听他们唱歌。作为听众，他们只是被动接受歌曲。但是这些被歌手俘获的人几乎从不歌唱，这是多么可悲的一件事情。想象一下如果所有的草地鹨、歌雀和鸣禽都被巨网俘获，并且不被允许歌唱，将会发生什么事情呢？如果这个世界上没有歌声，特别是孩童的歌唱，我们还能生存吗？但据我所知，在美国，很多所谓的模范家庭里，父亲、母亲从来不会歌唱。于是我们逐渐忘记该如何歌唱，而我们灵魂中属于歌唱的部分逐渐萎缩。我们一直都很好奇城市中的暴力来源，而在我看来，如果一个国家的人都热爱歌唱，其犯罪率会更低。当然这又是另外一个话题。

很多律师的声音都刺耳难听，我通常会问他们：“你会唱歌吗？”大多数律师回答说不。我又继续问：“你唱歌可以不走调吗？”很多人面露疑惑，怀疑自己唱歌的能力。然而在我看来，很多人都可以唱准，只是他们从未尝试过。我轻声哼唱“哆——”，然后让他们尝试发出同样的声音。

“哆——”他们开始模仿我的声音。他们就像一些曾经拨弄过吉他弦，但从来没有学习过如何弹奏的人一样。我们必须学习如何歌唱，要能感受到音乐中的悲伤与快乐，也要领会到蕴含在旋律里的激动、柔情或怒火。

『门锁二：无论歌唱与否，我都觉得自己处于压抑状态。』

『钥匙二：让我们回到生命的开始阶段。』

释放那只婉转歌唱的小鸟，释放咆哮的野狼。倾听孩子们的欢声笑语、他们的低声呜咽、他们发现新事物时的惊喜声音、他们面对恐惧时的惊呼，倾听他们的愤怒与愉悦、痛苦与惊喜。孩子们拥有与生俱来的感知外界的能力，可以用声音和话语表达他们的感受，而这正是成年人缺失的技能，我们必须重新拥有这种能力。

我们有没有可能尝试孩子们的做事方式？但我们已久经世事，还能像孩子一样单纯吗？我们无法用复杂的内心去感知这个世界。而如果我们一直在思考该如何去感受、如何去表达我们的情感，我们也不可能有真正的感受。“感受”并不是一个智力上的活动，相反，只有处于无意识状态，我们才能去感受。所以，让我们重回孩童时代，做一些童年时代常做的事情。让我们踏上重回童年的冒险之旅。

请你孤身一人深入荒无人烟的树林；或者爬上一个贫瘠的原始山坡；或者前往寂静的海滩；或者去一个可以独处的自然之地、还未被人类开发的地方，哪怕是中央公园的一个角落。总之独自一人去一个视野开阔并且罕有人迹的地方，带上这本书，翻到这一页，折起书角做一个记号，把它当成你的书，哪怕这是你偷偷从图书馆拿出来的，你也可以享受阅读这本书的乐趣。找个树桩或岩石坐下，直接坐地上也可以。

倾听寂静的声音。寂静会让人产生破坏欲。寂静就像是还未被涂抹的干净的白色画布，难道你不想在画布上肆意涂鸦吗？难道你不想打破寂静吗？有人在听你说话你会做何反应？你害怕在寂静中大声讲话吗？若想重新做回小孩子，你需要更多的勇气。

低声细语。当你还是小孩子的时候，会经常假装自己长大成人。而现在你已经是一个成年人，要假装自己还是一个孩子。你是一个小孩子，也没有别人在你身边。你很开心，甚至很激动，但你依然害怕唱歌，尽管你内心渴望能勇敢歌唱。你可以唱一首你熟悉的童谣："让我们荡起双桨，小船儿推开波浪……"或者随意一首歌，只要可以表达你现在的心情。你也可以唱一首热烈快乐的歌，表达你对当前生活的满足和眷恋。一开始的时候，你歌声轻柔如呢喃细语，然后你逐渐地放开声音大声歌唱。当你还是一个孩子的时候，你会因为大声歌唱而害怕吗？你就像春日里第一只开口歌唱的百灵鸟，你会因此而恐惧吗？

毫无疑问，当你还是孩子的时候不会有这样的恐惧，但多年以后，你长大成人，却丧失了这种与生俱来的能力，再也不会自由表达自己的感受。这种自由其实是一种力量，孩子们因此而强大。或许你无法立刻像孩童时期一样拥有自由这种力量，因为你的内心阻碍了你。在你心底一直有一个声音盘旋回绕——我已经是一个理智的成年人了，我为什么要在这里做这种事？难道我要独自一人在这里大声歌唱吗？我简直是疯了，别人会怎么看我？

如果你看到这里"啪"地合上了书，我能理解你，想象自己是一个孩子非常困难，我们在这一点上都毫无经验可言。当然，你也有可能没有合上书，看不看这本书都是你的自由。但是合上这本书后，你还会再次翻开它吗？你还会再次感受孩子的力量吗？就像神学家保罗·蒂利希一直呼吁的——勇敢地活着，你会勇敢地度过余生吗？

在你离开这片寂静之地时，再尝试一件事情——脱下你的鞋袜，扭动脚趾。

赤足站在这片土地上。当你赤脚站立时，有什么新感受吗？你可以清楚地知道自己有多久没像这样亲近土地吗？想一想有多少东西隔绝了你和土地：鞋，袜子，地板……甚至你会处于距离地面几百米的楼层上。而当你踩在人行道上时，人行道下面还有地基。现在打着赤脚可以感受到大地母亲的存在吗？再一次和她亲密接触你又有什么感觉？

我们曾在孩童时代与土地紧密相联，她是孕育万物的母亲，动物也深深眷恋着她。我们也曾在土地上肆意奔跑，追逐飘散的落叶；或者躺在土地上晒太阳，埋在草丛里的双脚被露水打湿。我们能感受到春天的生机勃勃，也能在金秋时节体会丰收的喜悦。我们会自言自语上演一出独角戏，也会在星空下与月亮和星星呢喃私语。面对着大千世界，我们有着无穷无尽的好奇。但遗憾的是，随着我们逐渐长大，我们再也不会有孩童时代的奇思妙想。我们也忘记了自己感知的能力来源于土地，来源于所有活力四射的生命，来源于蝌蚪以及更多的海洋生物，来源于在树上急促行走的爬虫，来源于鸣叫的鸟儿，来源于三百万年来人类以及其他两栖动物。它们深刻地烙印在我们的基因里，也都具有感知这个世界的能力，也曾与土地亲密接触，而现在它们长眠于地底，与我们共存于这个世界。

让我们鼓起勇气回归童年，回归自然，亲近土地。你有这个勇气吗？孩子们面对土地时都毫无惧意，我们要不要也尝试一下？

为什么不对着土地说一句"你好呀，妈妈"？你可能会觉得这很幼稚，但是，在这种稚气行为下，难道你没有感觉到童真吗？或许你只觉得尴尬，不过只要你愿意去体会，无论你感觉如何，都不重要。但奇怪的是，为什么在对母亲打招呼的时候会感觉尴尬？难道孕育万物的土地不是我们的母亲吗？难道生物的起源不是来自大海吗？难道陆地的飞禽走兽没有喂养我们吗？难道再次向母亲介绍自己，不是我们重新认识自我的过程吗？

或许我们会因为多年来对土地的无视与破坏而感到羞愧，也可能想对她说"妈妈，对不起"。或许你还有其他不同的感受，甚至也可能觉得亲近土地这件事很蠢，看到我的提议你有些恼怒。但无论如何，无论你有什么感受，都大声说出来。

说出你内心的感受后，你感觉怎么样？你都说了什么？总之在一个人迹罕至的地方大声说出你的感受——"我很难过。""我好开心啊！我回家了！""赤脚站在这里大吼大叫好羞耻啊！我希望没有人听到也没有人看到！"

这样说出来会让你感到痛苦吗？但我们已经找到了失去的东西了，不是吗？失而复得并不意味着我们得到重生，而意味着我们找到了生命本身。而谈及痛苦，我们趋利避害的本能让我们选择逃离痛苦，所以我们惧怕去感知外界，因为感觉通常都伴随着痛苦。之所以我们不想回归童年，也是因为同样的原因，儿童时代本充满了痛苦。但我们仍然尝试重新以一个孩子的视角面对这个世界，正是因为我们意识到随着童年的离去，我们的勇气也消失殆尽，而勇气正是孩子的纯真带来的，所以为了寻找这份勇气，我们不得不直面痛苦，再一次成为小孩子。

大声说出我们的感受——这种有点稚气的行为不过是我们想要找回丢失的勇气，去感受的勇气、去表达情感的勇气，以及“活着的勇气”。如果对着土地讲话让你感觉痛苦，因为尴尬的感觉会带来痛苦，对不对？你要理解，想一想这是找回勇气的必经之路，不管痛苦多强烈，我们都要努力与它抗争。因此，我们必须要做那些让我们恐惧的事情、让我们尴尬的事情、让我们痛苦的事情。我们也必须与大地母亲说话，而所有的努力都是为了找回早已泯灭的勇气。难道我们可以没有勇气地活着吗？

所以，我们必须歌唱，而且是大声歌唱。我们必须做那些幼稚的事情，如果不做，它们就是我们找回勇气的绊脚石。我们也必须听从上帝的教导——像小孩子一样行事。

如果你希望获得勇气，如果你可以消解内心的尴尬，如果你可以回击那些指着你的脸说你很蠢的人，或许你就能够唤醒生而为人最重要的东西——勇气，它已经被遗失在过去的时光里。

说出你内心的感受。

听见你的声音。

然后你可以听到勇气慢慢回归体内的声音。

难道你没有发现有什么东西在发生神奇的转变吗？

难道这不是一个重获新生的时刻吗？

你感觉怎么样？

大声吼出你的感受——无须用言语。

大声吼出你的感受！

回归之旅结束。但你要告诉大地母亲你还会回来。她会一直在原地等你，事实上，她会永远等待你的归来——这就是母亲。如果你愿意，如果你有勇气，你可以为她唱一首告别曲，她会很乐意听你歌唱。妈妈永远爱孩子的一切。

明天。现在是回归之旅结束后的第二天，再次出发去你的秘密之地以前，我们先来讨论一下关于“感受”的事情。人类当然不是唯一可以感知外界的动物。你听过破晓时分的公鸡啼鸣吗？你看到公鸡趾高气扬的姿态了吗？你曾听过母鸡下蛋时的聒噪声响吗？那是她们在向世界宣告自己生下了这个谷仓里最棒的鸡蛋。你看到过小鸡在被恶狗追赶时四处逃窜、高声尖叫的情景吗？你曾听到过两只公鸡在打架时的怒吼吗？哪怕是鸡肉汉堡里那些品种低贱的鸡，仍然和我们人类一样有最基本的感受——自豪、恐惧、生气，母鸡也会深爱自己的孩子。

猪、狗和花栗鼠也能感受到人类能感受的所有感觉。狗能体会到爱的美好，也会有生气的时候，它也明白忠诚的意义，也能笑也能玩耍。用来做排骨的猪也一样，同样还有麝鼠、海狸和狐狸，然而我们却剥下它们的皮，仿佛它们生前是不知痛觉为何物的死物。动物也可以具有幽默感，生活中也充满欢笑。事实上地球上的每一个动物都可以感知外界。花朵如果能感觉到爱意，能够更加美丽。据说若有人想摘取花朵，花儿会感到害怕，它们会很快凋零。当我在树林里徒步时，会竭力避免踩到地上的小花，我甚至可以听到它们在低声啜泣。

所有存在的事物都具有感觉，因为感觉就是构成世界的维度之一。我猜想岩石有自己感受世界的方式，星星也有自己感受世界的独特方式。如果我们能感受到星星的存在，能察觉到星星的美丽，能意识到星空的壮丽，我们又怎能傲慢自大到认为星星——始现于宇宙大爆炸时期，并且存在了数亿年的时间——没有感觉？而任何一个天文学家都会告诉我们星星有自己独特的感受。面对浩瀚无垠的宇宙，我们人类渺小而不自知，空有一些微不足道的理论知识，对这个世界理解狭隘，在漫长的时间维度里，我们只存在于刹那之间，又有什么资格认为只有我们人类才有感觉。我们能不能设想宇宙本身就是由无休止的感觉构成的呢?

如果我们想让自己的演讲更具说服力，如果我们想成为比人工智能更高级的存在，如果我们想被倾听，想赢得辩论，我们必须领会到感觉的奥妙。就像生命一样，关于感觉的理论不是思考的成果，而是源于实践。

是时候再次回到你的秘密之地了。到达之后，先完完整整地回顾昨天的经历。或许对你来说，重复昨天的行为是很简单的一件事情。到目前为止，可能你已经拥有足够的勇气去感知全新的感觉以及表达全新的感受。

如何发出愤怒的声音？如果你不会表达愤怒，也不要气馁。即使是伟大的演员也不善于传递愤怒的感受。只有很少的人可以完全有效地表达他们的愤怒之情。大多数情况下，人们都用高分贝的尖锐声音或者是可怜兮兮的声音来表达自己的愤怒。真正愤怒的声音来自内心深处，是用全部的力量嘶吼出来，甚至连肺隔膜都要处于爆炸的边缘。而不是一种悲惨的令人同情的声音，如同一只快要窒息而死的鹅，不断地呻吟。

愤怒的声音是什么样子？若你听过森林中树木倒下的沉重巨响，若你听过海浪拍打沙滩的重击声，若你听过狼的咆哮，那都是愤怒的声音。猎人、战士甚至平凡如我们，每个人的心中都有一匹会咆哮的狼。狼的咆哮声并不是从喉咙里发出的低鸣，你试着深呼吸一下，从胸腔深处发出声音，你能感受到肺下叶的震动吗？你可以听到自己咆哮的声音吗？头狼在月圆之夜咆哮，祖先们在对抗敌人的时候咆哮，而咆哮早在千年前就根植在人类的基因里，它是一种强大的力量，正是源自心底的咆哮让我们得以不断超越自我。

你能感受到蕴含在咆哮里的力量吗？当我们发出咆哮声时，腹部紧缩，为战争做好准备。腹部和肺隔膜发力让咆哮声冲出身体。你能感受到它的力量吗？你能体会到愤怒吗？现在你可以无言地表达感受了吗？

愤怒并不是一个有形的实体，但它是真实存在的，像脚下的土地一样可以被我们真实感受到。你敢相信在第一只变形虫分裂为两个以前没有愤怒的存在吗？事实是，愤怒、快乐、悲伤以及爱恋，甚至其他所有的感觉自宇宙初始就已经存在。

审视自己，找一棵树或一块石头。你可能不再像以前那样害怕，也不会在意别人的眼光。哪怕在他人眼中，你是一个对着树木和石头自言自语的奇怪的陌生人，他们可能还会回避你，可能感到惊恐，感觉自己碰到了一个疯子，但是你不是为他们而来。其实他们很可怜，因为他们基本上没有机会和树木或石头对话。但树木和岩石远比我们的邻居更善解人意并且富有耐心，同时也不会介意你对它们练习如何发泄怒火。

你还记得自己上一次生气的原因吗？是因为你想找人诉苦却发现无人倾听而生气吗？还是因为感到孤独，或者是被抛弃，受到挫折和伤害？或者是因为被背叛、被轻视？但具体什么原因导致你生气无关紧要，重点在于你是否可以回忆起让你愤怒的事情，而唤醒记忆后，现在你感受到愤怒了吗？

或许你现在能够用声音、用咆哮来表达愤怒，而并非词语。如果你能做到，请你尽量用声音对着石头或树木表达愤怒，任何千奇百怪的声音都可以。

"呜哇啊啊啊啊啊啊啊——"这是你愤怒的声音吗？

让你的声音肆无忌惮地冲破你的胸膛，你可以发出任何声音对着树木或石头咆哮，它们会以你闻所未闻的方式，耐心地倾听你的愤怒。

如果你能接受，你可以捶打自己的胸膛，或者张开双臂做出飞翔的姿态，双脚狠狠地踩向地面；也可以挥动拳头，感觉愤怒之声冲破体内的束缚，喷涌而出，感受到它划过喉咙脱口而出，冲向岩石，冲向树木，进入浩瀚无垠的宇宙，成为永恒。

离开之前停留片刻。坐在听你说话的石头或树木旁边，问问自己：我学到什么东西了吗？谁教给我这些？

可以肯定的是，我没有教给你任何东西，如果你觉得自己有所收获，是你从实践中得来的，从探索自我中得到了成长。你学会了如何表达自己的情感，你知道感觉可以有声音，你了解到声音可以和话语一样传递信息，电话线传导的也只是声音。事实上，话语只是信息交换的载体，语言一旦有了一定的社会统一性和规范性，就不会传达说话者的真实感受。然而声音可以完美传达。

如果你说"我很生气"，但是声音听起来是低沉的呜咽，就像呼啸的风刮过谷仓的声音，这句话并没有完美地传达你的怒火。我常听到人们生气时的声音，如同翻看金融杂志时看到银行破产时震惊的叹息。词语与真实感觉之间横亘了一道鸿沟。"啊啊啊啊呀呀呀"——这种仿佛要撕裂身体一般的呐喊反倒传递了真实的感觉。你可以试着用不同的声音读电话簿，用声音反映你不同的感受！用声音！

放开声音是痛苦的过程。打了几个月石膏的手臂，现在要取下石膏，但手臂还很无力并且有些许肌肉萎缩，轻轻一动就会很痛苦。就像过分拘谨的我们，习惯隐藏内心的真心感受，一旦放开声音去表达就会痛苦不堪，然而现在是移走那些"石膏"的时候了，鼓起勇气去冒险。所以，让我们放开声音表达内心感受吧。

第三天。或许你可以随身携带你的电话簿，我们之后会用到它。当你回到你的秘密之地时，也要带着它。第三天，首先你要重复之前两天练习过的每一步骤。

现在想一想带给你快乐的事情，感受到快乐的存在，然后用一个字表达你的快乐，可能是“啊”也或许是“哦”，也可能是其他任何字眼。只要用一个字，随便什么字，表达你的快乐即可。同时脑海里要想着：我正在用一个字表达我的快乐，只能用一个字。我正在感受快乐的感觉，而这个字就能把我的快乐展现得淋漓尽致。

现在倾听愤怒的声音、快乐的声音、失望的声音、悲伤的声音、悲愤的声音。倾听感觉的声音。

读电话簿。选用电话簿的原因在于，那些电话号码本身没什么意义，真正的力量蕴含在声音里。读电话号码时，你要用声音表达你的愤怒，表达你的愉悦，表达你的悲伤，表达你的哀求，表达你对正义的诉求，表达你对大地母亲的爱意，她终究会理解、会明白。

现在你可以说两个字。只用两个字来表达你的愤怒、爱或者悲伤。两个简单的字眼“我是”，你可以用这两个字表达愤怒。

“我是！”你能听到祖先在锤击自己胸膛时嘶吼的这两个字吗？你能听到黎明时分公鸡鸣叫这两个字的声音吗？你可以用这两个简单的字眼表达悲伤、传递快乐，也可以问一个永恒的问题，

“我是？”

只有当我们可以用两个字表达所有感受时，我们才有资格宣告“我存在于这个世界”。就像画家不能没有对色彩的敏锐感知，我们也不能缺少感觉地活在人世间。当然他不会在一幅画中运用所有的颜色，然而任何颜色，只要他想用，他就可以运用得当。

经常回归你的秘密之地。回顾一下我们第一天以及第二天在秘密之地做的事情。对你而言，现在再做那些事情变得很容易。我去过很多次属于我的秘密之地，我最爱的地方。我对着天空讲话，对着风儿、对着河流和树木讲话，一边讲话一边近乎虔诚地抚摸它们。我对着大地母亲说话，祈求她的原谅，并且从她身上获益良多。我爱她，因为她就像一位真正的母亲，从来不会妄加评判我们，不会羞辱我们，也不会让我们尴尬。

秘密之地练习多次以后。你可以在其他地方——你无法接触大地母亲的地方，重新开始寻找感觉的存在。你可以在早上开车去工作的路上或者晚上回家的路途中，以如下方式开始学会表达情绪。

选择一种感觉。这种感觉可以是你上班途中萌生的厌倦之情。或者想一下你正在去开会的途中，你要在会议上作一个演讲，你很担忧自己会表现得很差？别人会不会批评你？你的感受蕴含在身体的哪个部位？肠子吗？还是再高一点的肋骨那里？或者是比肠子要低一点的位置？不管怎样，放声大喊，释放你的感觉。

“啊啊啊啊啊啊啊！”无论你说什么都可以，由你而定。

当你开车的时候，大声吼出来！调整后视镜，看着你吼叫时的脸。你要吼得掷地有声、铿锵有力而不是松散无力，要让感受充满你的声音。选择一个可以表达你感受的常用词，然后说出来。这个词可以是“随你的便”，也可以是“该死”。总之，这个词必须能够完全体现你的感受，不然就不要说出来。你肯定能明白我的意思。

说出来，无论你有什么感受，都大声说出来，嘶吼。

当我初入律师行业时，我每天要开车从怀俄明州的里弗顿出发，行驶到24英里外的兰德县政府，那也是我第一次出庭的地方。里弗顿和兰德之间的道路通常都结满了冰，道路两旁是一望无际的草原，漫天飞雪飘飘洒洒。我开车开得很慢，还会调整后视镜的角度让我能看到自己，我会练习如何控制辩论时的声音和节奏。这个时候，我说话内容本身并不重要，事实上，我也并不在意我的选词酌句，但我会让我的声音有着音乐的动感。

哒哒，哒哒。

哒哒，哒哒，哒哒。

没有哪个地方有这么多的哒哒声。

没有哪个地方能发现这么多的哒哒声。

没有哪个地方能深切感受到哒哒声的存在。

没有一个地方。

根本没有。

这里没有，那里没有，其他地方也没有。

哒哒，哒哒，哒哒。

女士们，先生们，以上就是我今天演讲的全部。

我会逐渐放大我的嗓音直至如雷声轰鸣，然后逐渐减弱成为窃窃私语。我说话的速度越来越快，越来越快，然后戛然而止陷入平静。在我的脑海里，我俯视着陪审团，他们的注意力被我的观点所吸引，屏息以待我接下来的话语。然后他们突然爆发，仿佛来自地狱的洪流，而我在这场风暴中英勇前行。

你必须开始说出自己的全部感受。在洗澡的时候唱歌，在上班途中自言自语，给你的孩子唱新歌曲，坐下来和你的妻子聊天，唱歌给你的丈夫听。要不怕羞耻，如果你还怕羞耻，如果你不能放开自己，不能像啼叫的公鸡、咕咕叫的鸽子、兴高采烈的小狗、天真的孩子、广袤的宇宙一样展现自己，你也无法得到别人的喜爱。所以，放开自己！大声嘶吼！做自己！

你希望成为勇敢的人吗？为了成长，你想考验自己吗？去和朋友一起吃晚饭，告诉他们你要进行一项实验，让他们别害怕。或许你可以以如下方式进行：首先用勺子敲击玻璃杯，当人们听到勺子敲打玻璃的声音后，就会习惯性地安静下来。然后站起来在餐厅里发表演说。你可以这样开场："女士们，先生们。现在我正在努力克服我怯场的缺点，同时想学习自由表达我的感受。"当然，人们可能会认为你愚蠢至极，但不用理会这些。在餐厅老板把你轰走或报警之前，你可以完成你的演讲。和大家分享你昨晚看的电影，说出你对它的感受。和人们分享你孩子对你说的话，你的感觉又如何。一定要谨记你的每句话都要完全表达内心的真实感受，就像你在秘密之地经常做的那样。无论你对人们说什么，一定都要讲足一分钟。最后对人们的耐心倾听表示感谢，然后坐下，有时候你甚至能听到人们的鼓掌声。

之后，你希望带着自己的改变，准确来说，是力量，你希望带着全新的力量去工作，去与家人和朋友相处。当你在日常对话中已经能够完美传达自己的感受时，你已焕然重生。在过去，你讲话时意识不到声音的重要性，而现在你能适应用声音传递感受，除此之外还有韵律以及节奏。你也能意识到响亮声音的力量、低声细语的力量以及沉默的力量，这都是音乐的力量。现在，你已经了解自己的情绪蓄水池，也知道该如何凭借感染力唤醒听众，而拥有感染力的秘诀在于释放你的情绪，释放你的感受。

如今我们学会了如何表达内心的真实想法和真实感受——让话语浸润在我们的真实感受中。如果不能做到这点，我们说出的话就如同漂浮在大海上的空瓶子，它们污染了海滩，让人厌烦，整片海滩因此寸草不生。我们的话语也毫无作用。

从绘画中学习。当我指导出庭律师该如何向陪审团表达他们的论点时，我首先让他们接触绘画。我把一张巨大的画纸铺在他们面前，然后给他们画笔和红黄蓝三种颜料。我的要求很简单——画出你们的感觉。

当我初入律师行业时，从绘画中学到了很多有关辩论的东西。我在房子的后面修建了一间工作室，它有一面朝北的玻璃窗户。

我经常独自一人在那里画画。当我在油画布上作画时，就开始构思下次出庭时的论点。在工作室里，我开始了解到辩论也需要音乐元素的存在。我会用画笔野蛮地在画布上涂抹颜料，与之一起的是我节奏和谐的陈词。我意识到一幅画不可能没有明暗对比和色彩的运用，也不能没有细致的描绘。当我小心翼翼地描摹时，我的声音可以低沉如呢喃耳语。有时候我又会提高声音，慷慨激昂。偶尔会放慢语速，降低音调。总之，我的声音和画画的节奏和谐一致地变化着。

我从绘画中懂得，正如一幅画需要丰富的色彩变化，我们的演讲也要有音调的起伏变化。然而艺术品商店里也不可能出售杂乱无章只是胡乱堆砌颜色的画作。颜色越混乱，越无法传达画家的构思，画面也失去了原有的意义。而演讲中、辩论中，简单的词语也已经足够。

此外，在绘画中，在演讲中，负空间和正空间同样重要。相较于仔细画出人物和其他物体，有人可能只画出简单的轮廓——这本身也是一种设计方式。我逐渐意识到负空间与正空间同等重要。抬头仰望树叶、枝干和云朵间的空隙，也与画作中物体一样有趣而重要。同样，我也意识到话语内的停顿和说话内容本身同样重要，你可以通过沉默和停顿强调你的观点。在我们面对一幅纷繁复杂的画作时，我们只能捕捉到部分细枝末节的信息，然后注意力又转移到了其他地方。这正是我今天想要表达的观点——如果讲话语速太快，少有停顿，在别人看来，你的观点模糊不清，如同毫无意义的噪声。

我从绘画中了解到，在辩论中，人们一定要有开始说话的勇气，就像你在秘密之地鼓起勇气开口讲话，打破沉默一样。当你站在一张白色的新画布前，肯定感觉很无助，无从下手，但你终究还是要在勇气的驱使下画上第一笔。开口辩论也同样需要勇气。绘画时的第一笔，可能弄脏画布；辩论时的第一句话，可能会为失败的结局埋下伏笔。当人们站在一张全新的画布前，或者面对其他完美无瑕的东西时，总会恐慌不已。我们怎么可以傲慢自大到去破坏它的完美！你敢不敢说出第一句话？画画时的第一笔，在秘密之地或者法庭上，或者其他任何地方开口讲话打破安静都需要勇气的力量。沉默不可能脱离我们独立存在，如果没有鸟儿歌唱，没有蟋蟀争鸣，没有轰隆雷声，没有来自灵魂的呐喊，也就不可能有寂静的存在。

明白何时开始何时结束。每一次绘画时，开始和结束是最重要的时刻。如果画太久反而会破坏一幅画。正是因为无法及时落笔，所以我损坏了无数画作。而本该结束辩论的时候，你又说了多余的话，也会使你论点的有效性大打折扣。我们必须要知道何时停止。不知道有多少次因为我第一笔没有画好，导致之后我不得不费尽心思一直修修补补，希望能弥补开始的不足。同样地，我们也必须明白，一个拙劣的论点不可能因为你用了更多时间描述它就变得坚不可摧。你有没有听过，一个本来就糟糕的论点，因为说了太久而变得更加拙劣？你有没有听过，一场本来很优秀甚至可以称为完美的辩论，却因为不知道何时结束而失去了意义，最后甚至以失败结束？

有人通过模仿艺术市场里流行画作的风格来学习绘画。我和特顿人一起生活，我从不讨厌他们出现在我眼前。他们每一天都穿着不同的裙子在舞台上跳舞。但我十分厌倦特顿人的画作，画面里只有牛仔、印第安人和山峦，只有哭泣的印第安小孩，纯真的眼睛里流出晶莹的泪珠，像是晨间的露水。我想看一些新颖的画面，想看一些与众不同又饱含热情的画作。如果你想让辩论变得新颖，就不能有一些众所周知的老旧陈腐的论点。你的论点必须新颖，想象你的内心有一口“大锅”孕育奇思妙想，女巫在不断地搅拌锅里的神奇液体，你的论点就来自这口“大锅”中。

所以，画画。在你执笔作画时，同时也要歌唱，避免安静的出现。用画笔呈现出你的感受，用歌声表达你的感受，这正是出现奇迹的时刻。我再一次想起了梵高，我们本可以在夏末的田野里陪伴他，然而我们没有。我们本来也可以体会他内心的痛苦，我们也没有。到最后我们只能听到宇宙中传来痛苦的哀鸣。

并非所有人在看到梵高的画作时，都会因为其中蕴藏的感受而感到舒适。梵高自己也因为这些感受而困惑迷茫。最后，这些感受毁天灭地式地爆发出来，赤裸不加掩饰，让人心悸不已。梵高开始排斥它们，也因此开始排斥自己。他割掉了自己一只无辜的耳朵。然后在某个时刻，他再也无法忍受自己的感受，在大地母亲的哭泣中，结束了自己的生命。

我之所以认为梵高的死亡是人类的悲哀，不是因为梵高具有感受的能力，也不是因为他的感受过于赤裸、过于痛苦，而是因为他不能接受自己的真实感受，不能拥抱它、不能珍惜它，然后与它和平共处。感受不仅意味着感受快乐，还要感受痛苦。只有当我们拥有感受的能力，才能证明我们依然活着，尸体是无法感受外界的。在寻找内心平静过程中，梵高选择用绘画的方式发泄自己的情绪，但连绘画都无法承载他的痛苦时，他绝望地拿起手枪，自杀身亡。

尽管很多教育工作者不承认，然而他们的目的就是控制我们孩子的思想和行为。孩子们本来生机勃勃，能够充分地感受这个世界，然而那些教育者却让孩子们忽视自己的感受，压抑自己的情绪，让他们变得麻木无知。太多的老师和父母想要教给这些完美的小家伙们死人一般的态度、培养他们死人一般的品格。就像在墓地一样，完全静止、完全沉默，因为这就是坟墓里的死人最典型的特征。死人永远不会说话，也永远不会引起麻烦。在我看来，相较于活着，太多的老师和父母更喜爱死亡。但死亡终究会到来，我们不应提前把死亡的状态强加到孩子们身上。

有一次我和一个年轻律师谈到了“感受”，他叫吉姆，是一个天资聪颖的学生，在哈佛学习法律。有位教授曾教导他要抵制内心的感受，要对外界麻木无感，仿佛曾经接受过大脑额叶切除手术。我和吉姆讨论了很久关于感受的事情，并且互相表达了自己的看法。

吉姆说：“对于传道人和政客来说，表达感受非常重要。然而法律是一门科学，是理性的。法律是值得尊敬的专业，而不是感性之人坦露感情的地方。”他的看法和律师先驱——已故的哈佛法学院院长克里斯托弗·哥伦姆布斯·朗德尔如出一辙，朗德尔曾道貌岸然地宣称：法律是崇高细致的规则，只属于高智商人才和学者。吉姆不经意间承认已经丧失自我，他说：“另外，我绝对不会这样讲话，我不是一个感性的无脑人士。”

这多么奇怪啊，我们居然能够为了反抗自己而激烈争辩，而不会为了维护自己这样做。有天晚上吉姆请我吃饭，与他一起来的还有他的朋友戴安娜。他们坐得很近，还时不时地偷偷瞄一眼对方，就像胆怯羞涩的孩子。

“你对戴安娜有什么感觉？”我直截了当地问吉姆。

他狐疑地看着我，准备说些什么，然而忍住没说话。

“直说吧。”我又对吉姆说，戴安娜微笑着看着这位年轻律师，好像在鼓励他。

“好吧，我认为我们有很多共同点。”

“这不是你对她的感觉，这只是一种想法。”

“我们智力水平相当，能在相似的认知平台上进行交流。”

“这也不是感觉，这也只是你思考后的想法。”

“好吧，我们都很欣赏对方的某些特质。”

“听起来你就像是解剖尸体时描述一个与躯体分离的肾脏的特点。你对她的感觉是什么？”

吉姆沉默了好长时间，餐桌上的安静开始让人局促不安。最后他吞吞吐吐地说：“我感觉……感觉……我爱她。”他整个人看起来很慌张。忽然戴安娜抓住了他，亲吻他，然后他们相视而笑。

最近我和我的朋友狄克·卡维特聊天，他是一个很聪明的人，是一个著名的电视节目主持人。我给他读了一篇我最近写的文章——《如何通过与大地母亲接触从而释放我们的情绪》。

卡维特说：“你的文章让我想起弗雷德·阿斯泰尔的舞蹈，在跳舞的时候，其他舞者把他环环围住，所有人都跳着一样的舞步，但是弗雷德和其他舞者的舞蹈有明显的区别，而这奇妙的差异让弗雷德格外瞩目。”正如卡维特所说，弗雷德与其他舞者的不同之处在于，他的舞蹈来自他的灵魂、他最深沉的感受，而其他舞者只不过是机械地舞动。

许多年前在上诉法庭上，我站在三个法官面前，他们面色惨白、形容枯槁，好像五十年没有见过阳光，每个人看起来都像是在竭力忍受这份无聊的工作。他们穿着黑色的法袍——黑色代表死亡——坐在高高的法官席上，神情肃穆，空洞的双眼下是松弛的下巴，他们带有敌意地俯视我们这些惶恐不安的律师，我很害怕，自暴自弃地开始了自己的陈述，尽力去战胜恐惧。

但不久后我找到了自己的感觉，我懂得它们，信任它们。我的热情遍布法庭上的红地毯，爬上了古板的胡桃木墙壁，甚至降临到了年事已高的法官身上。忽然之间，审判长好像清醒了过来，他的声音听起来就好像盗墓头子在发号施令。

“斯宾塞先生，我记得你，我们现在是法官，不是陪审员。”他的声音充满无情的讽刺。他在告诉我，我的辩论充斥了太多不必要的感情，而这让他感觉很不舒服。法官不允许有感受，法官也不喜欢去感受。判决母子分离时，你怎么能去感受？在判处人死刑时，你怎么能去感受？在剥夺了他人的名誉和辛苦赚来的财富以及应得的正义后，在打破他人的希望时，你怎么能去感受呢？法官视法律为庇护所，在庇护所下他们可以用毫无人性的客观的逻辑推理改变当事人的命运。

我对他说：“你现在已是仅剩的唯一一位陪审员了，你掌控我委托人的命运，你是他的主宰者。我希望你能允许我和你谈论一下正义，难道我们不是一直被教导法律是正义的体现吗？”然后我重新展开我的辩论，我把他们当成普通人，而不是法官，更不是只知道法律的机器。

“以正义为基础作决定是很困难的，我们通常也很难伸张正义。有时正义藏在逻辑的阴影下，有时我们看见正义会很痛苦。依靠逻辑思维作决定是很简单的，也没有太大的风险。如果我们的逻辑正确无误，没有人会批评我们。但是，如果我们为了追求逻辑而放弃正义呢？”无论是加害人还是受害者，属于他们的正义都应得到伸张，但我知道这很困难。运用法律作出正义的判决同样也很困难。然后我继续说：“尊敬的法官，只追求逻辑而没有正义，就像人空有聪明的头脑，然而内心一片虚无，无情无义。”

当宣布判决的时候，法官的声音变得温柔坦诚。尽管他们身处高位，经常忽略正义的存在，但我仍然可以从他们僵硬呆板的话语中听到正义微弱的哭喊。虽然我并不是那么幸运，能够一直听到。

发现别人隐藏的情感。有的时候我们被要求不要表达我们的感受，但要理解和表达别人的感受。我曾经代理过一个案子，委托人受到了不公正的对待，他被错误地指控为谋杀。此时我想问一个问题，我的委托人有怎样的感受？你可以说我的委托人被不公正地指控为谋杀；也可以说我的委托人彻夜不眠，无法摆脱压制他的致命恐惧，这种恐惧把他打入地狱。这两种表达是完全不一样的。我的委托人感觉自己在困境中孤立无援，饱受折磨。然而他又无法逃避这种痛苦，不能逃跑，不能隐藏。他找不到任何安慰。他想大声喊叫！“我是清白的！”但是警察嘲笑他只是想逃脱终将到来的牢狱之灾。他的家人也离他而去。他有律师，他的律师又是怎么看待他的呢？他的律师只把他看作“一个委托人”、一个麻烦，仿佛是一个死物，而不是一个有血有肉有感情的人。

我们该如何发自内心地表达他人的感受？有一个非常聪明的词——“共情”，可以帮助我们。在我看来，“共情”就是发现别人隐藏的情感，是让我们成为别人的奇妙过程。你能体会到一个痉挛性四肢瘫痪的小孩子的感受吗？他不能说话，不能停止流口水，大小便不能自理，但是他的小脑袋和你的一样聪明，他的灵魂也渴望自由奔跑，嬉戏玩耍，能得到其他小孩子的喜爱。你能够发现对手隐藏的感受吗？你能感受到他的恐惧或者是她的憧憬吗？我有时候甚至能感受到人类中最卑劣的一种人——告密者的感受，可能是曾经背叛了自己朋友的人，更有甚者，为了换取公诉人的小恩小惠，不惜编造关于我委托人的谎言。我曾经盘问过一个告密者，这个告密者是我委托人的狱友，他当时站在证人席上，证明我的委托人曾坦白承认过自己的罪行。我对那个告密者的盘问过程如下：

“在州监狱坐牢肯定很辛苦。”（“……肯定”我们之前提到过，这个句式有神奇的力量能够让我们发现别人隐藏的情感）

“的确。”

“你在州监狱多久了？”

“三十年。”

“当你出狱的时候，将是一个很老的人了。”

“没错。”

“这肯定让你非常痛苦，你肯定感觉很无助吧。”

他什么都没说，低下了头。

“你偶尔会在深夜哭泣吗？你已经习惯了监狱生活，习惯了痛苦吗？”

他依然没有回答。

“在你进监狱前，你喜欢做什么？”

“我喜欢钓鱼。”

“这个爱好持续多久了？”

“很久了。”

“你有孩子吗？”

“有。”

“妻子呢？”

“当然有。”

“你进监狱的时候，你的孩子们都多大了？”

“莎拉五岁，贝基七岁。”

“你之前抱过她们吗？”

“抱过一次。”

“你的妻子呢？她还在等你出狱吗？”

“我不知道。”他再次低下了头。

“你肯定非常孤独。”

他没有说话。

“对你来说，监狱肯定如同地狱。你肯定觉得自己在一天天死去。”

他依然没有说话。

“只要能让你出狱，任何事情你都愿意做，对吗？”

他还是没有说话。

“如果你能离开这个地狱一般的地方，前提是需要你诬蔑我的委托人，你会做吗？”

“当然不会。”我一点都不意外，他的答案肯定是否定的。

“我没有任何问题了。”没有理由再继续问下去了。

爱的力量，理解的力量，共情的力量——体会别人感受的力量，比普通的攻击更有力量。

爱是力量。

理解是力量。

感同身受也是力量。

但一个人如果没有共情的能力，不能理解别人的感受，肯定也无法第一时间敏锐地意识到自己的感受。所有的力量都来自我们，来自我们的感受。

一个人在和老板辩论的时候，可以这样说：“当一个领头人肯定特别辛苦，有的二把手什么都不做，然而你还要对他们负责。”

一个人在和他的孩子辩论的时候，可以这样说：“做一个小孩子肯定非常辛苦，因为爸爸妈妈给了你太多保护，不敢让你独立成长，这肯定束缚了你。”

一个人在和他的配偶辩论的时候，可以这样说：“和一个不理解你但又试图去理解你的人一起生活，肯定让你非常沮丧。”

所以：呈现一个有力度的辩论的秘诀在于，其实并不是什么诀窍，只是要去感受就好了。

我们曾经有感受的能力。我们生来就能够感受。

我们必须重生为能够感受的人。

去感受吧！如果我们去感受，才能知道感觉渗入了陆地和海洋，充满了宇宙。如果我们去感受，我们才能明白别人也可以感受。只有当我们不去感受时，我们才会孤独空虚直至死亡；当我们不去感受时，我们的辩论会了无生趣，死气沉沉，像空荡荡的罐头一样空洞无物；当我们不去感受时，我们的言语、交谈也没有任何意义。但一旦我们去感受，就能够呈现精彩的论辩，发布有力的演说，我们才能具有感染力，我们才能赢得辩论。所有的一切都来自感受，来自我们的感受。

而为了感受，我们必须承担风险，承担感受痛苦的风险，以及被批评甚至被排斥的风险。但我们会得到回报，那就是真切地活着。同时，我们能够赢得辩论，毕竟，死者和麻木不仁的人是不可能赢得辩论的。

第十一章|充满魔力的辩论

——发自内心的辩论

『门锁:我不相信魔法。追求逻辑有问题吗?』

『钥匙:尽管大脑就像帆船的舵手,然而精彩的论点并非来自大脑。精彩的论点都从一个神奇的地方喷涌而出,我们将了解这个地方,并且学习如何获得论点。』

绝大部分演讲老师讲解他们所知道的知识,但其实都是一些自作聪明的蠢方法,那些演讲老师从来没有呈现过让人印象深刻的演讲。而我要教给你的是如何去往那个有着精彩演讲的奇妙之地,精彩的演讲都是从灵魂爆发而出。我所说的演讲,是一种艺术、一种意识活动、一种充斥着恐惧的冒险,仿佛能让我们涅槃重生。并不是所有极富魅力的演说家、让人难以忘怀的歌者、伟大的橄榄球接球手、爵士乐手都有过这样来自灵魂的表演。精彩的演讲是具有魔力的,它不是意识的活动,尽管我们的意识的确被激发。它也不是逻辑的表演，因为艺术高于逻辑。它也不是精密计算或缜密思考的产物，然而却有着精巧的筹划。演讲像魔法一般神奇。我们将会了解如何呈现充满魔力的演讲。

充满魔力的辩论是什么感觉？让人描述充满魔力的辩论就好像让他描述从未经历过的性高潮。我们没有体验过它的魔力，所以也无法描述它。描述性高潮的例子证明我们无法以合乎逻辑的方式去用言语描述我们未曾经历过的事情。在字典中，性高潮被定义为性兴奋的顶峰，通常在性交快结束时出现。对于从未经历过性高潮的人来说，这些词语只提供了很少的信息。为了能让人们更好地理解，我将其解释为：那一瞬间世界万物开始爆炸，两人紧紧相拥，仿佛处于休克状态，在痛苦与欢乐中摇摆，因为狂喜而全身无法自控地颤抖。这种解释可能还不够让人理解性高潮的含义。我又尝试了一种更为诗意的方式——在一瞬间世界仿佛开满万紫千红的雏菊。但我仍然没有描述出性高潮。所以我又该如何给你描述充满魔力的辩论呢？

让我先讲一个故事。在我的职业生涯早期，我站在陪审团前进行我的结辩陈词，当时我拘谨又害怕，紧紧抓住讲台边缘。在这之前我准备了陈词，就像我一直要求你们做的那样，写下来，列出大纲，并且最好记住。不过现在的我只是读一读，不会背诵它了。我站在讲台上也不敢翻阅我的手稿，害怕就此丢了律师这个饭碗，我也不敢看陪审团，担心他们无聊的神情让我焦虑不安。我结结巴巴地进行着我的陈词，大脑一片空白。忽然我的手稿从讲台上掉了下去，四处飞落到法庭的地面上。我当时紧张到全身冒汗，整张脸因为尴尬变得通红，一张张地把它们捡起来。我都能听到观众席上人们的窃笑，甚至瞥到了我委托人震惊的脸。最后我把所有的手稿都捡了起来，但绝望的是它们的页码全都打乱了。我不知道刚刚讲到哪里了，也不知道该如何继续我的陈词。当时，我祈祷上帝能让我死在那一刻。

但是上帝驳回了我的请求，我别无选择，只能继续陈词。我战战兢兢地看向陪审团，他们也看向我。我含混不清地开始讲话："对不起。希望没有这些手稿我也能和你们说话，希望我能告诉你们我心底的声音，以及我对这件案子的感受。如果你们能了解的话。为什么……事实很清楚了。吉米，这个，我的委托人，是无辜的。你们知道为什么我知道吗？"突然，神奇的陈词开始了。

一个小时后我完成了陈词，并且没有使用之前的笔记。这确实是一次陈词，而并非机械僵硬地读我写过的东西。有种神奇的力量，一种指引力、一种潜意识下的智慧掌控了我的陈词环节，帮我选择合适的话语，理清思路。也正是这股神奇的力量推动着我的陈词变得起伏有致，让我知道该何时开始以及如何完美收尾。这种神奇的力量塑造了我的声音、讲话的语调和节奏，为我选择了恰当的手势和肢体语言。总而言之，这股力量谱好了乐曲、编排了乐章，甚至设计了与音乐配合一致的舞蹈。

当我结束辩论坐下后已经汗流浃背，虽然精疲力竭但也喜不自胜。观众们聚集到我身边祝贺我完成了一次精彩的辩论，夸我是一位出色的律师。陪审团只用了不到半小时的讨论时间，就作出了有利于我的委托人的裁决。我大吃一惊，稀里糊涂地就赢了，同时欣喜若狂。

之后，当我阅读我当时陈词的文字记录时，十分困惑。我敢肯定这不是能影响陪审团裁决的陈词，充满了支离破碎的句子、失败的开端、不合逻辑的语法错误。法庭记录员在逐字记录我的陈词时肯定听错了我的话。我为说过的话而感到羞耻。但我逐渐开始明白，写下的东西和说出口的话之间如同斯瓦西里语和巴赫乐曲之间存在千差万别。我逐渐懂得不是只有语言传递思想，语言也不是主要部分。能传递思想的，我们之前也提过，是声音、说话的节奏、身体、手势、眼神，事实上，是整个人本身在传递思想。

我也开始明白读出提前准备好的演讲稿和呈现充满魔力的辩论是两种不同的艺术形式。前者是写作的艺术，而后者是讲话的艺术。前者就像苦心钻研，一笔一笔精心描绘出一个小孩子；而后者则是赋予了这个孩子生命。写好的演讲稿通常都缺少可信度，不仅因为手稿是无声的传递形式，也因为它明显是经过苦心琢磨的。但是充满魔力般辩论的爆发伴随着新生命的出现，经历了母亲的痛苦和鲜血。母亲经过十月怀胎把这个新生命带来了世界，之后他们慢慢长大、生活、工作。不管手稿上的陈词多么精彩，它也永远无法打动听众，无法改变陪审团的决定，也无法赢得辩论，因为它没有灵魂深处迸发的力量。

我发现我陈词的文字版中有很多错误的地方刚好是陪审团信服的部分。人们在讲述真相时，不会特意选用最合适的词语，也不会刻意使用最漂亮、最华丽的辞藻，而只是让他们的灵魂自由飞翔。人们在讲述真相时，注意力全部集中在自己的感受上，我们疲惫的大脑已经无法塑造出一个最恰当的语句。当听众用心聆听演说者内心的声音时，他们也会倾听自己的内心。句子结构是否正确、言语是否恰当都不是衡量辩论力度的标尺。我必须再说一次——力量来自内心。

曾经有个年轻作家在为出庭律师汇编一本法庭辩论的书籍时，拿到了我在丝克伍案件的最终陈词。他写信问我是否可以评论一下该陈词。我回复他，在我读完我的最终陈词以后，我很讶异。我不明白为什么会有人想出版它。这个陈词如果最终能赢得 1050 万美元的判决，那么即使是一个说话结巴的一年级小学生也可以赢。的确，那些小学生有可能赢得辩论，鉴于他们通常都能讲述真相，并且他们的演讲相当有说服力，他们不会特意选用一些高深的词汇，而是用自然朴素的语言说明真相。

当我的辩论由自己亲身呈现，并且陪审团在场倾听时，可以说是非常有说服力的，然而我担心的是一旦我的陈词出现在纸上，就会显得愚蠢、不专业。我曾经尝试为自己辩解："三个月的准备时间已让我精疲力竭，我相信陪审团会理解我。"我要求那个年轻作家修改我陈词开始时不恰当的语句，我的理由是："当陪审团现场听我的陈词时，他们的耳朵自动剔除了错误的部分。而我在辩论时，也从未想过我的陈词要被转录为文字。如果一个人总是想着书面文稿里那些僵硬的逻辑，总是逐字逐句、从左至右读出他的手稿，魔力就消失了，那种纯粹的来自灵魂深处的力量，也就此枯竭。因此我建议你做的事情，要像陪审团的耳朵会帮他们自动剔除那样，让辩论的书面文稿更适合于现场呈现……"

"不过，由于你不知道辩论当时的情景，我相信你会觉得很难理解。当时的情况是，一个人直接站在陪审团前，手心冒汗、心情焦虑甚至筋疲力尽。如果你在现场的话，你的所见所闻会让你对此陈词有不同的理解。你会主要根据我陈词时的语气，也可以说是陈词时的乐曲来作判断。那是真诚的乐曲，是一个人尽量诚实的乐曲，虽并不总是诚实，但他在尽量努力。”

我继续指出：“我并不试图去定义什么是聪明什么是狡猾，陪审团比我们想的更聪明。我只是尽量选择最好的方式来讲述我的故事。结案陈词应该是讲故事而不是讲策略。”我继续写道：“你的评价主要论及策略，从这个立场出发的话，根据我的经验，如果必须要谈及策略，那我所能想到最好的技巧就是尽可能讲实话，同时尽量说得简单且生动形象。任何人都喜欢听到那样的辩论。”

尽管我郑重反对，但我的陈词还是几乎按照现场发表的情况，被出版公开。任何论述，当必须要被写下来的时候，就像是将一只并无生命的灰熊公仔立在橱窗里让众人观看。尽管它倚坐在后肢上，好像要发动攻势，但它的行动只存在于想象中；尽管它张开大嘴好像在发出令人恐惧的号叫，但它的声音也只存在于想象中。玻璃橱窗里的灰熊无法像在森林里的灰熊那样，面对猎人，用后腿跳起，发出凶猛的咆哮。而出版口头发表的演讲亦是如此，演讲本来是富有情感、韵律、声音与生命的，但当它被印在纸上的时候，就像毛绒玩具熊，变得完全不一样了。

同样，一场辩论如果被写下来然后让人阅读，也就像一个玩具熊，只有机械的腿和人造的声音。虽然它能够移动、吼叫，但依然是没有生命的玩具熊。虽然我们可能会在它的攻击中惊退，但会随之大笑，因为我们知道它是假的。但如果这只熊是活的，当我们看见它抬起后腿准备攻击；当我们听到它怒气冲冲的吼叫，感受到身下的地面在震动；当我们看见它眼里涌现出致命的愤怒……如果那时我们还活了下来，那将是永生无法忘怀的经历。同样，一场来自火热内心和灵魂的精彩论辩，将在听者心中留下永久的烙印。

充满魔力的辩论之要素。有人问我要怎样打开思维的阀门，让观点在脑中形成并组织衡量好之后再说出来，像一个优秀的演说家那样充满能量与魅力，打动观众？我第一次辩论那天，是让人绝望的一天。在那之后，我作了很多次精彩的辩论，而成功的公式都是一样的，有两个必不可少的要素：第一，做好充足的准备，这个我在第八章已经讲过了；第二，勇敢地把自己交给自身神奇的力量。

释放青蛙。现在我们准备好了，要怎样想出并呈现出充满魔力的论辩呢？我给自己的任务是努力入睡。但我越努力地想要入睡，就会变得愈加清醒。我并不想说一些玄乎的东西，但每当我们遇到不懂的问题，无法用智力思维去理解的时候，神秘主义就会涌现。只有当我们开始询问最初的问题时，比如，“什么是生命？”“生命从哪里来？”“它要到哪里去？”或“生命意味着什么？”，生命的魔力才会变得像萝卜一样真实。只有当智力无法回答时，魔力才能获胜，辩论的魔力也一样。

当我们准备好了，充满魔力的论辩就会充满我们每个人的头脑，一旦被释放，它就会喷涌而出，就像青蛙的跳跃一样简单又自然。但是如果我们捉住这只青蛙，将它的身体一段段切开来观察时，我们永远不会发现最初支撑青蛙跳跃的生命能量。现在的问题不是“为什么青蛙可以跳跃”，而是“我们如何让它跳跃”。

当然，这只青蛙必须是营养良好的，这个问题我们在讨论准备的必要性时已经强调过了，但青蛙还必须被释放。当我们站在人群前或坐在老板的办公桌前的时候，我们就变成了这只青蛙。我们很害怕，正如我们曾经见过的那些恐惧害怕的青蛙那样，害怕到我们已经不再会跳跃，只会发出一声低沉的、胆怯的蛙鸣。

释放青蛙是对我们生活态度的一种隐喻，但对于大多数人来说，释放是一件令人恐惧的事。曾有一段时间，我陷入过去不能自拔，无法释然。跌入未知深渊的恐惧太过强烈，我不得不紧紧地抓住过去，即使我知道那样会造成毁灭性的结果。那段时期糟透了，有天晚上我梦见自己被悬挂在悬崖边的一根树枝上，恐惧中我低头看了看身下几千英尺的峡谷，意识到我无法拯救自己。我精疲力竭，手开始下滑，最终，我不得不放开了树枝。但当我下落的时候，我突然感到了自由，我意识到要么放松地享受这次下落，要么一直尖叫着掉下去。在下落的过程中，我感受到了难以言语的兴奋和彻底的自由。冒着我的暗喻再次被混淆的危险——有何不可呢——我建议大家，青蛙一般的你们，勇敢地跳下悬崖。相信这次经历，享受这次旅程。去吧，释放自己。

勇敢地跳下去！

释放自我。站在观众面前时，我们要怎样开口说话？怎样释放自己？这个经历就像第一次从当地游泳池里十二英尺高的跳水板上跳下去一样，当你站在那儿往下看，你感觉胃部开始收缩，膝盖开始颤动，你想要若无其事地转身回去，假装你好像忘记了什么重要的事情。相反，你内心有个极小的声音在鼓励你跳下去。在充满魔力的辩论中释放自己，不被笔记所束缚，毫无遮掩地站在大家面前，从心里而不是脑袋里说出你的观点，是说出来，而不是读出来，这样你才释放了自己。充满魔力的辩论让你成为你自己。

我曾建议那些年轻的律师，他们应该首先去一次游泳池，从高空跳板上跳下，这才能真实地体验辩论所需要的跳跃。我一个不会游泳的学生不但在这个过程中学会了怎样跳水，也学会了怎样游泳。辩论也是一样，当走到陪审团前时，他想象自己正站在高高的跳台上准备跳跃，他感受到了恐惧。就像我建议的那样，他把自己的恐惧告诉了陪审团，解释了为什么这个案件对他很重要、为什么他想要赢、为什么他害怕输。他为他的委托人感到害怕，也为他自己感到害怕，因为关心，所以害怕，害怕他输了这个案件后要承受的痛苦。他告诉我，在他说了那些话之后，充满魔力的辩论就突然出现了。

我的另一个学生在大学里跳水能力非常出众，所以跳水对他来说是习以为常的事了。“那去做一些会让你感到恐惧的事。”我建议说。当我再看到他的时候，他容光焕发地给我讲述他的经历，他从飞机上跳了下来，直到离地只有几千尺的时候才打开了降落伞，那样的经历真是太棒了。他说在接下来的一次与陪审团的辩论中也想象了同样的场景，他告诉了陪审团他的感受、他的恐惧和他对公平正义的热爱。他说他无法记住当时的措辞，因为他说的话都不是刻意去选择的，就好像那次自由降落中一样，他们就自然出现了，好像魔法一般。无论是从跳板抑或飞机上跳下，或者是在观众面前释放自己，这种体验都是一样的：直面恐惧，正视恐惧，然后击败它。

任何胜利之前都是有恐惧的，恐惧总是引发挣脱束缚的行为，这是为什么？一个被束缚的灵魂所拥有的生物学优势是什么？摆脱束缚、自由自在地在森林中行走，要想给后人留下步道通常需要大量的探索与冒险。我们可能不会直面潜在的敌人吗？我们可能会无法达到预期吗？我们可能不会受伤或者不被杀掉吗？但森林和敌人都存在于我们的生命里，生活必然有冒险。否则你可能会深感厌倦，无法继续生活，因为厌倦的风险、被禁锢在在自我中的风险——就像还未被孵化就死在蛋壳中的小鸡——还没有活过就已经死去，这比森林中任何潜藏的敌人都还要可怕。

我们克服生理威胁所带来的恐惧的方式，同样可以用来克服非生理行为所带来的恐惧，反之亦然，这没有什么新奇的。为了克服飞机真正坠毁时的恐惧，飞行员在没有受到威胁的情况下，在模拟器中学习怎样有效地处理紧急突发事件；牛仔们也会在酒馆里骑模拟的公牛。

在旧金山，我曾看到一个小腿萎缩的年轻女人在机场人潮最拥挤的地方跳舞。很多人聚集在一起看她，她旋转的时候几乎要摔倒了，但她表现出的优雅与高贵仍然吸引着观众。后来她和我上了同一架飞机，走在人行坡道上时，我与她聊起了她的舞蹈。

“我只要一有机会，就会在公众面前跳舞。”她说，“有时我会在街道上跳舞。我需要跳舞，那样对我很有好处”。这是她对我所说的全部。

怎样跳跃。还有一次，我们站在观众前，大家在等着我们说话。还是那个问题，我们要如何自由地跳跃？我们要怎样进行演讲？我的回答是：询问你的内心。感受恐惧，再触摸它的栖息之地。对的，就在你的心口上，那个灼热的痛苦地抽搐的地方。好好感受恐惧，因为那样我们才能完全真实地开始。现在我们可以跳了吗？

有时我开始演讲的时候，我会和每一个观众对视，如果人很多，有时会花上半分钟甚至更多的时间。对视时的安静让人很不舒服，他们也会瞪回来，我听到了紧张的咳嗽声。但这个时候，我们之间就发生了变化。不需要任何言语，我已经让他们有了和我一样的感受。我感受到了恐惧，同样，他们也因为房间里压抑的寂静感到不舒服。

终于我开始了演讲："在我们刚开始接触的时候，感到不舒服是很正常的事。我们不了解彼此，也不知道该不该信任彼此，我们当然会感到不舒服。我很好奇当我看着你们的时候，你们觉得我是怎样的人。你们那个时候也一定在想，我觉得你们是怎样的人。"我跳了下去，突破了自己，"我们会一起度过一段有意义的时光"。我得到了释放。

一次，我在费城给一群律师作演讲，当时是由会议主席来介绍我，但很明显他并没有花心思准备这个介绍。他站起来说："斯宾塞先生不需要任何介绍，下面让我们有请他。"介绍是沟通观众与演讲者的桥梁，没有介绍，他们就像在地铁里相遇的陌生人，很难开启一段对话。而主席没有介绍我传达给了观众另一个信息：这个演讲者尚未重要到让他好好准备一个介绍。这让我很受伤，就好像他对观众说的是："这个人没什么值得介绍的。"而且，如果大会的主席对演讲者都没有热情，观众们又怎么会有热情呢？那个时候，我感觉脑袋空空、无精打采，充满魔力的论述也必然不会出现。我感受到的不是恐惧，而是愤怒，因为二级情绪通常会压过原始情绪。我带着愤怒开始了我的演讲，我走上讲台开始表达我的感受。

“你们的主席告诉你们我不需要任何介绍，我并不那样认为，我需要一个介绍来让我感受到我是被欢迎的，我需要一个介绍来让我获得灵感，而你们也需要一个介绍来使你们对我要说的东西感兴趣。鉴于现在我们都需要一个好的介绍但事实上却没有，我想问一下在座的有人愿意上来准确地介绍一下我吗？”

随后是一片死寂，我就这样等着，看着台下苦恼的观众，他们没有任何骚动，也没发出任何声响。突然，一个身材高大，体型强壮的男子站了起来，什么都没说，大步地向讲台走来。我不知道他是要上来阻止我的厚颜无耻，还是要干别的什么，他走到我前面，准备讲话。

“女士们，先生们，”他开始说道，“非常荣幸为大家介绍一个我从业以来就十分崇拜的人。他是这么多年来我一直想要见到并深入了解的人，今天他就站在这里，他是……”他介绍了一些我比较有名的案子、一些我写的书，还谈及了这些书对他的影响。当介绍结束时，台下的观众都站起来鼓掌。接下来我的演讲也非常的顺利，充满了激情和能量，那是我作得最好的一次演讲。而那个上台介绍我的人后来成了我最好的朋友之一，也成了我律所的同事。这一切都是因为我们都实现了突破，打破了束缚。

跳下去！去突破！去释放！去打破束缚！也许你应该遵从你

的直觉，想到什么就说什么。我甚至说过这样的话："我希望我知道你们想从我这里收获什么，我也希望你们能看到我站在这儿所看到的景象——你们都充满期待地看着我，希望我说一些有趣的、启迪人心的、精彩的东西。可我在心里默默想道：'我根本说不出精彩的东西——我甚至连新颖的东西都说不出来。'"

在家突破自我。在家的时候，释放是指表达你的感受，但绝不是指批评他人的错误。你表达的应该是"我感到沮丧"而不是"你让我很沮丧"；是"我感觉我被骗了"而不是"你骗了我"。当我遇到了一位像我一样脾气很不好的法官，或是我要不断承受对方反驳的时候，我会感到非常沮丧无助。我会直接走到法官席和他说话，但我不会说"你不公平"或者"你对我太不礼貌了"，而是直接说出我的感受，"法官大人，我感到很无助，我不知道该如何进行下去，我也希望我不会感到如此的害怕和羞愧"。神奇的是，当我直面了我的感受后，我不再那么害怕或羞愧了。起初，法官的反应甚至可能是讽刺的，但解决问题的关键不是法官的感受而是我的感受，所以是我必须进行突破而不是法官。

在家里，如果我能超越愤怒，我就可以赢得辩论。我说要"超越愤怒"是因为我们知道，愤怒通常是一种替代情绪，它可以取代害怕、沮丧、难过或是失落感、负罪感，甚至是孤独感。如果我很生气，我需要问你这样做的理由而不是表达我的愤怒。我生气可能是因为感到不被关爱或是被忽略了。在家我应该说的是："因为你，我感到很孤单，我希望我们可以更亲近一些，我非常需要你！"在第十三章里我还会详细讲述这个话题。

突破与勇气。最根本的勇气是一个人肯定自我的勇气，也就是说，肯定自己对于“有”的恐惧，也肯定自己对于“无”的焦虑。一旦我们做到了，一旦我们开始突破自我，充满魔力的辩论就会出现。

超我。我一直在使用类比和比喻来表达我的观点，因为要体验充满魔力的辩论并不要求智力和理性。而我现在唯一能用来解释的工具，就是白纸上整齐印着的黑色文字。想要仅用二维的文章来解释多维的魔法并不容易。当然，充满魔力的也不是完全非理性的，在我们的意识中存在一个“超我”，它就像控制中心一样关注着辩论的进展，组织我们要说的话并在适当范围内把它保存下来。“超我”设定了合理的界限，像监护人一样保护着我们的心灵。很多年前，当我第一次在散乱的纸张前，发表充满魔力的论辩时，我能清楚地意识到自己在说什么，尽管我并非有意识地在构思我的论述。但时不时地，我能清楚地判断我应该站在离陪审团多远的地方，对着哪个陪审员说话。超我使我能隐约感觉到时间的流逝，适时做出调整来结束辩论。但论辩本身是由内心喷涌而出，然后通过一种我闻所未闻的机制编排组合后表达出来，直到现在我也没完全弄懂其中的奥妙。

用心去努力。精彩辩论的魔力源于我们体内的一个地方，是这里让我们的观点被倾听，也是这儿让其他人作出支持或是反对我们观点的决定。如果我们的观众只会说英语也只听得懂英语，那我们想要用拉丁语赢得辩论就是一个很愚蠢的想法，我们何必要选择一种别人听不懂的语言和他们交流呢？当别人都是用心去作决定的时候，为什么我们要用大脑里的语言和他们交流呢？

都说法官是根据法律的逻辑来作出判决的，但我不得不说好的法官其实和我们一样首先是从内心作出他们的判决，之后才用逻辑去支撑他们的观点。同样，你的老板、你的邻居、你的顾客都会根据他们的感觉作出决定，即使他们会用理由和逻辑来支撑他们的观点。

在买新车的时候，顾客说服伴侣（也是说服自己）的论述是很有逻辑性的："修理和维护旧车需要花的钱加起来也很多，而且它现在开起来已经不安全了。"但其实他买辆新车的决定是由于他想要体验开新车的愉悦感和自豪感。我们作决定是出于我们的喜爱，或是出于做了正确的事带来的美好感受。给予或实现正义能带给我们好的感受；我们去拜访年迈的姑妈可能是因为意识到我们严重忽视了她，负罪感油然而生，让我们难受痛苦；因为恐惧，我们拒绝去做危险有害的行为。所有决定都是基于我们的情感，虽然逻辑因素也会被考虑在内，比如低买高卖的逻辑，但我们低买高卖的决定也是基于我们这样做获得了收益而感觉很棒，当我们作出暂时不卖的决定时，也是基于我们的感觉，感觉之后会赚得更多。决定总是由人的内心作出的，就像帕斯卡曾说的那样："你的内心作这样的决定有它的理由，只是我们不知道罢了。"

因为充满魔力的辩论源于内心，使用内心的语言，也直击他人的内心，所以神奇的力量也存在于辩论的魔力之中。虽然它有时会和逻辑冲突，有时迫切地追求公平与正义，但它总是能关注别人的感受。也正是因为观点源于内心，所以它总是充满能量、富有韵律，拥有不屈不挠的力量，这些都能被他人很好地感受到。

所以：我一直试图阐释什么是我所说的“充满魔力的辩论”，其实它就和做面包一样，我们知道所有的原材料——面粉、奶油、糖、盐和酵母，但当所有普通的材料混合在一起的时候，面包就出现了，生面团被反复揉捏之后放入烤箱里烤，一种与原料截然不同的产品就此诞生。同样地，当我们在准备辩论的时候，我们也结合了必要的事实、逻辑和准备，进行一次次概括和删减，最后带着怀疑和恐惧去检验它们，最终我们也会得到非常精彩、真实和充满魔力的论述。

如果你永远不迈出第一步，我也无法向你解释该怎样去跳舞，我只能鼓励你迈出第一步，去感受勇气的存在；我只能告诉你感到害怕恐惧是很正常的，只有直面你的恐惧你才能释放自己，才能实现突破获得自由；我只能告诉你要相信辩论的魔力；最后，我只能告诫你，一定要相信自己。

勇敢去尝试！

打破桎梏！

突破自己！

第十二章 | 无懈可击的有力论述

——给出致命一击

『门锁一：还是老问题——虽然我读了这么多章节，但我仍怀疑自己能否把它们整合在一起。』

『钥匙一：同样的答案——同样的人——同样的方法——就在你手里。让我们从有力的论述开始。听好了。』

再谈谈力量，从准备好有力的论述开始。有力的论述是指观点在结构及组织上非常有力，在表述时非常让人信服，以至于当我们使用它的时候，我们的辩论是无法被战胜的。一个有力的观点不需要用很大的声音说出来，也不会制造大片的混乱，也不需要摧毁你的对手。它可以是平静温柔的，它可以饱含着爱意而不是愤怒，带着理解而不是厌恶，它可以用平实的语言表达出来。一个人想要表达自己的观点，不需要像马丁·路德·金、丘吉尔或罗斯福那样慷慨激昂。我们一定要发表有力的论述有一个最重要也最让人信服的理由：失败太痛苦了。

失败是我们生命中不可缺少的一部分吗？我记得失败的滋味，在我刚开始从事律师职业的时候，我还没成为一名检察官，也还没有开始尝试刑事案件。我在民事案件上屡遭失败，当时赢得案子通常都是因为偶然或其他莫名其妙的原因。胜利好像只是那些高级律师的特权，并没有留给我的余地。没有人给我帮助，甚至我也认为自己无药可救了。我输了，意味着我的委托人也输了，我看到了他们的沮丧、痛苦和对我无声的谴责——我接下他们好好的、有很大胜算的案子，结果输掉了。这都是我的错，我觉得自己像一个骗子，又傻又笨，非常绝望。失败的痛苦就好像一把冰冷锈钝的刀刺穿了我的心脏，而我在流着血等待死亡，没有人能够止住它。不断的失败给我带来的痛苦太强烈了，我几乎想要放弃继续从事法律工作。这些是在我发现充满魔力的辩论之前，我在前面的章节已经论述过辩论的魔力。在之后的几年里，我还明白了有力论述所必需的要素，这也是我们马上要谈到的。

但在我发现和懂得有力论述所必需的十个要素之前，我一直好奇有没有理由可以解释我持续不断的失败。显然，人们并不会为我神魂颠倒，同样，我也不像其他律师那样头脑聪明反应灵敏。也许是我缺少了什么我自己都没有发现的东西。有一天，因为找不到一直失败的原因，我感到彻底的失落和无助，于是开始思考一个简单的问题：失败是我生命中必不可少的一部分吗？会不会有一些看不见的记分员在记录着我们失败的次数，所以在失败了很多次过后就可以获得一次看似偶然的成功？这个问题一次又一次地回荡在我的脑海里：失败真的是我生命中必不可少的一部分吗？

担任捕猎者的角色——需要自己同意才能被击败。如果失败并不是我生命中必不可少的一部分，那我为什么会失败呢？是谁允许对手打败我的呢？谁允许的！我记得我还是个孩子的时候，每天都会被同一街区的小霸王欺负，直到有一天，我再也忍不了了。一旦我不再允许小霸王打我，我就不再任人欺负。从允许别人欺负到不允许的这种模式的变化本身就是一种魔力。这种力量并不是我用虚假的勇气支撑自己才出现的，我依然很害怕。我并没有否认自己作为一名年轻律师的失败，我认识到要成为一名优秀的出庭律师，我还缺乏很多本领，事实上，缺乏大多数本领。这种力量来自一个词：允许。

为了掠夺，掠夺者们必须同意扮演好掠夺者的角色。一旦意识到我有能力决定是否允许别人掠夺我，我就不会再允许我的对手击败我，我也不会再允许自己继续扮演被征服者的角色。就是这么简单。

当我撤回了被击败的许可时，发生了一些神奇的变化。我要怎么形容这些变化呢？没有人能够看见自己的表情，也无法观察自己走路的姿势；一个人也无法准确把握自己对他人造成的影响，所以我只能从别人的反馈中来描述这个现象。人们对我的认知变得不同了，我看起来不一样了，走路的姿势不一样了，说话的声音也变了，想的东西也不一样了，我想要胜利的决心也变得强烈。我记得我安慰委托人时说：“我们会赢的，你知道为什么吗？因为他们想要打倒你就必须先打倒我，但他们无法打倒我，我绝对不会允许他们打倒我。”这个改变渗透进了我的生命，然后发生了令人震惊的变化，我成了胜者。

分配好生活戏剧中的角色——“我为核心”之法则。别人告诉我，当我走进屋子的时候别人能感受到我的存在，我仍感吃惊。因为他们的洞察力敏锐，但也是因为当我走进去时，会让别人觉得这是我的领域，我是这里的核心。世间一切事物都因我而起，为我而生。我们把这叫作“我为核心”的法则，这条法则对你同样适用。

这难道不是一个幼稚的观点吗？难道不是幼稚型人格的胡言乱语吗？只有小孩才会用这种以自我为中心的方式看世界，但我很珍视自己孩童时期的世界观，我与心理医生所要求的成年人的状态作斗争。成熟和死亡是两兄弟，我抵制精神科学家们冰冷而又带批判性的观点，他们只会给我们贴上标签，却不理解我们；他们仔细分析我们的行为，却不爱我们；他们只能写出关于我们白纸黑字的报告，却写不出一行任何关于我们喜悦、喜爱、悲伤或是他们自己感受的观点。

我希望我永远长不大，永远不要失去我孩童般的观点，永远不要放弃做一个能感到快乐的孩子，永远不要放弃孩子般令人赞叹的自发性、神奇的创造力和难得的天真。我直到死的那一天，都不会放弃体内孩子般的秉性，因为只有带着敬畏和孩童般的天真死去才算是真正经历了死亡。

看看窗外的星星，你可以从360度观测它们，这时你难道不是正处于世界的中心吗？当你转身的时候，这个屋子里的人难道不会以你为核心，围着你转动吗？承认吧，难道你不是你自己世界里的核心吗？

如果不把自己看作自己世界里至高无上的主宰，那么别人就会占据这个位置。而别人之所以能占据我的中心位置是因为我允许他们这样做了。但是，我们已经明白，是我的权力允许了别人或别的权力处于该位置。如果一个人拥有为自己加冕的权力，或能占据自己世界的核心地位，我们难道不应该尊重这样的人吗？

让我们再深入想想这个问题。

关于允许的更多讨论。没有我的允许，其他任何人都不能抢走我在自己世界的核心地位，这个时候，允许就变成了权力。每人都有权力允许任何人占据自己心中的核心地位，而我让我自己占据了这个位置。我也可以把权力给你、给我的导师或是给上帝。但这个权力来自我。

我有权力决定是否允许别人打败我，也有权力让自己去赢。那么，如果被击败的许可只由我们自身所掌握的话，我们怎样才能被打败呢？难道答案不明显吗？只有当我们允许别人打败我们时，我们才会被打败。

事实与选择。所谓事实的揭露，是指我们已经知道但以前从未用言语表达出来的事情。事实的发现，是指我们已经知道但以前从未遇见过的事情。事实作为一种判断，是我们经验的产物。对于有着虐待成性的父亲的一个小孩来说，事实就是男人是永远不能信任的怪物；对于拥有慈爱的父亲的一个小孩来说，事实就完全相反。

从我们的信任体系看来，事实就是我们从自己经历中所能接受的东西，事实就是我们所认为的真相。对有些人来说，上帝就是事实；对有些人来说，基督、穆罕默德或者佛陀是事实。对有些人来说，量子物理学就是事实；而对其他人来说，那只是与现实世界毫不相关的空想。对有些人来说，基因就是全能的神，支配着我们的生命；但对其他人来说，基因结构在一种普遍存在的智慧面前显得微不足道。今天被科学证明的事实可能明天又被科学否定。是人在选择事实。因此，当我告诉你我相信的事实是我占据自己宇宙的中心，我仅仅是告诉了你我的选择，我可以选择任何一种力学观点、范式、真相、条件作为事实——那是我所相信的事实。我没有赋予父母、神父、牧师、专家或是圣经为我选择事实的权力。对我而言，只有当我有能力摒弃以前别人呈现给我的事实时，我自己的事实才会显现。我就是事实，你也一样，这就是为什么你才是自己的世界的主导。我想再说一次：比起因为盲目相信而被束缚的思想，我更愿意拥有因为怀疑而开放的思想。

选择自己的角色。你试想一下：在房间里有两个人准备上演一出话剧，一个人扮演英雄的角色，历经重重困难，最终获得了胜利；另一个人扮演牺牲者，虽然也经历了相同的磨难，但最终被不公平地打败了。如果你是其中一个演员，你会出演哪个角色？由你自己决定。

并不是每个人出生就拥有性感的身体和迷人的个性，我们只是我们自己。我记得家附近有一条小狗，它是一条前腿畸形的杂毛狗，不像其他狗那样体型庞大或充满力量，但现在这条狗统领着整个街区，其他的狗要想进入这片领地都必须要得到它的允许。同样，我们也可以让自己担任胜利者或是失败者的角色、英雄或是受害者的角色、智者或蠢人的角色。这不是自负，这是一种选择。

力量带来的傲慢。我们必须谨慎运用我所提及的力量，因为它太强大了。我们是否能意识到拥有那些力量后，我们就很容易越过底线，变得傲慢自大？感受到力量带来的异常兴奋，我们会飘飘欲仙，从而轻易地抛弃谦逊。毕竟，占据自己世界的中心地位不会使人变得谦逊。但必须记住一点，一个人在自己世界居于中心地位仅仅是因为他自己做出的选择，这不是出于傲慢，而是出于事实。事实绝不无傲慢可言。

尝试与胜利。我必须提醒你，胜利从不是靠尝试来取得的。我听到有人会说："我会尽我最大努力去尝试。"尝试属于失败者，尝试暗含了失败的可能性。我会尽量去赢。我会尽量不失败。如果尝试之后他们还是失败了，好吧，他们已经尝试过了不是吗？失败者总是在尝试，而成功者从不尝试，他们只会赢。

小牧童从马背上摔下来，他拍拍裤子上的泥土，非常尴尬。旁边一老牧童目睹了这一切，小牧童一瘸一拐地走到老牧童旁。

"你为什么不骑了？"老牧童问。

"我尝试过了。"孩子回答道。

"你尝试过了？"老牧童回答说，"你看见那边的小公牛了吗？"我们都知道，那种小公牛是被阉割掉的公牛，它的命运就是长胖然后被宰掉。

“你把它放到一群小母牛中间，它会做什么？它会尝试，但也仅仅只是尝试了。小公牛才是选择尝试，你可不是它，所以现在你快去骑马吧。”小孩子听了照做了。

辩论与战争。在法庭上，审判案件就是一场战争，伤亡是在所难免的。这场战争之后，有人被送进了监狱，有人获得了自由，有人在行刑人手下死亡，有人却得到拯救。无论是遗产继承案还是财产遗失案，律师就像是战士，失败了只会被怜悯，而胜利了，才会得到人们的尊重。

在市议会、董事会或其他权力委员会前进行辩护也是一场战争。这场战争之后，土地的使用方式将会被改变，飞机场将会取代田地，草地鹨的栖息之地将被摧毁；这场战争之后，我们周围的环境会改变，哈狄斯提爷爷在夏季夜晚给孩子们弹班卓琴的小木屋，将会变成一个停车场。

我们必须知道，在一群有决策权的人面前辩护，也是一场战争。胜利者可以享用最后的战利品。在这样的争夺中，我们的对手通常代表权力的一方，大多数情况下是代表政府、产业、金钱。一般来说，我们的胜算并不大。

有一次，我在美国为一位被指控违反联邦法律的人辩护，政府有无限的资源和手段能让我投降，检察官也对正义不感兴趣，只想早点定罪。我们与看似由人民组成的市政府对抗，经常要直面政府背后的寡头统治集团，与金钱做斗争。市政府并不在意我们的生命，它只在意它的管理权。当我们面对教育委员会的时候，他们并不关心孩子们的教育问题，而只在意维护他们的权力。这些辩论都是战争，而其他的范例案件都是错觉。辩论不是像滑雪那样，运动员从山坡上滑下，谁快谁就赢了；也不像舞蹈比赛那样，最优雅的人可以获得金牌。辩论是一场战争，只有当我们意识到这是一场战争的时候，我们才能发起进攻，取得胜利。

要想赢得战争，必须懂得操控战争。这不是说我要控制我的对手，我并不能控制他作决定，虽然我的策略可能会影响他的决定，我仍无法得知他会在何时或何地进行反击或以何种方式反击。但想要取得胜利，我们必须要懂得控制，控制我们自己的力量、控制自我。只要我们能完美地控制自己，我们就能控制这场战争。我并非在吹嘘，也不是空口说大话，更不是在威胁。吹嘘自己是没有安全感的典型表现，威胁别人更是一种公认的软弱表现。真正强大的人不会威胁别人，他们不需要。

我说的是一种简单的思维模式，这种思维模式没有给失败留下任何空间，它是对前面提及的允许的延伸，只为获胜。这种思维模式具有警惕性、创造性和侵略性。它愿意冒险，但不会做一些犯傻的行为。这种思维模式会把恐惧作为获得胜利的必要阶段。如果在潜在后果相同的条件下进行选择，你需要选择进攻，因为进攻才能把握主动权；如果在没有清晰可行的策略时进行选择，你同样需要选择进攻，因为这会让对手改变他的策略来应对我们的进攻，从而也有助于我们抢占主动权、控制全局。进攻提供更多的机会，让我们部署更为重要的战斗策略。如果对手已经攻过来了，我们可能会撤退，但这并不意味着我们放弃了主动权，我们撤退只是为了寻找一个更好的时机进行反击。

许多律师都害怕问出关键性的问题，害怕在法庭上作出决定性的陈述，因为害怕对手会对他们的进攻有所反应，所以他们不敢进攻。“如果他反对我的观点怎么办？”有律师这样问我。“所以呢？”他害怕法官会赞同他对手的观点，害怕他会被法官警告，害怕他会在陪审团面前丢脸，然后陪审团就不会赞成他的观点了。

但无论何时我的对手反抗我的进攻，那只会促成我的胜利。我会回应他的反驳，或是选择忽略它们，我会揭示他不正当的行为，让陪审团看到他想要掩盖的真相。一旦他反抗了我的进攻，他就会迎来新的进攻；当他反抗我的进攻时，他也处于不利的位置，因为他没有时间很好地阐释他的反驳，他的反驳很有可能被否决掉，而他的反驳可能会暴露他的弱点，这时一旦他的观点被法官接受了，陪审团就能轻易地看出法官偏心，而他们可以决定法官是否公正。所以每当有人反抗我的进攻，企图约束我的时候，他们就犯了严重的战略错误，因为他们向我展现出了自己最容易被攻击的一面。

因此，当我们因为害怕反对或束缚而拒绝把握主动权、避免采取进攻的时候，我们就进入了一个安全地带，虽然我们不会受到伤害，但我们也无法对对手造成任何伤害。从战争前线回到安全地带是我们失败的一个主要原因，我们输掉了战争是因为我们并不想要赢。

应该什么时候开始进攻？孙子在《孙子兵法》里写道，“不可胜者，守也；可胜者，攻也”。当一个人能力不足时他会选择防守，而当他能力充裕时他会选择进攻。善于防守的人，仿佛把自己藏在了九地之下；而善于进攻的人仿佛行动在九天之上。他们都能保护好自己，获得胜利。

在无法抉择的时候，最好的策略就是把握主动权，选择进攻，只有不停地进攻才是不可战胜的。当瘦弱的男孩遇到恶霸时，男孩最好先发起进攻。如果不断地被击倒，就不断地爬起来进攻，又被击倒，又爬起来进攻，直到最后，他会取得胜利。世界上最可怕的对手，就是即便被打得浑身是血、遍体鳞伤，也依然不会放弃的人。

有时进攻是错误的策略。我前面谈到过控制和进攻的策略，那些都是特指在战争中的策略。然而，我们不会与我们的爱人和孩子发生战争，也不会与我们的朋友和老板发生战争。在前几章里，我已经讲过了在家里和工作地点遇到争论时的处理技巧。

还有一些其他情况，我们也应该放弃进攻。我们不能攻击一个好人，我们必须等到对手被揭开伪装之后才能发起进攻。在发动进攻之前，我们必须让决策者——通常是陪审团、市议会或教育委员会——知道我们的对手是心怀恶意的。如果我们在对手还未被揭穿的情况下就发起进攻，我们将会遭到决策者们的攻击，因为他们通常只站在善良的人这一边。当然，我们永远不能攻击决策者。

因此，显而易见，我们不能攻击一个柔弱可怜的女人，除非她在经过温柔的盘问之后变成了愤怒狂躁的泼妇，但这时的攻击也要温和一点；我们不能攻击一个看上去很善良的人，除非他的故事在经过盘问之后被揭发出是编造的；我们不能攻击比我们弱的对手，如小孩、明显受到惊吓的人，或是因为各种原因无法防御的人。

我们的进攻并不意味着去攻击代表对方立场的那些人，我们可以攻击对方的论辩、攻击对方对司法正义的理解、攻击对方证人的真实性、攻击对方的动机。但我们不能对他们进行人身攻击，除非在我们盘问环节中，他们的证词出现了虚假的内容。这个时候我们可以进行攻击，此时攻击更好的方式不是表达我们的愤怒，而是表达我们对于他们不敢说出真相的悲哀。我们的进攻必须是公正的。公正的声音比其他任何声音都更响亮。

如何在我们处于“坏人”一方时进行辩论？一个犯下滔天大罪的人是很难被同情的，但我们必须让决策者们同情我们的委托人，同情我们犯错的儿子，同情我们一不小心越过了法律界线的女儿。他们犯下的罪行都已经成为“赤裸裸的事实”，其他人通常只会通过这些事实来评判他们。我们指责一个人是杀人犯，仅仅是因为他杀了人这个事实，并不会问他杀人的原因；我们指责一个人抢劫或虐待儿童或其他罪行，也是基于他犯罪的事实，我们不会问那些控告是否属实。

但世界上并没有所谓的“赤裸裸的事实”。在一个事件里，总会存在两个世界：一个是我们所能看见的，所谓的“事实”；另一个是我们无法看见的，这个世界是私人的、秘密的，这是被告所在的世界。要想为“坏人”一方辩护，我们必须发现这个世界，理解它并向世人揭示它。

我曾经在美国怀俄明州的罗林斯为一个西班牙男人辩护，他叫乔·埃斯奎贝尔，他被指控杀害了他的白人妻子。犯罪事实没有争议，他在两个孩子、几个福利工作者和一个刚拔出枪的副警官面前，枪杀了他的妻子。基于这些“赤裸裸的事实”，这是一个显而易见的一级谋杀案。检察官判处了他死刑。

如果我们只关注所谓的"赤裸裸的事实"，很多案件我们都没有什么可尝试的了。但实际上很多可以减轻处罚的情节都被藏在赤裸裸的真相之下，等待着我们去发现，然后将他们展现出来。这也是为什么美国更愿采用无罪推定原则，公民不能仅因为"赤裸裸的事实"就被定罪，必须让陪审团了解整个事件后，才能被定罪。

下面的节选讲述了我委托人乔·埃斯奎贝尔生命中的一天，我把它写进了《关于谋杀与疯狂》这本书中。书中记录了这次谋杀事件，也记录了我为埃斯奎贝尔的辩护，揭示了事件表面所隐藏的不为人知的真相。

一个小男孩坐在货车车厢的角落里，远处院子里的光照在他脸上，小男孩的脸胖嘟嘟的，棕色的大眼睛里透露着害怕，在黑夜里发光。他黑色的头发长长的，让他看起来像一个需要用舌头把头发舔顺的小动物。小孩身上很脏，他很怕黑。照进货车的灯光时不时照到一个男人翘着赤裸的屁股。车里有声音，像动物打架的声音、剧烈的喘息声、呻吟声。事后，乘务员给了女人一美元，这对于一个住在货车车厢里的女人来说已经足够了。

这个女人就是乔的妈妈，这个场景是他最早的记忆。陪审团拿到乔的案子时，他们了解到乔生活的方方面面，他的堕落、他的羞耻、他的可怜、他的痛苦。就是这样一个无辜的小孩，因为那个铁路城镇中不公平、没人性的制度，而遭受了巨大痛苦。陪审团评定乔的时候，无法将他从阴影中拯救出来，于是陪审团开始可怜他，最后将他无罪释放。当然，这场辩护是疯狂的。

当我们处于案件中的“坏人”一方时，我们必须挖出被告人所隐藏的东西，总会有不幸、痛苦又可怜的悲惨事件；总会有不公平带来的创伤，总会有虐待带来的无法磨灭的影响，总会有摧毁孩子纯真的邪恶行为。用这些隐藏的事件去控诉、提出观点，让陪审团忽略“事实”是很容易的。我们不会因为一个孩子大哭大叫而惩罚他，甚至会责备孩子父亲的残忍行为，但我们不能接受这个孩子长成大人后依然哭着叫着违抗权力，即使权力依然残酷，他在权力面前依然感觉到很无助。

我总是听见那些自以为是、傲慢自大、有权有势、幸运顺利的人们谴责我们最微小的天赋——人类的相互谅解。我听到他们对同伴恶意的斥责、无情的批判：“他们做错了。惩罚他们！”

对，惩罚他们！所以一些生来不幸的人受到了惩罚；生来贫穷的人受到了惩罚；出生在污秽环境或生来有疾病的人受到了惩罚；生在犯罪和仇恨聚集的社区的人受到了惩罚；12 岁少女生下的小孩受到了惩罚；被批判、被社会所摒弃、认为其不配参与分享社会果实的人受到了惩罚；被剥夺教育机会的人受到了惩罚；被剥夺其他机会的人受到了惩罚；被剥夺基本人类尊重的人受到了惩罚……很多人并没有做错什么，但他们受到了惩罚。而那些审判他们的人，高高在上地蔑视他们，带着厌恶、憎恨与恐惧。审判者们带着好运的皇冠，傲慢地摇着头，带着蔑视和鄙夷，要求那些不幸的人们承受更多的惩罚。

我们不能容忍那些被迫处于“坏人”位置的人们，仅依靠所谓“赤裸裸的事实”被定罪，我们必须进入他们所隐藏的那个世界，大声告诉世人在那个阴暗可怕的世界里我们看到了什么。

揭露说谎的人。当对手说了我们认为是虚假的事情的时候，我们能把他们叫作骗子吗？很多人认为，叫别人骗子是因为他有说谎的陋习。我们不喜欢被人叫作骗子，当一个人用手指着另一个人叫他骗子时，他也展现了自己卑鄙的一面。但就像谚语里说的那样，人有时候必须直言不讳。在凯伦·丝克伍案件中，我就是这样做的。

我还在主日学校上学的时候，老师教育我们，永远不要叫一个人“骗子”，即使他真的是个骗子。我不喜欢别人被称为骗子，所以我用各种其他的词语来避免说骗子这个词。我会用高级一点的词汇去描述它，比如“这是我听到过最差的谎言”。律师们也经常用“错误陈述”来替代“说谎”。但如果我在这个案件中必须说出真相，普通英语中普遍意义的那个“真相”，如果我们要求核工业说出真相——我要求你强迫他们说出真相——那么，我也最好使用最普通的英文单词像戈尔曼博士那样直接说出来。他把这称作“巨大的谎言”，他说这是给“谋杀的许可证”。因此在他的指引下，我也准备称呼它，用普通的三个字母组成的单词来描述，“巨大的谎言”。

但需要注意，发起这个攻击是针对案件问题本身，是针对核工业方的论述而发起，而不能针对担任被告代理人的律师。

『门锁二：我需要更实在的东西。告诉我辩论的规则和公式，这就是我——我就是一个遵守规则的人。』

『钥匙二：好吧。以下就是构成精彩有力的辩论所需的十个要素。』

1. 准备。准备直到我们变成论点本身，清楚案件隐藏的每一个细节。充分的准备就像在写一部电影的剧本，需要有人去讲述这个故事，为每个人分配角色。把你方划分为正义的一方，划为被不公控告、被蔑视、被误解的一方。把你方当作弱势的一方时，对手就无法再作为正义的一方进行辩论。

2. 打开他人心扉，让他们接受你的论点。你已经知道怎么做了：赋予别人接受或者拒绝你观点的力量。

3. 以讲故事的方法去陈述你的观点。我们天生就是会讲故事和听故事的人，要记住，寓言、讽喻和道德故事都是一场成功辩论的传统工具。任何电影、电视剧、情景喜剧、流行歌曲中的歌词，歌剧和话剧，以及电视上的商业广告都是以故事的形式出现的。不要忘了你已经知道的：陪审员、领导、家庭或其他人都更喜欢听故事。

4. 讲出真相。通过简单的介绍，你已经知道了可信度是多么的强大而有力。做真实的自己强大而有力，说出你真实的感受同样强大而有力。如果你感到害怕，那就敞开心扉，做真实的自己，直面恐惧也很强大而有力。一场强有力的辩论以真相开始，也以真相结束。真相就是力量。

5. 告诉别人你想要什么。如果你们是为了钱在陪审团面前辩论，告诉他们你要钱，如果你让别人去猜测你想要什么，他们可能会猜错，这种猜测也会损害你的可信度。

记住正义的力量。陪审团们会懂得规避法律来给予公平的赏罚，人们会触犯法律以求获得正义，也可以战死沙场以求赢得胜利。他们可以在没有食物、庇护和爱的世界里活下来，但却无法在没有正义的世界里活下来。人类是一个神奇的物种，他们可以忍受各种各样的痛苦，但独有一种痛苦无法忍受——不公正的痛苦。发掘你辩论中的自然正义，然后去追求它——要求得到它。

6. 避免嘲讽、蔑视、愚弄你的对手。谨慎运用幽默感，不要侮辱对手。没有人会喜欢愤世嫉俗的人、嘲笑者、嘲弄者或心胸狭隘的人。尊重对手会提升我们的形象，而侮辱或轻视对手会有损我们的形象。

记住：尊重是相互的。

运用幽默感可能是辩论中最具破坏力的武器，在揭示真相的时候，幽默的力量是无穷的。但你要小心：假装幽默是最危险的策略之一。

7. 逻辑就是力量。如果你的观点是有逻辑支持的，要懂得借助逻辑的力量；如果逻辑不利于你这一方，或如果它导向一个不正义的结果，它就没有了力量。就像苏木埃尔·巴特勒说的那样："逻辑就像一把利剑——诉诸它的，也会因此而灭亡。"

逻辑并不总是导向真相或正义。逻辑会击败冲动的行为，它通常很无趣，而且没有灵魂，因此失去生命的人才会对逻辑更感舒适。

不要放弃对逻辑的创造力。然而，有创新思维的人很快会发现，逻辑通常也是为创造力服务的。

8. 行动和胜利是两兄弟。最差的正面进攻也往往好过最精密的防守。永远不要让你的对手获得主导权，能进攻的时候就不要选择防守。反击是对于拳击手而言的，而且反击往往会失败，世界冠军都是能把握主动权的人。伟大的将军会选择率先出击，然后不断进攻。掌握主动权，采取行动吧。但对于那些我们爱的人，最好的进攻方式是带着爱进攻，我们也应该知道，退让的艺术往往也能促成胜利。

9. 在最开始就要正视你辩论中的弱点。你可以用一种更好的方式暴露你的弱点，而不是让你的对手以最坏的方式揭露它们。你自己承认弱点，不但会增加你的可信度，还会让你的对手除了你承认的东西以外，无话可说。

10. 正确认识你的力量。允许自己——只能去赢，但是要记住，你也很容易变得傲慢、自大或愚蠢。

保持胜利者的姿态，相信充满魔力的辩论。打开你的思维，发挥魔力的作用。相信它！勇敢去尝试，释放自己，突破桎梏！

我们要怎样融会贯通？让我们这样想想：假设你之前从没有见过汽车，有一天，别人向你展示了一辆汽车，并告诉你它可以装载两吨重的机器，它在路上每小时走 60 英里，释放成千上万的能量；假设你需要驾驶这个机器以每小时 60 英里的速度通过一条狭窄的小路，迎面而来的其他车辆也会以同样的速度冲向你；那人告诉你如果你把方向盘向左转一点，然后保持一秒钟，最多两秒，你的汽车就会跨过地上的线，直接撞上迎面而来的汽车，而那样直接碰撞的后果可能是车上所有的乘客都会死亡；有人告诫你说正当你驾车的时候，其他那些司机可能喝得烂醉、可能视力不好、可能既视力不好又喝醉了、可能经验不足、可能年纪很大了。不少人是疯子，就像疯狂的懒汉般行事。有人可能睡着了，有人可能醒着但思维已经睡着了，有人可能病了，而大多数的人们可能会疏忽大意，那样的疏忽大意哪怕是驾驶谢尔曼坦克也会存在风险。在这种情况下，你难道会认为选择在任何一条高速公路上驾驶汽车是明智的决定吗？

这里让我感兴趣的是我们的思维模式，这种思维模式让我们克服了这么多看起来无法克服的危险概率，早上安全地开车去上班，晚上安全地回家。我们并没有去考虑在公路上失事的巨大可能性。当我们决定早上开车去上班的时候，我们不会想到自己无法安全到达公司，即使驾驶过程中有受伤或死亡的可能性，这也不会改变我们的想法。我们还是会去上班，会去做那件事然后取得成功。我们在进入汽车的时候并不会因为害怕而退缩，我们不会像即将走向死亡那样感到紧张然后牢牢地抓住方向盘。除了顺利地开车前往目的地以外，我们并没有其他想法。

因为经验和技术的使用，除了安全驾驶以外的其他可能性在我们对危险的评估中被消除了，我们长时间的驾驶经验降低了驾车的风险，让那些风险看起来极小。现在，我们知道这些风险都是真的，我在上面所提到的那些情况也是真的，但如果我们要对每一个潜在危险都做出反应的话，没有任何人可以开车，所有人都只能呆呆地站着轮胎前。所以，即使我们意识到了潜在的危险，我们的思维依然会认为这是一段安全的行程。

展现思维模式的力量。我们要如何拥有如此自信且有力的心理状态？我们已经接受训练也做了充足的准备。首先，我们学会了怎么开车，开了几千英里的路程；我们也许有过一两次险遭意外的经历，可能出过车祸；然后从这些经历中吸取了教训，学到了很多。因此，当我们掌握控制权的时候，开车就不再是一个疯狂的行为了。

同样，当我们要进行一场强有力的辩论时，我们做好了准备，我们知道自己的案件，清楚自己的论点，我们对一切都很熟悉，所以对论点的陈述就会像开车一样变成一个自动的行为。我们就辩论所需的学习和了解就像我们学习驾驶、换挡、踩刹车一样；我们知道并遵守辩论的规则就像我们遵守交通规则一样；我们会分析前方可能出现的交通事故，然后选择一条安全的路线到达我们的目的地，同样，我们也会在辩论之前进行分析，然后制定应对的方法。

在公路上和在辩论中一样，存在各种各样的角色，我们在公路剧本中扮演英雄，也就是善良的人。不信的话，你可以看看当有人开着车突然插到我们前面的时候，我们会做何反应。在我们的世界里，唯一与我们有关的车就是那些我们会遇到的车，我们处于自己世界的中心，不允许任何人撞上我们，我们只允许自己安全地到达目的地，没有其他可能。而且我们做到了，每天都做到了。安全行驶上万英里简直是一个奇迹，而这个奇迹只是我们思维模式的产物。所以，这样的奇迹同样能发生在我们的辩论中。

成就一场有力的辩论。试着将有力的论点组合起来。假想我们是在学校董事会面前，为我们因犯错而被开除的孩子辩论，希望能让他复学。

当我们处于“坏人”的位置时。事实是这样的：在兰姆老师讲课的时候，男孩吉米在教室后面制造骚乱，和莎莉大声讲话，发出大笑。老师停下讲课，叫吉米到教室前面来。吉米违抗了他的命令，当他尴尬地站着，等着老师说点什么的时候，老师什么也没说，吉米就这么一直站着，老师也一句话都不说。最后，兰姆老师说：“既然你现在那么想说话，何不告诉我们刚才你在跟莎莉说什么？”

男孩把手揣在口袋里，脸上露出尴尬的笑容，没有回答老师的问题。他不知道怎么回答，因为他刚才在和莎莉讨论关于约会的事。

“告诉我们，”老师要求道，“你们刚才在说什么？”

“什么也没说。”吉米回答道。

“好吧，你们刚才说的一定比今天的课程重要很多，否则你们不会打断我们上课。告诉我，你们刚才谈论的事到底有多重要？”

“我们什么也没说。”吉米再次回答道。

“我们不接受这样的答案。”老师说，“你们已经打断我们上课了，所以现在你要告诉我们你和莎莉刚才在说什么”。

男孩依然什么也没说。

“嗯？”老师说，“快说吧，我们都在等着你”。教室里开始有了窃笑的声音。

还是没有答案。

“你到底和莎莉在说什么？！”老师大吼着问他。

最后，吉米低声脱口而出：“我跟她说了什么不关你的事。”

兰姆老师提高了他的声音：“当你影响到整个班的人上课的时

候，就关我们的事了。我们有权利知道到底是多么重要的事可以打断我们今天的课程。”

“对我来说它更重要。”男孩抗议道。

“好啊，那就说给我们听听吧。”

“不要，”男孩的脸变得通红，“这是我和她之间的事。”

“既然这样，我们或许应该把莎莉也叫上来。我可以请莎莉上来吗？”莎莉努力地趴在桌子上降低存在感。

“不要叫她上来，”男孩说道，“这不是她的错。”

“上来吧，莎莉，”老师说，“他不愿意告诉我们他说了什么，也许你可以。”

“别叫她上来。”吉米说。

“上来，莎莉。”

“我说了，不关她的事。”

“莎莉，马上到讲台上来。”兰姆老师要求道。莎莉站了起来。

这时，吉米吼道：“你去死吧！”然后大步走出了教室。

之后吉米一个星期没有回学校上课，也拒绝向老师道歉。校长没有其他的选择，只好开除了他。按照学校的规定，除非学校董事会基于正当理由同意不开除他，他才能重现回到学校上课。后来，事件平息下来了，吉米也想要道歉，重新回到学校上课。他想继续他的生活。

我们必须仔细思考这出闹剧中的角色分配。我们不能认为深得学校董事会信任的老师是坏人，否则董事会——最终的决策者——会选择庇护老师而拒绝学生的请求。虽然我们通常想要扮演“好人”的角色，但我们必须认识到学校董事会和老师们已经扮演了这个角色。

吉米确实没有选择，但他的行为让老师们也没有选择。当他说出让老师去死，并走出了教室的时候，老师在教室里的威信力受到了威胁。结果只会是他道歉或被开除。而当吉米拒绝道歉的时候，他剥夺了学校的其他选择，只能开除他。

那我们应该把谁认为是坏人的角色呢？客观环境才是。当有能力、有威信的老师与自负敏感的学生发生冲突的时候，客观的情况总会影响案件的结果，无论老师还是学生都是客观环境下的受害者。我们不能扮演英雄的角色，因为老师已经占据了“好人”的角色，于是我们把自己和老师看作是客观环境的受害者。通过这样的方式，在老师处于“好人”位置的时候，为自己找到可以辩护的空间。

一切有力的辩论都应该从权力出发，我这里所说的权力，是指辩论必须从促进理解或认可的角度出发。我们必须是正确的，或是说正义必须在我们这边，我们必须是寻求救赎的失败者或含泪挣扎的受害者，我们必须激发别人的钦佩之情，或至少是尊敬、理解或是同情——后者是最弱的权力位置。（我经常会对陪审团说，“不要同情我的委托人，他不需要同情，他需要的是理解。他想要追求的正义而不是同情”）

因此，我们可以像下面这样为吉米辩护：

“尊敬的委员会成员们，（这时要用对话般的语气）当你们晚上回到家中，也许没有人会说你做的事是对的，没有人会赞扬你拯救了一个孩子的行为，没有人会因为你的同情心和智慧而赞扬你。但我现在想要谢谢你们，这是一个模范般的委员会，你们都拥有聪明、能干、有同情心的老师。兰姆老师是他们中最优秀的。”

在短短的开场词后，我们开始了辩论。虽然言语显然带有赞美，甚至有点儿高人一等的感觉，但它们为辩论定下了友好的基调，我们就已经与他们结盟了。委员会的成员们感到这不是一场严肃的会议，都松了一口气，这时辩论已经在胜利的路上了，在我们开始解释谁在扮演怎样的角色和原因之前，我们就已经赢了。那想一想，如果我们以下面这种风格开始辩论结果会是怎么样呢？

“你们都知道我今天为什么站在这里。你们中一位极为渴望权力的老师，就因为吉米没有当着全班同学说出他的隐私，将他开除了，所以吉米被迫离开了学校。”

现在继续我们的辩论：

“我是吉米的父亲，我今天来是恳求你们能再给我儿子一个机会，我祈祷当我们今晚离开的时候，吉米能再次成为贵校的学生。（坦诚地说出我们的想法）我相信兰姆先生已经告诉过你们，吉米是个好孩子。但问题是他为什么会犯这么恶劣的错误呢？为什么吉米和兰姆先生这两个善良的人之间会发生这样的冲突呢？（我们在努力让自己和兰姆先生一起处于‘好人’的位置）答案是兰姆先生和吉米都不是罪魁祸首，客观环境才是。”

“你们一定已经知道了事实，我们只需要简单地复述一下来告诉大家客观环境是怎样变成罪魁祸首的。吉米是犯了错，但这个错误是我们可以理解的。吉米想要和莎莉去看电影，这是不应该

发生在课堂上的事。但我们可能都忘了，他们是青少年。”（这个问题引起共鸣，也许会引起一阵轻笑）

“但兰姆老师有权让学生都专心地听他讲课。而当他在讲课的时候，有什么比一个在教室后面讲话大笑的学生更让人分心的呢？如果是为了惩罚吉米，让他感到一点羞愧和给班上的其他同学一个警示的原因，我认为吉姆老师把吉米叫到讲台上来的行为是正确的，孩子们无法在闹哄哄的环境里学习。”（这个观点直接、合理、坦诚，也真实可信。接下来的辩论从兰姆老师的角度出发，因此先发制人，主动避免委员会去从兰姆老师的角度思考。这个时候，如果我们再迅速进入正题，委员会将会带着认可和赞许来聆听我们的观点）

“但是环境因素干预了进来，由于他和莎莉窃窃私语这种情况，吉米无法做到毫不害羞地告诉兰姆老师他们刚才在说什么，而且他也不能泄露他和莎莉之间的秘密。另外，兰姆老师有权要求学生尊重他并遵守他的规定。在这样的情况下，他别无选择，只能强调他的规定必须被遵守，但吉米无法遵守。所以客观环境才是坏人。我相信哪怕是另外一百个优秀的老师，处于兰姆先生这样的情况下，面对另外一百个自负又行为不当的学生，结果也会是完全一样的。没有老师会做出让步，也没有任何一个有义气的学生会出卖他的朋友。”

这场辩论的核心要点已经出现了。“一切都是客观环境的错。”这里没有胜者和败者，只是有时会发生一些不幸的事情。这样的辩论会比下面这种情况好很多。

“但吉米就没有说话吗？难道不就是他在扰乱课堂秩序吗？”委员会中的一个成员问道。

“是的，他有讲话，但是他并没有对课堂秩序造成多大的干扰。只有像兰姆先生这种极度在意权力的人才会因为学生和他女朋友说悄悄话就把他从学校开除。”

在这样的情况下，委员会和吉米爸爸之间的辩论就开始了，委员会成员说：“我敢保证，当一个学生对你说‘你去死吧’，然后走出教室的时候，你也会把他开除的。”这个时候辩论变得更加激烈。但如果我们在最开始就大方承认我们有错，这场辩论就会直接结束了。

现在，辩论到了总结的时候：

“我只希望大家能给吉米一个向兰姆先生道歉的机会。吉米一个星期没有回学校上课，因为他为自己不礼貌的行为感到羞愧而无法面对他所尊敬的兰姆先生。吉米知道他做错了，也从中吸取了教训，他以后会成为一个让你们骄傲的好学生。所以，我想代表吉米，请求你们给他一个机会让他和他尊敬的老师面对面交流，给他一个机会去纠正自己的错误，给他一个机会吸取教训、获得成长。给他一个机会，你们不会失望的。”

这个结案陈词赋予了委员会权力，它不是自大的，它是在恳求委员会给他这个机会。它期许委员会满足吉米父亲的要求，让委员会感觉这样做是对的。我们都愿意做让我们感觉良好的事。这场辩论通过简单又直接的方式让委员会有了这样的感受，所以这场辩论会赢。

将这个结案陈词和另一种可能出现的陈词做比较。

“整件事情对于吉米都是不公平的，如果你是他，你也会叫兰姆老师去死。而且为什么他应该回到学校？是在全班同学面前受到更严重的羞辱吗？我认为兰姆先生欠吉米一个道歉，校长欠吉米一个道歉，而如果委员会不恢复吉米的学籍，你们将会在以后的日子里对吉米的教育负责。记住我的话！”

当老师处于“坏人”的位置时。但假设这个案件中的事实有一些变化，假设当吉米说“你去死吧”的时候，兰姆先生一时愤怒，扇了吉米一巴掌让他的鼻子流血了。那现在讨论的就是老师应不应该被辞职而不是学生应不应该被退学了。

假设我们是在这种不幸的情形下为老师辩护。让我们再一次分配一下这场戏中的角色。权力是在谁那儿？在这一系列事实下，权力发生了转移。老师处于了“坏人”的位置，而吉米，即使自己也有错，但仍可以处于“好人”的位置。决策的权力仍然属于学校董事会，但情感的权力——选择是否同情的权力，是属于吉米的，因为他被攻击并受伤了，而兰姆老师违背了基本原则——禁止虐待学生和使用暴力。

一个人如果违反了牢固确立的社会规则，他将会失去自己的权力。除非我们能使决策者感同身受，然后同情他。但是首先，我们必须自己先要同情兰姆老师。如果我们自己都不能同情他，我们也无法让别人同情他。

让我们进入兰姆老师的内心世界。问自己这样几个问题：如果你作为一个老师遇到每天顶撞你的学生你会怎么做？如果你当着全班的面被挑战权威你会是什么感受？那样难道不存在危机吗？如果这种挑战没有马上被制止，老师会不会失去对班级的控制？如果你看见学生将老师打伤了，你会怎么做？这里同样存在危险。

我们如果站在兰姆老师这边进行调查，我们会发现，在很多学校，学生反抗学校的战争一直发生着。它是一场不幸的战争，但像所有战争一样，它也会造成人员伤亡。

我们的问题要揭示出虽然兰姆先生的行为太过激烈了，但也是可以理解的。他的权威受到了挑战，他遭受到了公开的敌意、极度的不尊重。老师是做得不对，但他们也是人啊。

后面的问题可能会揭示兰姆老师的兄弟或朋友曾经在街上被一群小混混打死，而现在这群小混混每天威胁着学校的纪律和安全。兰姆老师可能因为艰难的家庭环境而筋疲力尽了，他的妻子威胁要离开他，孩子重病需要的医药费开销越来越大，而债主不停地在催债，没有比债主更凶狠无情的人了。我们总能在一个人的生活中找到一些可以减轻情节的情况，这些可以用来解释这个人的行为。

兰姆老师因为他的坚强，在学校很受尊敬。他以公正闻名，但他对怀有敌意和暴力倾向的学生毫不留情。最终，他的处事原则被证明是维护校园和平最有效的方法。在教室里，兰姆老师虽然严厉但很公正，为其他老师树立了一个好的榜样。他的方法得到了委员会的支持。

现在我们已经超越了所谓的案件事实，从兰姆老师隐藏的内心深处来看待这个案件，这样，我们才能更好地为他辩护。或许我们甚至可以在不把吉米当作坏人的情况下，勉强把兰姆老师塑造成一个英雄；或许我们可以让兰姆老师与学校董事会站在同一边，再次让客观环境成为坏人。记住，客观环境是无法进行反驳的，毕竟它无法在委员会面前陈述观点。

假设我们将重点放在兰姆老师的处事原则来开始为他进行辩护，这是案件中对他最有利的部分。这个原则不仅受到了委员会的赞美，而且被整个学校模仿。以前，也有一些老师打过学生。有一个老师曾当着全班的面摇晃学生，曾经还有一个老师真的打了一个叫她“蠢货”的学生。学校董事会和老师们都对这些事情很熟悉，而他们都默许了。根据这个附加的信息，我们可以用一个故事来进行阐述。其实有很多这样的故事，下面是其中一个：

“当我看到兰姆老师的时候，我想到了一个上战场的男人的故事。他已经被授予了中尉的头衔。在经历几个月持续不断的战争和敌人猛烈的攻击后，他打了一个在他下达命名后咒骂他的士兵。后来，这个中尉被告上了军事法庭。他为自己辩护说：‘这是在打仗，这个士兵咒骂我，我必须要维持阶级秩序，否则在敌人突然进攻时，没人听我的，我们都会死。’无论在战争时期还是和平年代，我们都必须获得士兵们的尊敬，如果我们除了打他们以外没有其他办法获得其尊重，那也许我们不应该担任领导。”（这句随口的评论让我们先于对手作出论述，让对手没有什么可以说的了）

“但中尉是一个好中尉，士兵也是个勇敢的士兵，虽然中尉反应过度了。”(又一次以退为进)“但他也有可取之处。他忠诚、服从命令、富有同情心，受到优秀士兵们的喜爱。”(注意：他受到优秀士兵们的喜爱暗示了那些我们不能直接说出来的话——那些不喜欢他的士兵并不是优秀的士兵。对手无法对这个潜在的论点做出回应，因为我们并没有直接讲出这个论点)“这个中尉是他们区的楷模，虽然他严厉苛刻，但他很公正。如果中尉在战争高压下的所作所为受到严厉惩罚的话，就会让他们区的其他人士气低落，秩序混乱。”

一个明智的、富有同情心的军事法庭可以理解他们的中尉不是完美的，他也承受了极大的压力，理应被理解。同样地，正如军队期待他像常人一样对待自己的部下，军事法庭也应该像对待常人一样对待中尉。军事法庭意识到了他对于整个军队的价值，他们理解正是这非常独特的性格让他成为了一个好的将领，但也是这样的性格让他陷入了困境。委员会在将中尉的正面作用与他在压力下一次过激的行为进行权衡后，适当地谴责了他，然后撤销了此案。

“当然，我们不是军队，我们也没有处在战争之中。”(评论再次让对手无话可说。“我们没有处在战争之中”这种说法给了委员会反驳的机会。他们自己会认为自己其实是处于战争之中，这样，我就不需要亲自把战争当作理由提出来了，也就达到了更好的效果)“但是在我们面前的是一个非常人性化的老师，他是我们学校很多老师的榜样。他曾在一些重要的场合受到了委员会很大的尊重，而且他也有很多可取之处。他对你们很忠诚。他会为他造成的错误、为给吉米带来的痛苦和给你们带来的困扰而感到悲伤。

他会从中吸取教训，成为一个更好的老师。”（承认对吉米的关心和对委员会的忠诚，着力于消除关于兰姆老师和吉米之间谁对谁错的争辩，让兰姆老师和委员会处于同一立场）

现在这场辩论可以快速进入结论环节，委员会会接受他们优秀又忠诚的老师，会谴责客观环境，会让辩论双方从中吸取教训，最后只是对兰姆老师进行适当的责备。而如果是要责备吉米，这个决定应该是由委员会独立作出，完全不受兰姆老师一方的任何影响。

例子中的两场辩论，第一个是从吉米的立场出发，第二个是从兰姆老师的立场出发，它们都进入了两人的内心深处。因为一旦我们了解了他们的内心世界，我们才能开始同情他们；当我们开始同情他们的时候，我们就有了让别人同情他们的能力。同情心的力量是不可战胜的。

所以：我们已经知道了一场精彩又有力的辩论所需要的十个要素，我们也知道了如何站在有力的立场；我们也学会了在心有疑虑时选择进攻；同时我们也知道了什么时候一定不能进攻；我们懂得了不仅要进入当事人的内心，还要进入其他人隐藏的内心深处；我们还知道了爱就是力量，同情心是会蔓延的。

当我们有了这些知识，学会了如何准备、如何表达观点、如何去感受、如何表现的时候，我们已经进行了一场有力的辩论，而且辩无不胜！

3

第 三 部 分

爱 与 战 争 中 的 辩 论

第十三章｜爱情中的辩论

——爱与战争

『门锁一：如果你不捍卫你的权利和你想要的东西，如果你不坚决反对并做出抵抗，他们就会像卡车压过小白兔一样从你身上碾压而过。你必须要为了活下来而斗争。』

『钥匙一：神奇的是，在爱情关系中的辩论，如果你想要赢，就必须先学会输。』

有些人说，要写一本怎样在家里赢得辩论的书就像在写小说。在家里辩论是一项难度极高的技术——甚至可以说是一门精美的艺术。如果你掌握了这门艺术，你的成就将会超过那些发了大财的人或获得永久名誉的人。我知道许多大企业家都在与家人辩论这门艺术上非常失败；我知道很多明星在家里甚至赢不了一场简单的争吵。就像他们家门口释放了神奇的消极能量，把那些厉害的人都变成了呆板的哑巴或是胡乱说话的疯子。

我认识一些像克拉伦斯·达罗那样能言善辩的律师，但当他们走到家门前，就突然变得阴郁沉闷；我认识一些能在工作中一直保持沉着、聪明理智的女士，但当她们一回到家中，就突然变得精神失常神情恍惚，或是像精神病一般地发怒。就好像家不是一个避难所而是战场；好像住在这个家里的人患了不可治愈的炮弹休克症，都是创后应激障碍的受害者。如果在家无法掌握这门难懂的辩论艺术，爱情就会像花园里中毒的罂粟花，很快枯萎掉。

没有老师教导我们怎么处理人际关系；学校也没有课程教导我们怎么生活、怎么去爱、怎么经营一段成功的感情；也没有一门课叫“结婚前要知道的 101 条”。爱情关系最好的状态，是将两个人的能量神奇地融合，从而激发神明赋予人类的潜能。而在最差的状态中，爱情就像奴隶制，是一个圈套、是可怕的地狱。但无论是爱情最好的状态还是最差的状态，这段关系都是从拥有自我开始的。

在一段爱情关系中保留自我。我们要怎样做才能建立一段成功的爱情？有人告诉我们必须把自己交给另一半，但我想说，永远不要丢失了自我。那个独一无二、无可比拟、永存的、至高无上的自我！因为自我，你我才与世界上其他任何人不同，而这比其他任何我们带入这段关系中的事物都要更加珍贵。记住千万不要丧失了自我。

试着将最好的自我形象化，你能看到它吗？把它变成一件你可以拿在手上的东西——可能是一个茶杯，在这个独一无二的茶杯里装着你的灵魂，装着你个性中最与众不同的东西——你的爱情，你的创造力，你特殊的经历，你独特的智慧，你分手或是生气的方式，你的不安全感、恐惧感，所有的东西都装在你的那个杯子里，你现在能看见那个杯子了吗？

假设你现在开始了一段恋爱，你把装着自我的那个杯子带进了这段关系。但你的另一半也一样，他也是独特的、无可比拟的。诚然，他可能会挤占你的空间，但如果他没有在这段关系中保持自我，那这段关系会是空虚的，他就没有为这段感情带来任何东西。

但自我、整个杯子、里面装的所有特质，都必须成为进入一段感情的代价吗？我们能否理解，如果一个人必须抛弃自我的时候，这段感情就不存在了？我们能否理解，如果一个人抛弃了自我，那我们只是和那具没有意识的躯壳在交往。

我一直在声明，我不会把抛弃自我作为我维系一段关系的代价，我不会为了让我的同学、老板、朋友或委托人接受我而抛弃自我。我会很愿意付出我那个杯子里的一些东西，如爱、忠诚、精力、创造力或奉献精神，但我绝不会放弃自我，因为没有了自我，我们将不会再有自由意志；我们将无法感受自发性的魔力；我们将无法再感受自我的神秘与珍贵。自我就这样消失了。

我们经常会疑惑，我们到底对别人付出的是我们的爱、忠诚、创造力、劳动力还是自我。一个没有自我的员工，他做的所有工作都可以被机器所替代；一个没有自我的爱人，他的所有行为都可以被其他人替代；这个装着你自我的杯子被别人拿着，很快它就空了。这个时候你才开始意识到：对于你来说如此珍贵独一无二的东西，在别人看来却是可以被消耗又没什么用的。

恋爱关系有点像是简单的商业合作关系，两个人之间并不是所属关系，他们相互尊重，他们为这段感情付出努力、关心、忠诚和创造力，但他们绝不会变成同一个人。如果一个人的意志填满了另一个人的意志，那这段关系就会被破坏，只剩下那个占支配地位的人和他的仆人，他们之间变成了主人和奴隶的关系。当另一个人被剥夺了意志，这段关系就不存在了。因为如果我们要定义一段关系，这段关系中至少要包括两个能够独立思考的人。

获得胜利反而输掉战争。了解了恋爱关系的本质之后，我们也知道了想要将自己的意志强加给别人的行为，其实是在对这段关系发起进攻，让恋情处于危险之中，因为当一方的自我意识减弱时，这段关系也会开始变得脆弱。一方赢得战争的程度，等同于另一方退让的程度，相应地，赢的一方反而输掉了同样多。

这场输掉的辩论可能会像下面这样进行：

“我想以我的方式来处理这件事，你必须让步。我的意志就是我们的意志，我的想法就是我们的想法。”

“好吧，我让步。我不会再有自己的意志了，你的意志就是我的意志。”

“我很开心你用我的方式看待问题了。”

“是的，我的主人，我听从你的指挥。”

“如果我有控制权，我要求你跟我说话。”

“我的主人，你想要我说什么？”

“随便说点什么！”

“主人，你要告诉我我应该说什么。”

“说话！”

“好的，主人。”

“为什么你要这样对我？”

“主人，你想做什么都可以。”

“天哪，你说点什么做点什么吧！不要再对我阿谀奉承了，我受不了了。你成为某个人吧！你这样让我感到很孤独，你知道我有多孤独吗？”

“主人，你有我啊。”

“我感觉不到你的存在。”

“主人，我就是你。”

精通退让的艺术。爱情关系中的争吵，就是希望从这段关系中获得我们想要的，它需要策略。而这个策略需要建立一个先后顺序，什么是我们最想获得的东西？

我们想要爱与被爱，难道不是吗？我们想要快乐、想要有安全感，我们想要获得成长、去发现新的东西。恋爱就像花园，我们在这里播种养育，最终我们收获了最为珍贵的果实——自我；我们的另一半也在同样的土壤中成长成熟。如果这是我们想要的，那只有傻子才会想要去控制这段关系，这会让我们想要的变得遥不可及，因为控制和爱，或是说控制和一段成功的关系，是相互对立的。

所以，她想要去音乐会听乐队演奏巴托特的曲子，而他讨厌交响乐，尤其是巴托特。但一个傻子都知道，只要在听音乐会的这两个小时忍住了抱怨，就可以让女朋友高兴。付出小小的代价，轻而易举就能让对方高兴，哪里还能找到比这更容易的事儿呢？同样情况下，如果双方因为意见不合而开始了一场争吵，让婚姻充满了敌意和暴躁，一方必须要恳求对方的原谅才能重归于好、重回家庭的幸福。相比之下，如果一开始就同意去音乐会，难道不是更好吗？

如果在爱情关系中辩论的艺术就是从这段关系中获得自己想要的东西的艺术的话，那么有一条规则将会永远起作用，一条像是“有起必有落”一样基础又无可争议的规则。简单地来说，就是只有当别人也从这段关系中获得了他想要的东西时，你才能从这段关系中获得你想要的。当两个人的需求相冲突的时候，辩论的艺术就应该像蝙蝠侠一样出现，来维护家庭的安宁。

在我超过四十年的婚姻生活中，除了九天以外，我其他的所有时间都和我的妻子在一起，我可以证明前面所说的都是真的。因此，我努力探索，已然成了一个精通退让艺术的专家。而我要多说一句的是，我所经历过最成功的那些退让，都是自己愉快地策划出的。对我来说可以简单归纳为：要想在家庭的辩论中取得胜利，你必须掌握退让的艺术。

控制欲，潜在的危机。我们已经知道在战争中，控制权是取得胜利的关键。但在恋爱关系中，控制却是危险的野兽。它就像是一只巨大的鳄鱼潜伏在水面下，只露出圆滚滚的眼睛，它的眼睛直勾勾地盯着，寻找着机会突然跳出去杀戮吞噬它的猎物。最后，想要去控制一切的强烈欲望将会入侵任何一件哪怕最小的事情。鳄鱼在水中等待，一旦有任何东西掉入水中，它都将开始攻击。

为什么我们总是想要控制？我们降临到这个世界上时，赤身裸体，除了一些最初的感觉，什么都没有。但我们马上被教育要穿上衣服，隐藏感受。“控制你自己。”“不准生气！”“不准哭！”“安静一点！”“叫你说话的时候你再说话。”“只有弱者才会害怕。”从很早的时候我们就被强迫要控制自己的情绪。你见过有哪一株植物在太阳都照不到的木板下长得很好吗？它的生活和成长都受到了压迫。它小小的枝桠变得像意大利面一样苍白又扭曲，我们不敢让这脆弱又扭曲的嫩芽暴露在外，因为它再也不能承受太阳的照射。

这种控制也会出现在我们的精神上，在这种控制下，我们的情感扭曲变形，极度渴望释放但又害怕释放。我们的创造力被粉碎。我们渴望着阳光，渴望情绪能够得到表达。人格也正在渐渐消失，我们只会傻笑，脸上仿佛戴着口罩，掩饰我们悸动的情绪。我们在伪装自己，也必须伪装自己，因为我们不敢做自己。就像那株脆弱扭曲的植物不能被暴露在阳光下一样，我们也迷失在那块遮挡阳光的木板之下，因为永远不能看见真实的自己。我们不知道自己是谁，我们深感绝望。于是，我们想要控制的欲望愈发强烈，甚至变得病态。控制的欲望让我们变得神经质，变得惶恐不安，变得贪婪。侵略性和与随之产生的控制欲是人类对抗死亡的斗争，而惊慌失措的人在与死亡斗争的过程中，失去了自己的生活。

把控制作为武器。在恋爱关系中，控制力并不是合适的武器，爱才是唯一的武器。控制欲，就像西方枪手手里珍珠柄的左轮手枪，悬挂在两人心里触手可及的地方。但回家之前，在门口检查你的控制欲，把它抛在门外，让自己卸下武装后再进入这段关系。

你拥有这个武器，但你把它抛在了门外，你仍然可以做自己，而他人也可在恋爱中不再畏惧。

你能想象如果不这样做会是怎样的场景吗？你能想象他们每天晚上睡觉时都会在腰上别着左轮手枪吗？

“晚安亲爱的，我爱你。”他一边说着，一边轻轻地抚摸他的手枪，确保他还在手枪皮套里。

“晚安，”她一边回应道，“做个好梦。”一边转身将大拇指放在了一个铁锤上。

通过放弃控制来把握爱情。每个人都有权利去反对，也都有权力表达自己的观点。正是他们的不同才让他们成为自己，才让他们变得更加美好。婚姻中最常见的问题——我们去哪儿度假？我们要怎么用这一笔钱之类的其他所有问题——都完全不是问题。婚姻中潜藏着的无时不在的问题就是：谁有控制权？当你仔细观察，你会发现控制欲存在于恋人间每一次争吵之中。

在我更年轻的时候，我想要控制的欲望比现在还要强烈。它来源于恐惧，当我不相信别人时，当我害怕别人会伤害我时，当我不敢放手时，当我在心底缺乏安全感时，想要控制的欲望就会变得十分强烈。但当工作更多地挤占了我的生活时，我发现我既没有时间和精力，也没有能力再去控制每个人、每件事。

我可以告诉你很多悲伤的故事，这些故事让我懂得了现在所讲的道理——掌握控制权和拥有一段美满的婚姻是矛盾的。但当有一天我终于意识到我不再需要控制她，也不应该控制她，事实上我也不能控制她，否则我们的婚姻就会遭到破坏的时候，我们的婚姻才算真正开始了。

如果一个人能控制别人，那他只是维持了一段和自己的关系，就像是手淫取代了婚姻。另一半变成了自己的傀儡，而傀儡师也只是和他自己维持了一段关系。这是多么的不可思议啊！当一个人控制了婚姻的时候，婚姻根本就不存在了。

关于这个认知，并不是我顿悟出来的，而是一点一点形成的，它慢慢地渗过了思维的边界，多次被遗忘，又多次再次习得。这个认知经历了怒火与眼泪，直到有一天，我终于获得了它，获得了主要部分。但直到现在，有些时候我依然会运用失败，而现在的失败也会更加的痛苦。让我羞愧的是，过了这么多年，经历了这么多痛苦的学习，作了这么多郑重的决定，决定永远抛弃控制的欲望，但有时我仍会屈服于婚姻中的野兽，那头想要控制的野兽永远也不会死去。

通过抱怨来控制。我经常会感到很惊讶，我的妻子伊麦琪从来不对我抱怨。我有一次问过她："你为什么从来不对我抱怨呢？"我们的生活中其实有很多值得抱怨的事。我指的是那些不断出现的烦心事——被扔掉的衣服、厕所的马桶圈、牙膏的盖子、睡觉打鼾的声音，那持续不断的鼾声甚至都可以把鸡舍的屋顶震下来了。她惊讶地回答说："为什么会有人去告诉一个成年人应该做什么呢？"是的，我有什么权利去控制另一个人的生活？她很早就知道抱怨其实就是一种想要控制他人的神经质欲望。抱怨唯一的来源就是神经敏感和缺乏安全感。

不去控制别人经常被误解为没有能力控制别人；摒弃控制的

欲望通常被误解为放弃了这段关系；没有很好地控制别人被认为是一种失败。但在婚姻之中，控制与能力、成败甚至和男子气概都没有任何关系。神奇的是，爱情关系中的一切都是反其道而行之，恰恰是有能力、能成功、有男子气概的人才能懂得不去控制。

27740 次晚餐。让我们想象在一段关系里，两个人都具有很强的口头战斗力，而且他们俩都特别渴望控制权。女生说她很累，想要去乔治小馆吃晚餐，男生说他也很累只想待在家里哪也不去。很显然，其中一个人必须妥协，输掉这场口头战役。但事实却是：今晚这顿晚餐只是一个人一生中大约 27740 次晚餐中的一次。如果这是他们在一起吃的最后一顿晚餐，我敢保证他们就没有人会发牢骚，他们之间也就没有冲突，没有谁想要控制谁了。这顿晚餐将会非常甜蜜温馨，他们会面带微笑、充满爱意，眼里饱含泪水、满是温柔。

一个人无法做到把每一次会面都当作是最后一次。最后一次开车回家。最后一次给你的爱人买一条裙子。最后一次带她去听一场对你来说可怕的音乐会，你穿着正式的礼服，全身僵硬，耳边演奏着不连贯的巴托特乐曲，对你来说如此刺耳，你的裤子被汗水浸湿，在位置上坐得浑身发痒。

想想吧，人的一生都要经历接近 27740 顿晚餐，只有一个大傻子才会因为想要决定他们每顿吃什么而破坏这段婚姻。但假设两个人都极度想要控制对方，他们之间的争吵，就像是鹅卵石掉进了污水池里，表达着自己最低级的不满。

男生：你总是想要出去吃，你认为我们很有钱吗？我的意思是，去乔治小馆吃一顿的钱够我们去超市买一个星期的食物了。

女生：（疲惫又生气）你眼里就只有钱，你从来不关心我。你的最爱就是那些该死的钱，你是和我结婚了而不是和美元结婚了。

男生：我希望你能知道，是因为那些该死的钱，你才能去乔治小馆吃饭。

女生：我和你一样一整天都在工作，我赚的钱也不比你少。我不是你赚钱的机器，我工作一整天不是为了劳累地回到家还要给你做晚饭。

男生：如果你每次想要花钱的时候我都同意的话，我们早就破产了，你要打三份工才能付得起你想买的那些东西。你为什么就不能控制一点呢？只要你节制一点，我们就能生活得更好了。

女生：你不要污蔑我花掉了家里所有的钱，你个混蛋。（当开始骂人的时候，争吵降到了一个更低的层次）难不成是我买了新的高尔夫球棍？还是我想和男生们去巴哈钓鱼……

男生：该死的！等等，那我们就来说说这个。每次我为自己花点钱，你就不开心了。我偶尔打打高尔夫球开心一下你也不爽；就因为我去巴哈钓鱼了而没带你去他妈的维尔京群岛兜风你就一直耿耿于怀。所以你现在要进行报复了吗？所以你要用完我们所有的钱来报复我吗？你真是疯了！你完全就是个疯子！（他也和她一起到了一个更低的层次）

女生：你为什么会是这样的不可理喻！你还好意思说我疯了，我劝你把你的脑子从屁股挪回到脖子上。你觉得我疯了？你怎么不想想看之前你说我妈妈就是个从地狱里跑出来的女巫，就因为她想让你带我们去乔治小馆吃个晚饭，你那还不够疯吗！你就是个彻头彻尾的吝啬鬼、守财奴、笨蛋，吹牛都吹到乔治亚去了！（此时发出了致命一击）我恨不得你痔疮流血过多而死！

男生：你这个下贱的长舌妇，这将是我最后一次这样受你侮辱。（他摔门而出。他被打败了）

女生：你有本事永远不要回来了！（她也被打败了。她一边大叫着一边跟着他走到门口，他用力摔上门，她又再次打开，大吼着）我改变主意了，你可以回来把你的衣服全部打包带走，废品回收站都不会要它们。

（他扔掉草坪上狗拖出来的一根木头，消失在了视线中）

女生：我会报警的！

男生：你最好不要报警。他们可能因为你是世界上最丑的泼妇而把你抓起来。（他说出他认为的结束语，吼叫声消失在了夜色中）

（这时，邻居们都从窗户往外看。狗开始吠叫，草坪上的青草在这种糟糕的情景中变为棕色，天空发着深紫色的光）

战场充满了鲜血和战争，充满了伤残和死亡，充满了担架和装尸袋。家不应该被认为是战场一样的地方。在家里，并不是那个说出最长、最恶劣、最具侮辱性的话的人就赢得了战争的胜利。可悲的是，因为无谓争吵而破裂的家庭比被炸弹炸毁的家庭还多；在家中感到无家可归的人比在大街上的流浪汉还多。

在家庭争吵中取得胜利的那个人并不是真正的胜利者。一个深爱妻子的人怎么会要求他妻子疲倦地回到家以后还去为他做饭呢？曾有人很讽刺地说："家是五五分的：丈夫告诉妻子要做什么，妻子告诉丈夫要去哪里。"在恋爱关系中，真正胜利的辩论通常是那些根本没有发生的争吵。

事实上，恋爱关系是建立在爱情之上的，很明显，控制并不是爱啊。

爱，取得胜利的因素。上面例子里的那个丈夫坚信他的妻子对于消费非常不理性，这会让他们在经济上崩溃。而他认为妻子之所以这么做是为了报复他在自己身上花了钱。因为害怕和不信任，所以他想要控制她。他们争论的关键不在于去哪儿吃饭，而是他的恐惧和不信任。另一方面，妻子则认为她的丈夫是一个麻木又自私的伪君子，他一点儿也不尊重她，他怎么能为他自己花那么多钱却不愿在她辛苦工作一天之后带她出去吃个晚餐呢？因为感觉到被利用而感觉不到爱和感激，她想要控制他。争吵都不是基于自己想要从对方那儿获得什么，两个人都沉浸在过去的怀疑与仇恨之中，渴望控制对方。

这场混战的关键问题并不是他们俩应该在哪儿吃饭，而是要怎样把对方的心挖出来。他们的目的是在这场可怕的口头战争中，通过激动的情绪去污蔑对方。如果这件事中有爱，那就算是一起在汽车道旁吃野餐，他们也会很快乐。

要知道你们争吵的东西到底是什么，是因为买了一辆新车还是只为过去的铺张浪费而争吵？是因为换了一个新工作还是因为猜忌或没有安全感？在恋爱关系中，爱才是最根本的问题。爱情中很多的战争不是关于表面上争吵的那个东西，表面上争吵的只是引发这场战争的借口。因为没有借口，战争就打不起来。

渴望给爱人想要的东西难道不是爱一个人自然而然的结果吗？在恋爱中，给予了爱人想要的，也就满足了我们自己，照这样说，我们也就赢了这场战争。当你爱着对方时，有什么需要去控制的呢？当你放弃了想要去控制的冲动，你就掌握了退让的艺术中最重要的一步；相应地，你也就掌握了成功的艺术中最重要的一步。我想再强调一次：要想掌握家庭辩论的诀窍，就要学会退让的艺术。要想赢，必须要先学会退让。

用哭作为武器。飓风的核心部分即哭泣。一般只有两种哭泣：想要被听到的哭泣和不想要被听到的哭泣。不想要被别人听到的哭泣只是一种释放痛苦的合理方法，而想要被听到的哭泣则是争吵中的另一件武器。好像哭着说："是你把我弄哭的，现在我要让你感到愧疚，我要把你对我的伤害统统还给你。看看你对我做了什么！我在哭，如果你不做点什么的话，我会一直哭下去。我会一直哭到地球离开轨道进入黑洞，或者至少哭到明天早上。"对很多人来说，看着别人哭是一件很痛苦的事。也许我们经历过惊醒小孩的原始恐惧感，或者还记得妈妈第一声害怕的啜泣。

看似输掉的争吵，其实你赢了。在上面的例子中，当晚最开始双方想要的东西是相同的，他们都想要一顿很棒的晚餐，表面上，都想要和对方在一起。但要想赢得这场争吵，唯一的方法就是其中一个人掌握退让的艺术，虽然很难，但很有用。

那么这场争吵就可以简单地变成下面这样的模式：

“亲爱的，我感觉我要累死了，我们今晚能去乔治小馆吃晚饭吗？”

丈夫仔细看看妻子的脸，感觉到了她的筋疲力尽，于是说：“当然了，宝贝，你今天工作一定非常辛苦。”在这个时候，他已经认输了——而且他赢了。

然而，他的观点也有可能还会继续：

“但我有点担心。”

“为什么啊？”妻子看着丈夫，听他想要说什么。

“我们这周的经济状况有点紧张。”如果妻子也懂得退让的艺术，而且同样致力于维护这段感情的话，她会相信她的丈夫是真的很担忧。“我就在想，”丈夫继续说道，“今晚我可不可以带你去吃塔可钟（无辜地笑）？下周再带你去乔治小馆吃饭？”当他看见她将要接受他的提议时，他补充道：“吃完饭以后，我们可以回家，然后……”他给了她一个意味深长的眼神。

“好吧。”她好像从地狱里活过来了一样，然后他们一起去吃了塔可钟，虽然不知道他们下周会不会实现今天许下的承诺。

现代心理学家把这种方法称为“双赢”的解决办法。但在婚姻中，往往因为两个人都想赢，反而造成了“双败”的局面，因为表面上的退让总会有所回报的。

生活稍纵即逝。我们的生活总是稍纵即逝，通常在作决定前并没有机会反复思考。当妻子说她想去乔治小馆吃晚饭的时候，丈夫不可能说：“我会好好考虑一下，下周再告诉你答案。”无论赞同还是反对，都是一瞬间的事。生活就像每个波浪的波峰，很快就会被拍碎在岸边。我们通常没有时间去分析所有影响结果的因素。因此，我们那些出于冲动、出于无意识的行为的决定，通常会造成永久性的影响。

对于信心的假设。既然我们没有足够的时间去分析所有会影响我们决定的心理因素，甚至，我们通常需要马上作出决定，因此我们必须作出适当的假设，这些假设是基于信赖而作出的。而在任何好的关系中，作出这些必要的假设是很安全的。比如：

- 对方是值得信任的。
- 对方是在告诉我们真相。
- 对方没有对我们隐藏什么东西。
- 对方并不是想要害我们。

作了这些假设之后，我们才能在适当的时机作出有利于我们婚姻的决定。如果你无法在爱情中作出这些假设，这本书对你来说就是不适用的，我只能建议你重新审视一下你的婚姻，审视一下你自己，或者去寻求婚姻咨询的专业帮助，如此之后，再作出相应的决定和假设。

在胜利中“相互适应”。我同意，婚姻中并不都是给予，而一本旨在传递辩论中有用信息的书应该更多地讨论婚姻中的辩论，而不是过时的给予、让步、放弃甚至奉献的观点。但我们都知道，每场辩论的策略是根据我们需要面对的人和需要达到的目标而制定的。我们不会像和我们伴侣吵架那样去跟法官或是陪审团争辩。某种程度上，辩论因为其作出的决定而变得不同。让我简单地解释一下：

在与法官或陪审团辩论的时候，作出的决定会是辩论的一方有罪或是无罪，但在恋爱关系中，我们谁都没有权力作出那样的裁决。我们不允许别人说我们是“下贱的长舌妇”或是“让人厌恶的混蛋”，我们不允许他人说我们是有罪的。相反，爱情中的辩论是让两个人彼此适应的工具而不是彼此评价的工具。

在我和伊麦琪结婚不久后的一天，我们要选一款卧室的墙纸，我们都不能赞同对方的选择，因为我和她的喜好完全不同，就像一个人喜欢苹果汁而另一个人更喜欢醋一样。当然，那时候我的口味还特别不成熟——这是不争的事实。我们发生了争吵，激动又大声地表达自己不喜欢什么，同时热情地表达自己的喜好，一副势在必得的架势。

“我喜欢这一款。”她说。

“这款看起来像病变肝脏的冰冻切片一样。”

“你怎么能这么说呢？这明明是一种可以追溯到威尼斯人时代的古典花纹。”

“威尼斯人都是近亲结婚，他们都是瞎的，后来瞎子也都因威尼斯而得名，记得吗？我喜欢这一款。”

“我死也不会挂那一款。”

争吵越来越激烈，突然伊麦琪用力把样书一合，大声说道：“这本书里有几百张样品，我们应该把精力用在找到一张我们都喜欢的样品，而不是用来讨论那些我们不喜欢的。”

我们就这样解决了这场争吵，最后找到了一款我们都喜欢的墙纸。后来，这本墙纸样品书成了我们解决无数不断出现的婚姻问题的一个象征，每当我们对于买哪个家具或去哪度假意见不统一的时候，我的妻子就会说："在墙纸手册里的样品可多的是呢。"

但如果是说"亲爱的，我想和兄弟们去蒙大拿州钓鱼"呢？这个时候，并没有很多的样品可以选择，妻子要么同意，要么反对。你已经可以听到通常辩论所用的有力策略要出现了，当然，它并不会起作用：

"我自己赚的钱，我想怎么用怎么用"，或是，"你怎么这么烦人？吉姆的妻子就很乐意让他出去玩，她说这是他应得的"。

试着去适应对方，试着去赋予对方权力。

"亲爱的，我想要和兄弟们去钓鱼，你觉得怎么样？他们准备星期四出发，在那儿待上一个星期。在麦迪逊钓鱼可棒了。"

"我以为我们要一起去旅游呢。"

"今年秋天落叶的时候去怎么样？我一直想和你一起去新英格兰看落叶呢。"

"好主意。那你走的这段时间我去看我妈妈吧。"

有些人会说，"继续做梦吧，这样的事情只会在小说里发生"。这样的对话，听起来可能很理想化，但它就是来自两位已婚的成熟人士。

另一方面，如果在他建议秋天他们可以一起去新英格兰旅游的时候，她说："你总是许下一些你永远不会履行的承诺。到了秋天你又会有其他的借口，你总是这样。"

对方想要控制的欲望总是与我们逐渐消失的信誉度相对应。

但我依然想说，放弃控制，让渡一些权力给别人。两个人必须要争吵的时候，只有一个人退让，这场争吵才会结束。

因此，他可能会说："是的，有时候我没有遵守我的诺言。"

也许她会说："所以你不需要给我承诺这件事。"现在又怎么办呢？

同样地，放弃控制。"好吧，亲爱的。"友好地说。

"什么好吧？"不那么友好的回答。

"好吧，我并不应该许下我不能履行的承诺，那一定给你带来了很多的困扰。"这句"一定给你带来了很多的困扰"就相当于"我理解你"或是"我知道你的感受"。她又获得了胜利。

允许他人获胜消除了控制的欲望。如果他站起来说："你就像一只圣诞肥鹅，满嘴的胡话。我哪次没有履行我的承诺了。"那这场辩论就失败了，婚姻也走向了地狱。当他站起来，像一只高傲的设得兰群岛小仲马一样一边摇着头，一边问出那个最傻的问题"我什么时候……"时，或许一本按字母顺序排列的、关于未履行承诺的参考书目，还附带着索引说明准确的时间地点，将会从地狱排山倒海地向他袭来。

但在他承认他未能履行的承诺确实让她伤心了之后，假设她不再说话了，这是一个危险的节骨眼。沉默。恐怖、可怕又无法猜透的沉默。她赢了，她的丈夫承认他确实没能履行他的诺言，而她想要的就是那样。然后又怎么样呢？

再说一次，学会适应，放弃想要控制的欲望。第二天，气氛缓和一些的时候，再次提起那个问题。"亲爱的，我想和兄弟们去钓鱼，你觉得怎么样？这是我们昨天没有解决的问题。"如果她说：

“我现在也不想谈论这个问题。”这个时候你的回应可以是：“好吧，那等你想要谈论这个问题的时候，能不能告诉我一下？明天早上之前我必须给朋友们答复。”假设她再也不提起这件事了，她是在实施控制，如果我们必须要描述这种控制的话，这是一种消极攻击型的控制。

如果到了需要决定的时间，她还是一句话也不提怎么办呢？你可以这样说：“我想要谈谈关于我旅行的事，你怎么看？”

她说：“我认为你先欠我一场旅行。”这个时候他必须要作决定，她是对的吗？她可能是对的，或许他确实欠她一场旅行，或许他已经和兄弟们出去旅行过好几次了。对她而言，他狡猾的承诺就像是最后一根稻草，压垮了她的信任。当他处于这样的关键时刻时，他需要做的就是倾听。或许他和兄弟们在一起的时候就给了她不信任他的理由；或许因为她自己的生活经历，她害怕一个人独处；或许她只是单纯的没有安全感，所以她无法放手。

如果他说：“好吧，无论你愿不愿意，我都要去的，你无法控制我的生活。”这只会让她极度想要控制的欲望变得更加强烈。无论原因是什么，他都需要知道，然后处理好它。

最后这句争论反映的是一段不太成熟的婚姻，彼此都不信任，双方都缺乏安全感。而婚姻对他们来说也并不是一个特别快乐的地方。也许两个人都被困住了，没有谁喜欢被束缚住。要记得：每种生物，包括人类，都会想要逃脱束缚。我能再次听见伊麦琪在说：“我们有什么权利告诉一个成年人他能不能去钓鱼呢？我又不是他妈妈。”这儿没有束缚，也不需要别人的许可，不是游戏，没有控制，剩下的叫作自由——爱情里的自由。

但自由和责任是一对连体婴儿。自由也需要我们负责任地作出选择，因为我们的决定通常会影响婚姻中另一方的权利和快乐。我并没有告诉你什么新知识。婚姻正如我祖父的骡子，老杰克和吉姆，它们被套在一起，当它们朝不同方向拉绳子的时候，就会互相牵绊。我曾看见杰克拼尽全力向一个方向推磨时，吉姆却往另一个方向突然用力，结果老杰克跪到了地上。

放弃控制，是不是意味着我们放弃了自由，失去了主动权，我们将会被操纵、被贬低、被利用、被消耗？如果另一个人不负责任怎么办？

我并不是说我们要放弃对自己的控制权，我只是说我们不要控制别人；我不是说我们每天都要让步、假笑、姑息妥协，我只是说我们不应该也不能把我们的控制欲施加在他人身上。

当我赋予他人权力时，我并没有放弃自己的权力。我作出了赋予他人权力的决定，这是我自己作的决定不是吗？

但是当我们发现自己的需求与别人的需求不可避免地发生冲突时，我们应该怎样做呢？有时候只说“在墙纸书里有这么多的样品”根本不够；有时候双方分歧太大以至于问题根本无法解决。但在爱情关系中有一个优势，你可以是出于爱、出于理解说出你的想法；你可以知道控制并不是主要的问题；你可以知道他一定会听你说话，并爱着你。在爱情中我们也能听到别人的心声，我们可以知道真正的问题是什么，什么才是对别人有意义的事。而且，你爱着他，你会努力去理解他，并找到解决的办法，而不是企图去控制他。没有什么关系比爱情关系更让你拥有天赋和优势了。

想象一下，假如在今天以后的每一场辩论，如果对方、法官、陪审团、老板、市议会、交警都爱我们，愿意听我们讲话，关心理解我们，希望我们在生活中都能得到自己想要的，那会是什么样子呢？我们现在可以理解了，恋爱关系给我们提供了可以孕育解决方法的温床，而其他的关系并没有这个优势。

『门锁二：那愤怒呢？如果你不控制他们的愤怒，他们就会吃掉你。』

『钥匙二：倾听别人的愤怒，不要把它当作愤怒，把它当作痛苦，跟随痛苦。』

我们应该怎样处理爱情关系中的愤怒呢？只有尸体之间的婚姻才没有愤怒。你可以想象，两个尸体鞠躬、点头同意、打着手势，头盖骨上凝固住永久的微笑。虽然他们对于这段关系也没有什么其他的需求，但他们确实从来不对彼此生气。但在实实在在的关系中，在两个健康成年人之间的关系中，愤怒就和爱一样，是一种真实的情绪。一个没有愤怒的人就是一个没有感觉的人。

但是，当愤怒对我们发起猛攻时，它会伤害我们。但如果它对我们这么有害的话，为什么我们不应该试图阻止他人的愤怒呢？如果它是前面提到的武器的话，我也会支持它和控制欲一样，应该被留在家门外。

还记得我们已经了解过愤怒吗？回忆一下，愤怒来源于伤害、害怕、沮丧、愧疚、嫉妒、被拒绝、挫败、背叛、孤独或是攻击所受到的伤害。愤怒是痛苦的一种反映。知道了这个以后，当对方表现出愤怒时，我们必须终止争吵，因为他正处于痛苦之中。就这么简单。

但我们应该如何终止争吵呢？尝试着这样做：和他保持一点距离，突然安静一会儿，让气氛稍微平静一点之后，如果你够勇敢（看起来需要很多勇气，其实只需要一点），拿起这本书，将下面这段话大声地读给那个愤怒的人听：

有人告诉我愤怒代表着痛苦，如果一个人生气了，意味着这个人正在受到伤害。我想了解你的痛苦，我想在它更多地伤害到我们之前了解它。

（你可能会看到吃惊的表情，你也可能会得到一个讽刺的回应，比如，“天呐，你怎么了？你现在在胡扯些什么？”他确实很痛苦，对吧？再进一步）

“有人告诉我说愤怒来自孤独、害怕、挫败、愧疚、嫉妒或其他种类的痛苦，所以愤怒掩盖了伤害。我不想你受伤，也不想你痛苦。我需要知道你因为什么而受伤，我希望你告诉我，这样的话我能为你做点什么，因为我爱你。你愿意告诉我吗？”

也许，对方会告诉你——非常愤怒地告诉你。也许他只会更加愤怒地说话。但是要记住，他没有压抑他的愤怒——这是我们可以确定的。这样愤怒就不会在压抑了十倍之后，在以后的某天突然爆发出来，那会更可怕。

我认为别人的愤怒其实是一种礼物，对于一些于我们来说没有意义的人，我们会压抑我们的愤怒。相比于邻居或是路过的熟人，我们更多地会公然对最亲近的人发泄愤怒。愤怒是一种礼物，否则我们永远无法发现别人的痛苦，也就永远无法与他亲近。

对方的愤怒是我们的老师，它让我们学会倾听、学会理解；它教会我们做一个有同情心的人。当我们发现了害怕带来的痛苦、受到侮辱带来的痛苦、背叛带来的痛苦、愧疚带来的痛苦的时候，我们就能够找到痛苦的原因，而我们一旦这样做了，愤怒也就会神奇地开始消退。

仔细去听愤怒的声音，当你听到它们的时候，不要让它们就这样过去了，你要把它们当作受到伤害的信号。找出伤害，追随着伤害。这才是解决问题的关键。

组织语言和胜利。我们的一生会做出一些无法挽回的行为，它们会带来不能弥补的伤害，成为我们和他人之间无法逾越的鸿沟。对心灵的伤害和对身体的伤害并没有什么不同。我们在某个人的背上打一巴掌，疼痛过几分钟就会消失；但如果我们在爱人的脸上打一巴掌，疼痛将会持续很久，而且会留下永远的伤疤。当我们欺骗他人时，这个伤害是无法弥补的；当我们用言语中伤他人时，会造成无法挽回的伤害和信任的破灭。这个行为可能会被原谅，伤口可能会愈合，但造成的伤害永远无法弥补，他的伤痕也永远不会消失。

就拿我们之前说的那个妻子举例。还记得当她攻击她丈夫时说的那句恶毒的话："你这个让人厌恶的混蛋。"可能他事实上真的很混蛋，但她直接骂他混蛋的时候，依然是在进行正面的攻击。

当然，丈夫对于口头侮辱也毫不示弱，他骂她“你个下贱的长舌妇”。这就是一场非常糟糕的争吵。

除非这场婚姻是地狱般的风格，否则没有哪个人会习惯于那样的攻击，因为在那样炮火般连续的攻击下，没有任何一段婚姻能够长久。自此之后，双方都不会再完全地信任彼此，即使出于人性可能会慷慨地原谅对方，但他们永远不会忘记这段经历。哪怕二十年后回想起这段经历，仍然会感觉到疼痛。所以那句古话“棍棒和石头会打断我的骨头，但言语永远伤不了我”并不是真的。

就像拉尔夫·沃尔多·爱默生提醒我们的那样，“思考是每一项行动之源”。在行动之前先思考可以让我们组织语言、修改行为。我们总在不断地修改自己的行为。当我们愤怒的时候，没有重伤或杀掉他人而选择退让；我们没有在教堂里起身对着传道者大吼“你这个骗子”；我们抑制住了告诉朋友他的新发型很丑的冲动。我们一直在组织自己的语言、修改自己的行为。

虽然过激的行为可以被原谅，但不能被赦免。在我四十年工作生涯中，曾在很多糟糕的法官面前辩论，但我从来没有咒骂过一个法官，没轻视过任何人，也从没丧失过理智。这是为什么？因为我实现了非凡的自控力吗？并不是。我从来没有过界是因为我清楚地知道，一旦我不小心过界了，我将为这个行为付出代价，而且这个代价很不值得。我可不想在县监狱里生活。

同样，我也从来没有走到一个块头比我大五分之一或者比我年轻四十岁的人面前，告诉他，他的母亲的祖先可以追溯到一种犬科动物。我知道这并不是我比一般人进化得更彻底，也不是我比一般人更能控制好我的情绪，我只是删除了那些会让我陷入麻烦的语句，即使在我特别愤怒或是饱含情绪的时候。

但为什么面对我爱的人就不能以同样方式组织好语言呢？我能做到，但我不会，因为我知道对于我们过激的行为，我们的爱人通常也不会把我们送到监狱或是一巴掌把我们打进医院。

我不愿去回想我在家庭辩论中输了多少次，因为伊麦琪特别理智，懂得退让和倾听。她能看着我如此愤怒而不被感染，并告诉我说我就像她十四个月大的三胞胎儿子，这个也想要，那个也想要，这一秒哭着叫着扔东西发脾气，下一秒开始开心地笑。我曾见她停止争吵，异常冷静地看着我，就像是在避难所看过境的龙卷风一样。我现在对当时的行为感到很愧疚，风暴过去了，但到处留下了残骸与悲伤的记忆。没有人喜欢龙卷风，它带给人们的不是夜晚甜甜的微风般美好的回忆。当龙卷风过境后，再回头看，一定会感到后悔和失败。

所以我们应该停止对他人的愤怒攻击，应该抑制住想要欺负别人的心理（如果被欺负过，大多数人都会有想要欺负别人的嗜好），应该放弃想要控制他人的欲望，包括想要控制他人愤怒情绪的想法，这并不意味着我们必须放弃自我。事实上，我们都有丰富而敏感的情绪，也很容易受到伤害，感受到痛苦和愤怒。

怎样应对愤怒情绪？我们必须要压制愤怒吗？必须像母鸡一样心平气和地坐在鸡蛋上孵化更多的小鸡吗？我想说，愤怒是可以的。愤怒证明我们还有能力去感受，也证明了我们还活着。我们了解了他人的愤怒，那也让我们来理解自己的愤怒，而要解决这个问题的关键就在于找到我们心里痛苦的来源，然后跟随它。

这里有一个处理愤怒情绪的简单方法，让我们试试：

首先，给这一页做上标记，然后把书放在旁边。

你察觉到自己的愤怒了吗？找到这本书，翻到这一页——就是你做过标记的这一页，记得吗？现在重新再看一遍。

从这儿开始看：

你现在还没有准备好处理你的愤怒情绪。

现在什么也不要做。

什么也不要说。

到现在为止，你还没有审视你的愤怒，在你审视好之前，你无法处理好不知原因的愤怒，就像你不能治好还没查明原因的病一样。

为了审视它，你必须从你的愤怒中脱离出来。也就是说，如果你对他人感到愤怒，将你的愤怒形象化成一条连接你们俩的绳子。然后剪段这条绳子。现在这条绳子，也就是愤怒，只关于你，悬垂在你面前。

跟随愤怒去找到它的源头。如果你很生气，那你一定是受到了伤害，跟随这条绳子，你能找到伤害的源头。找到伤害，这就是方法。你受伤是因为被诽谤吗、被背叛吗？或是别人对你缺乏尊重吗？你受到了攻击吗？是什么伤害了你？跟着伤害走。

识别出了伤害之后，用言语表达出来，告诉自己："当他说的话让我哑口无言时，我受到了伤害。"或是，"当她不理解我，还因为一些我没做过的事谴责我时，我受到了伤害"。

说出你受到的伤害而不是你的愤怒，愤怒会产生更多的愤怒。事实上，对别人发泄更多的愤怒并不是抚平你所受到的伤害的好方法。但当你不带愤怒地说出你所受的伤害时，通常也会得到不带怒气的回应。

现在，不带愤怒地轻声告诉别人：“我知道你不是有意想要伤害我，但当你说（无论它是什么）的时候，我受到了伤害。”或是，“当你做（无论什么）的时候，我感觉很受伤”。

多练习一下，要想做到这些并不容易。然而，如果当你意识到你生气的时候都能习惯选择先停止争吵，然后按照上面所说的那样去做，你将会变得非常擅长通过积极有爱的方法来处理愤怒，这会使你们的关系变得更好，而不是使大家受伤或者破坏了这段关系。

当有人受伤时，能让你胜利的回应是承认伤害并进行交流。这才是让你胜利的回应，因为这很诚实，也阻止了进一步的伤害。暴露你的弱点，将你脆弱的一面展现给他人是最好的辩论方法，也是从这段关系中获得你想要的最有效的方法。记住我们想要的是什么，我们想要爱不是吗？我们想要理解和认可，想要尊重和亲密。这难道不是胜利吗？

变成小孩子。当我在写本章节内容时，我的朋友来书房拜访我。我停下写作和她聊天，当我们正在说话时，一个四岁大的夏尔巴小孩走了进来，拿着一篮子玩具在屋里到处走，她和她妈妈来自尼泊尔，是我们的客人。这个孩子从没见过跟我说话的那个人，她也不会说英语。小女孩在喜马拉雅山上原始、高海拔的偏远地长大，那儿没有汽车、没有高速公路、没有电、没有电视，也没有超市。她走向我的朋友，就好像生下来就认识她一样。小女孩一句话也没说，从她的篮子里拿出一个洋娃娃递给了我的朋友，然后坐在她脚下开始玩自己的玩具，在我们交谈过程中，还时不时和我的朋友分享她的玩具。

我说道："这就是我想要在爱情中拥有的纯真与信任。我们在哪儿丢失了这样的纯真和信任？为什么孩子们都知道，而作为父母的我们却不知道呢？"

因此：你想要在家庭中赢得辩论吗？学会退让。

因此：你想要在恋爱中感受到快乐吗？你想要感受到被爱与尊重吗？你想让婚姻成为你和伴侣成长成熟的花园吗？放弃控制的欲望。

因此：你想击败自己和他人的愤怒吗？找到伤害的源头，追寻伤害。

第十四章 | 与孩子辩论

——仍是爱与战争

『门锁：我想让自己的孩子成为善良的人，成为成功的人。这需要父母适当的管教、惩戒以及父母和孩子的共同努力。然而，当我与孩子辩论时，他们常常不听，行为总是与我想的背道而驰。』

『钥匙：亲子关系之中的“魔镜”现象表明，你如果想要孩子学会爱，就给他爱；如果你想要孩子学会尊重，那就尊重他；如果你想让孩子抨击自由，那就控制他；如果你想让孩子去憎恨，那就把你的权威强加于他。正如我们所看到的——种瓜得瓜，种豆得豆。』

为何要与你的孩子辩论？为什么会有人想要同小孩子辩论？事实上，孩子们通常是对的。现在我已经学会信赖多年的智慧和孩子们的范例。比起为人父母的我们，孩子更清楚地知道自己需要什么，什么对他们有好处。他们知道自己想吃什么、穿什么、什么时候需要休息，也知道自己正被无端压制着。他们从错误中吸取教训，对正义有着灵敏的嗅觉。若是我可以将自己以成年人身份获得的知识与孩童所拥有的天真无邪结合在一起，那我可能会成为一个更成功的人。

就我个人经历而言，虽然家长们常常将如何为人处世挂在嘴上，但其实他们对此知之甚少。大多数父母极欲与他们的孩子辩论，可能就是因为他们的无知与错误。这些手握权力的家长面对不够强大却又正确的孩子时，其实是在面对强大的对手。

事实上，父母可能是这世上最愚蠢的生物。如果不是，那我们作为父母，就不会一开始就生那么多孩子，又将充斥恨意的子孙代代延续。如果父母们对自己足够了解，就不会虐待孩童，扼杀他们的正常本能，用恐惧和偏见打击他们。

我的困惑。我们为什么应该同孩子辩论？我从我的孩子身上学到的东西比从任何专家那里学到的都要多。唯一后悔的事就是我没有多一些倾听，少一些争辩。如果多一些倾听，或对于爱、创造和好奇心，我会懂得更多。我本可以感知到天真无邪的动人、人性的美好以及诚实的巨大力量。要是我对自己的孩子更细腻一些，可能就会多些对感觉的理解，而不是去学习那些理性和逻辑的骗人手段。要是我更明智些，我会把自己的孩子当作老师，而不是将自己不怎么样的智慧强加其身。希望你也能更明智。

我的个人见解。我抚育了六个孩子，在这方面我可以算得上专家了。同时，我还是个律师，我应该知道如何与孩子们辩论。但是，唉，我觉得自己年龄越大，知道得越少。我和我的第一任妻子在二十岁时，有了第一个孩子——我们的儿子吉卜。我那时惊慌失措。“自己就还是个孩子的我，怎么能突然间就成了别人的父亲？”我大声问当时也还是个孩子的妻子。她的回答似乎预示着某种奇妙的转变——从孩子降生的那一刻起，我就真的成了一个父亲，同时也就彻底挥别童年了。成为一个父亲的过程就是这么简单。

我曾在某处看到过，父母最怕的事就是把孩子宠坏。这样的孩子很可能将来就会待在某个监狱或毒气室。吉卜大概六周大的时候，有一天晚上，他一直不停地哭。我当时在学习，为期末考试做准备，已经累坏了。把奶瓶给他他特别开心（那时候即使母亲奶水充足也不流行母乳喂养），后来到时间了还迟迟不肯入睡。我抱着他在我们的小客厅里走过来走过去，像称职的父亲那样轻拍他的背，轻轻摇晃他直到他困意袭来，我轻声细语地哄他、求他，都没有用，他就是不睡觉。

我从没想过他可能是胃胀气。没有人告诉我宝宝有时候哭就是为了哭，无缘无故。没有人知道他们小脑瓜里到底在想什么、有什么画面、什么感觉。他睡觉的时候会穿着双层尿布，我打开一侧，扯开摸了摸，干爽温暖。突然之间我意识到：他根本没有感觉到不舒服，只是被宠坏了。我被这个想法吓住了。我绝对不能成为一个宠坏孩子的父亲。绝不！我拍了拍他的屁股把他放回了床上，关上门，说服我妻子他应该自己哭个够。天啊！在他哭累了睡着之前那一个多小时，真是对我们的折磨。

要是这件事，还有我过去所做的那么多无知的教育行为能够重来，我愿意付出任何代价。回顾过去，我很惊讶于我的孩子们如今的顺利成长，也获得了成功，这一切应该都归功于他们的母亲和他们自己的坚韧品格。

多年之后，回首往事，我发现我的父母更懂得欣赏孩子。我四岁时，我妹妹三岁，我们叫她“小佩吉”。一天早晨她突然生病，是脑膜炎，当天傍晚，她就去世了。小佩吉的死让我成了家里十年间唯一的孩子。时至今日，我仍能回想起当时我父母的恐惧——他们不曾说出口，但是我可以感觉到——他们怕我也会出什么事。因此我备受关心、爱护和尊重，我被他们当作世界的中心。一个活生生的孩子对他们而言，是常人难以理解的珍贵。我并没有被溺爱，但是他们的确很少惩罚我、训斥我，还经常称赞我。他们教导我要当一个“小男子汉”，但是我却被允许当一个孩子。我去上钢琴课、声乐课、绘画课，也写诗歌。从我父母那里，我了解了自然、飞鸟和星辰，也同我父亲一起度过了诸多打猎捕鱼的户外时光。我生活的中心是家庭，他们生活的中心是卫理公会教堂。那时我们住在怀俄明州的一个小镇谢里丹，那里治安很好，远离种族冲突，像是一个独立的小天堂。镇子上的人都是白种人，在那经济萧条的日子里，大部分都很穷。小镇非常和睦，一个月的社交活动就是到教堂的地下室吃一顿还算精致的晚餐，一个男孩最激动的事也莫过于全家人和爸爸一起去猎鹿，一周不用去上课，在山上的旧帐篷里露营。一个拥有这样父母的孩子，怎么可能不绽放、成长。如今再回首，作为一个男孩的父亲，我和我自己的孩子竞争，真是太幼稚了。

伊麦琪如何对待孩子。多年之后，我意识到自己作为一个父亲是多么失败的时候，我才开始学着变得更好。我妻子伊麦琪，她对待孩子的方式与我完全不同。她把孩子当作独立的个体对待，完全尊重他们——就算是婴儿时期也是如此。她倾听他们、信任他们、给他们自由、从不唠叨——我从没听到过她叫孩子们去收拾自己的房间、去做作业、去修剪草坪，一次都没有。事实上，她不让他们修剪草坪，这反而让孩子们更想去做。每当孩子们要作人生中的重大决定时，她都给他们足够的空间，从不插手。我发现这种互动颇具魔力。她越信任孩子们，孩子们就变得越值得信任。

亲子关系的关键在于尊重，而不仅仅是去爱孩子。我们以爱之名，犯下了多少可恨的错误。大部分虐待儿童都打着爱的旗号："用这种残忍的方式惩罚你是因为我爱你。""你疼，但其实我心里更疼。"伊麦琪把孩子当作朋友，我记得有一次我的一个邻居说："我来教教你怎么养孩子，你把他们放在一个不锈钢盒子里，钻几个洞，时不时插水管进去清洗一下，等到他们十四岁时，把管子拔掉就行了。"他说完之后哈哈大笑。虽然只是玩笑话，但也可以看出我们当时对小孩的态度——把孩子当成可怕的东西，必须完全控制，不然就是做家长的失败。孩子就是那些小麻烦精，就像会呼吸的黏土，需要被塑造成好的社会公民。纪律和训练是成功教育他们的制胜关键。没人仔细思考过，训练一只狗和养育一个孩子之间到底有什么差别。

亲子之镜。我刚做父亲的时候，还不知道通常亲子关系都是一面镜子。比如，我们不尊重孩子，孩子就不会尊重我们；如果我们用权力对抗孩子，孩子就会以权力回击，有时甚至是以扭曲的方式；也不知道如果我们把他们当作朋友，他们也会报以善意。我们不对自己的朋友使用权力，而是信任他们、爱他们、帮助他们。我们所接受的，即朋友本身的样子，不会试图将他们变成我们想象中的样子。我们不会因为朋友所拥有的本能、原始的欲望或是弱点就去惩罚他们，毕竟我们自己也一样。我们要把孩子当作朋友对待，而不是要求孩子们在孩童时期，就去遵守那些我们成年人也从未达到过的标准。

一个本性善良的男孩的悲剧。这个名叫威尔伯的男孩的故事，是我一个朋友，杰克·约翰逊告诉我的。杰克是这么说的：威尔伯八岁的时候，一个星期六，他妈妈发现他和一个叫贝茜·卢的女生在小溪边半人高的灌木丛后玩（这种灌木多生长于怀俄明州的碱性沼泽地），威尔伯的母亲看到他们的时候，两个人已经脱下了裤子。还没耐心了解事情始末，威尔伯的母亲就大发雷霆，问他们两个在做什么，贝茜脱口而出："我们在扮医生。"随后威尔伯的妈妈用棍子狠狠击向可怜的威尔伯的小小医疗器械，后来她又开始打威尔伯，一边疯狂地摇晃他，像一头熊想要把苹果从树上摇下来，一边警告他再也不要做这么恶劣的事情。后来贝茜将所发生的事情告诉了她的朋友们，其他孩子就开始无情地戏弄可怜的威尔伯，威尔伯也开始疏远其他孩子。那之后，自然没有女孩会愿意再和他扯上关系。更糟的是，每个人都开始叫他"医生"，后来叫"大夫"。男生们要么取笑他，要么完全躲着他。在学校欺凌他最厉害的那个男生，叫哈罗德·哈特辛格。

“嘿，大夫，”哈罗德向威尔伯大喊，“我们家里有几只猪病了，你今天晚上是不是能拿着你给贝茜·卢治病的那个小东西来看看？”然后哈罗德就会发出狂笑，周围每个人也都附和着笑，就连贝茜也笑了。然后这个可怜的大夫就跑到小溪边去自己待着。

杰克告诉我，多年后，“大夫”成了一个殡仪员，人们似乎并不感到惊讶。但是，他工作几年之后，因为与一具女尸发生性关系被地方当局起诉，人们被吓坏了。“大夫”的案子变成了这个小镇茶余饭后的谈资。所有人，尤其是记忆中他是一个害羞的、可爱的男孩子的人，都不能理解这个孩子怎么会变成这样一个卑劣的怪物。杰克曾是威尔伯的朋友，他说他从来没想过威尔伯会变成这样。他以为威尔伯会是一个善良绅士的男人。而作为威尔伯的朋友，他对整件事更加感到困惑和矛盾。杰克说“大夫”没有上过几次庭，当地的一个笑话是威尔伯被“当场抓获、死有对证”。威尔伯律师请来的心理学家认为他的越矩行为来源于他对女性的恐惧，作证证明他患有精神疾病，无法分清对错，也无法控制自己的行为。为了证明他的病情有多严重，律师让他起立为自己辩护。这时的威尔伯已经长成了一个帅气的年轻男人。代理律师让他穿着殡仪员的黑色三件套西装，加上一头梳理整齐的短发，看起来像极了美国国际商用电器公司的销售代表。

“威尔伯，你为什么会做这么恶劣的事？”威尔伯的代理律师直接问他。威尔伯没有回答。杰克说当时威尔伯只是把头低着，盯着自己的手，过了一会儿开始哭了起来。

“告诉陪审团，威尔伯。”

威尔伯终于开口了，他一边啜泣，一边含混不清地说了些什么。

“大声说，威尔伯。”

在场的有些人觉得在他的啜泣声中，听到了些许关于孤独内容，一些人声称他们听到了他谈及爱。包括杰克在内的所有人，都不能肯定他到底说了些什么。那大概就是律师可以从威尔伯那里得到的全部信息了。据杰克所说，威尔伯的律师只花了不到一分钟的时间向陪审员总结，他提出任何人要是做了威尔伯做的这件事情，都一定是疯了，应该就这样作罢。大部分小镇居民内心是同意此观点的。然而，陪审团不会让威尔伯因为精神疾病就逃脱法律的制裁，短短几分钟之内，他们就作出有罪的裁决。法官同小镇其他居民一样，感到震惊、厌恶。同一天可怜的威尔伯就被判处长达十五年的监禁，这个惩罚甚至比他谋杀那个女人的刑期还要长。

威尔伯被移送到州立监狱之前，杰克去拘留所看了他。他穿着绿色的棉质囚服和纸质的监狱拖鞋，看起来病怏怏的，无助极了。杰克不知道该和他说些什么。他们就那样站着，隔着栏杆对视，似乎过了许久。最终威尔伯开口了：“你不应该到这里来的，杰克，你不应该和我这样的人有任何关系。”

杰克说：“威尔伯，你是我的朋友。每个人都会犯错的。”杰克坦言，他不知道自己为什么要说那些，但是之后他继续说道：“我们每个人都有自己的过错。”

“你也犯过错吗，杰克？”威尔伯充满怀疑地问，听起来像个小男孩。

“当然。”杰克回答道。

之后威尔伯沉默了很长一段时间，然后问：“你犯的过错跟我的一样吗？”

“不，威尔伯。”杰克赶忙说。

“你犯的错跟我做的一样坏吗？”

“错误就是错误。”杰克尽量让自己听起来不那么像是在评判他人。

“不，错误和错误是不一样的。这世界谁都犯过错，我犯的错是最坏的。”

杰克说：“威尔伯，不是的。”他伸出手，想摸摸威尔伯的胳膊，想了想还是作罢，不可以同在押人员有身体接触。

“待在这里真是糟透了，”威尔伯说，“我倒希望他们杀了我，现在我脑子里唯一想的就是家。”然后他哽咽了，但是又忍了回去，一个真正的男人不能哭，尤其是在监狱。

杰克试着安慰他：“你会交到朋友的。”

“不。他们是不会想和犯了我这种错误的人有什么关系的。”

杰克又说道：“但是，威尔伯，这里有杀人犯、强奸犯，还有殴打老妇人的人、对小孩子做龌龊事的人。而你，从没伤害过任何人。”

突然，威尔伯问：“你呢，杰克，你做过什么呢？”

“威尔伯，”杰克说，“人对自己犯过的那些事是说不出口的。”杰克告诉我，他本不应该说那些话的。因为这话一出口，威尔伯的脸上失去了期待，阴沉了下来，眼神黯淡无光，像是用单调的蓝色乳胶漆画上去的一样，仿佛所有的希望都没了。

然后一个人高马大的狱警走了进来，大声问杰克：“嘿，你是这个混球的朋友？”杰克说：“我是。”狱警接着说道：“好吧，你的探视时间到了。”杰克说那是他最后一次见到可怜的威尔伯。

杰克告诉我威尔伯的故事后，我就在想，他的案子如何能以不同的方式向陪审员辩驳。

“女士们，先生们，现在站在这里的人，威尔伯，他是个好人，”我可能会以这句话开头，“他从未强奸过谁、抢劫过谁、也从没伤害过任何活着的人；为什么，他甚至连路上的恶犬也从未伤害。如果有更多人支持威尔伯，这世界就会更美好。想想吧！以后将不会有被残忍欺凌的老妇人和年幼的小孩，也不会有联邦调查局，不会有政客相互竞争看谁对待犯罪最铁腕，因为根本就没有犯罪。诸位如果支持我的当事人，这就是我们所会拥有的那种世界。”

“我恳请您！”我可能会这样继续，“威尔伯受到的惩罚已经够了，从他还是个小男孩的时候，羞耻就每天同他如影相随。威尔伯不是罪犯，他从没有犯罪。犯罪是指伤害那些活着的人，但是他，他只是个害怕与人相处的、可怜的、孤独的男人。我恳求你们，原谅他，我恳求你们，去理解他受到的伤害，去理解他承受的孤独，去理解他遭受的痛苦。”但是我知道，即使如此，陪审团可能也不会理解和原谅他。他犯下那种难以言说的罪行，和他母亲当年给他留下的阴影密切相关。

我为什么要讲这个故事呢？那只是一件小事，就是那么一个小小的、甚至可以称得上自然的举动，只不过是威尔伯和贝茜之间的好奇心而已。我们看不到这件事给两个幼小心灵留下的创伤。只看到多年之后我们所憎恨的那个罪犯，却看不到因何而起，看不到这个人曾经受过怎样的伤害，只是再一次打击犯罪。我们看不到那个心灵满目疮痍的孩子。我讲这个故事是因为它真的刺中了我的心。

为人父母的门槛太低。养育后代是人类最重要的功能，但是我们却不用经过任何训练就可以上岗。尤其是我们有时无意识的行为就可能给孩子造成坏的影响。为人父母，轻易地就可以毁掉生命、摧残心灵。没人会允许一个没有受过足够教育和训练的医生就去做手术。驾驶汽车之前也要先考驾照证明我们的驾驶技术，以免无辜的人因为我们驾驶技术不过关而受累。在这样一个所谓的文明社会，我们极尽所能保护社会成员，但是却任由谁都能养育孩子。社会上对于为人父母唯一的条件要求就是像农场的种猪一样有生育能力就够了——在美国仅凭这一点就足以当父母了。我们对剪草机修理工的要求都要比这高得多。

教堂没有教我们的。回想过去，我不应该对自己那么严格。一个二十岁的男生怎样才会知道要怎么当一个好家长呢？事实上，有没有什么地方每个人都可以学到如何当父母呢？正当我扼腕叹息，遗憾没有人可以教会我们如何成为成功的家长时——如我们所见，包括以何种技巧与孩子们辩论——想到教堂其实教授过这种技巧，我就不再困惑了。但是教堂也带头偏离了其最本质的教义，那就是，爱是家长教育孩子最有用的养料。教堂在植入恐惧和愧疚时十分高招，这些都是最毒的心灵毒药。教堂也极善于封闭孩子的思维，扼杀他们提问的天性。教堂，就像是所有父母的父母一样，一直尝试着去控制孩子，把孩子变成附属品。

如何为人父母，教堂从没有教我太多。好的家长教育应该启发孩子，鼓励他们提问，给他们提供一个自在的环境让他们发芽、绽放。在我成长过程中，我一直相信上帝在天上可以看到一切，无时无刻不在盯着我们，他(不是她)可以看透我内心邪恶的小念头——所以，我觉得他一定不喜欢我——他怎么会喜欢我呢？毕竟我脑子想着的都是些乱七八糟的东西呢。既然我觉得上帝肯定不喜欢我，那我又怎么会真正被其他人认可，被自己认可呢？

时至今日，我仍对自己的自我价值有深深的怀疑，我得要努力与内心时不时涌来的自我怀疑斗争。我怀疑自己的成功，经常觉得自己不够聪明、不够勇敢、不够真诚，因为上帝一直在看着我，他知道真实的我是什么样子。

说教。我不反对应该教孩子们道德，但是说教没有用，它从来没教给我任何东西。说教是一种权力的形式，是说教者想要控制的公然尝试。把我听到的和讲过的那些冗长的废话加在一起，能把美国国会图书馆填满。其他人和我的那些说教大部分是为自己谋利。我们向孩子们说教，向他们展示我们的弱点、恐惧、邪恶、罪恶。我们急切地向他们说教，以获得救赎。一遍又一遍，我们反复地说教，这对被迫要聆听的孩子们来说，是一种折磨。正是这种口头上的折磨，摧毁了建立有意义的、充满信任和关爱的关系的可能。

在家里说教甚至更糟糕。说教会变成吹毛求疵、变成唠叨。听起来就是愤怒和制定规则。它让说教者遭到怨恨，因为一个人无法用说教去爱、去攻击孩子，那会引起同等的仇恨和反抗心理。

另外，我觉得说教确实教给我们很多虚伪和欺骗。一个向自己孩子说教饮酒的坏处的父亲，自己却沉溺于赛车，教给他孩子的，正是虚伪。一个向自己孩子说教应该诚实的父亲，自己却偷税、对妻子不忠，烙印在他孩子心里的，恰恰是欺骗。如果说谎的人、骗子、小偷和好色之徒不要道貌岸然、故作正直，那还不那么讨厌。主日学校的老师向孩子们说教，告诉他们耶稣说了："带小孩子们来见我。"然而就在教堂前的大街上，游荡着饥肠辘辘，衣衫褴褛的孩子们。我们就是在这个时候学到了错误的价值观。

以身作则。要教我们孩子道德观就应该以身作则。我的母亲是这样培养我的道德观的，她在经济萧条的时候仍然常常和那些穷困的邻居分享我们本就不多的东西。而我的父亲，他为玻利维亚的锡矿的工人们战斗，为他们放弃了一切，包括工作和个人安全，只为能帮助他们争取到人类最基本的尊严。认为实质好比表面好更重要、相信成为有用的人胜过接近某些正确的圈子，有这种观念的父母才能树立正确的道德观。说教无法教给孩子们正确的价值观，身教远远比言传更有用。那些自己本身就没有什么个人价值的父母，很难传授给孩子有价值的东西。有句古老的谚语："做我所说的，不要做我所做的。"这句话已经成为多数失败家庭可预见的行为准则。

如何制止犯罪。你想知道如何制止犯罪吗？不要说教，给每个孩子一个能践行想要传递给孩子价值观的好家长，以身作则。我们的文化中，太多孩子们的父母是失业的人、没受过教育的人、令人绝望的人、有成瘾症的人。我们已经变成了一个压抑的、保守的、可憎的社会，不管穷人的疾苦，把金钱当作唯一信条，把血腥的暴力当作娱乐。

社会学家曾证明，超过两百名成员的部落无法运行良好，在自然条件下的原始森林中，部落超过两百人就会分裂成两个部落。这种现象很像是在蜂巢中的蜜蜂。当一棵蜜蜂树上的蜜蜂太多，他们就会聚在一个新的蜂后身边飞到另一棵树的洞里。这和如何制止犯罪有什么关系呢？这与我们在家里如何和我们的孩子辩论有什么关系呢？

我们的社会一点儿都不像部落社会，我们的基因设定如此，就像土拨鼠要进城、蚂蚁要爬上山。与现代社会相比，部落社会的最大特点就是，部落社会是活着的。部落成员创造了一个紧密连接的、活的、综合的结构。每一个部落成员的行为都影响着其他人，每个部落成员都是部落结构里必不可少的重要部分。

一方面，每位成员作为人类的特性也与部落息息相关。部落对偏离正轨的成员最严厉的惩罚就是将他放逐。部落没有监狱，没有毒气室，也不实施死刑。放逐犯错的人是比死更严厉的惩罚，因为个体作为人的身份与部落紧紧联系在一起。部落给个体提供保护、舒适、尊重关怀和安全；同样地，个体也依其能力贡献这些给部落。部落社会里，犯罪是没有必要的。

另一方面，在我们社会，作为家园的部落已经消失了。作为紧密联系的小团体的部落已经消失了。有很多人已经被我们从这个体系里不公正地放逐了，他们从未犯下任何影响这个社会的罪行，被驱逐只是因为他们穷困、没受过教育，或者只是因为他们出生的地方，又或是因为他们是有色人种。惩罚一个无辜的小孩所引发的神经反应，几乎是以后所有犯罪的源头。放逐一个社会的大多数，就会创造出同样的社会性的神经反应。

如今已经没有活生生的部落了，取而代之的是利维坦集团，不是两百人，而是两亿五千万人。这样的集团靠法规，通过死气沉沉、没有灵魂的官僚机构进行管理。这些机构不了解人民，也不了解任何事。他们不思考、没有感觉，他们不在乎什么、也不懂爱。他们不了解苦痛，没有同理心，就像是冷冰冰的机器一样。不同于机器的是，他们不受指挥，鲜有能被控制的时候。像冰川一样依靠自己的动力，缓慢移动，摧毁阻挡他们道路的一切，包括风景和人。如果要说最邪恶的东西是什么，我们毫不犹豫地会选择官僚机构。圣经中的魔鬼为了恶也至少知道什么善，他们的恶，让人们理解了什么是善。但是官僚机构是最邪恶的东西，它既不能理解什么是善、什么是恶，也不关心什么是善、什么是恶。

这样的官僚机构，以公司和政府的形式，管控着美国。这个官僚机构是新兴的、毫无生机的超级部落，滋生出终极之恶——我们每个成员之间的疏远与背弃。这种终极之恶又滋生出我们对于社会很大一部分人的压制，他们感受到了这超级部落的冷漠，把这种冷漠当成憎恨（虽然官僚机构不能爱也不能恨）。因为这种终极之恶，社会中的所有人都失去了部落家园。面对这超级部落愚蠢的法令，我们只剩下无助。政府和企业的寡头政治为了钱，利用我们，把我们的资源榨干，把我们的创造力榨干，毁掉了我们的森林和草原，还把有毒的废水排进河流，我们对此却无能为力。我们什么都听不见，超级部落的耳朵只能听到钱相互摩擦、沙沙作响的声音。我们生活在自由的幻境之中，但其实在加诸我们身上的武力之下，我们并不自由。我们生活在爱的幻境之中，但我们并未感到被爱。我们生活在和平的幻境之中，但放眼四周，超级部落消耗我们的资源发动战争，残害的都是我们本土和海外的兄弟姐妹。

在这个超级部落的社会中，无家可归的不只是那些两眼空空、衣衫褴褛、晚上还在街头游荡的少数人。我们其实都无家可归。我们没有可以与之紧密联系在一起的活生生的部落。电视上的福音传道者利用那些孤独和绝望的人们敛财，只要他们把钱给他，就可以成为其部落里的一员，在那里可以被爱。脱口秀主持人承诺少数人的声音也可以被听到，只是为了造成一种我们真的参与其中、有话语权的假象，又进一步榨干我们。同时，他们又卖些毫无用处的废物给我们。我们成为那些有名的棒球队的粉丝，试着想在其中找寻部落身份认同，最后发现这些根本不是部落，都是商业化的生意罢了，我们热爱那些球队，就买了更多没用的废物。

那些无辜被放逐的人是这世上最低微的人，最穷的人是这个世界上最需要帮助的人。他们的孩子仍然贫穷、被世界遗忘。我们读到过有十九个孩子住在两间又脏又小的房间里，吃光了狗吃的东西，我们还好奇他们为什么会犯罪。之后我们不是想着要停止这样的惩罚，不是要停止我们的罪行，而是修建更多、更大的监狱给他们长大以后用。所以孩子们做出相应的反应就不奇怪了。所以难怪他们会愤怒，不仅是对这个体系，还有彼此。因为在那面无处可藏的镜子前，这个疯狂的社会反映出的，正是这个社会加诸在社会成员身上的疯狂。

这和我们与孩子辩论有什么关系呢？不管我们的孩子在社会属于最疏离的那部分还是最不疏离的那部分，他们都无家可归，因为部落如今几乎已经不存在了。学校不再是孩子们的部落组织，而是他们迈入的第一所监狱，在这里他们被当作犯人一般对待，没有爱和尊重。在某种程度上，教堂试图填补部落的角色，但大多数更关心他们的成员能提供多少那叫作钱的玩意儿。有一些乡村团体以部落形式运作,他们自身的例子会让我们学到很多。

出生于如今这个死气沉沉的超级部落的孩子,疏离于充满关爱、活生生的部落,要和这样的孩子辩论,就要求我们理解这些孩子是谁,他们被困于何处。要和这些作为当今社会受害者的孩子们辩论,尤其是到了他们明辨是非的年龄之后(法庭的惯用说法)——大概是在青春期,事实上他们这个时候根本不能明辨是非——要用一些不用于当今时代的特定辩论技巧。当然了,这种主要技巧就是爱。关于辩论,如果我只能教会家长们一件事的话,我会告诉家长们,加倍爱他们吧。

我认为如今大部分犯罪是空间的作用。我们放十几只年轻老鼠在一个鞋盒里他们也会攻击彼此、互相残杀。把几百万名年轻人放在一个城市里,他们会猛烈地攻击彼此也就不奇怪了。如果有人让我解决如今的犯罪问题,并且给我资源,我要让我们的孩子们都走出那个有形的盒子,我会给他们空间,让他们到开阔地去自由漫步,去看高山、流水、野花和广阔的草原。空间预防犯罪的作用比我所知道的其他任何药物的作用都大。然而,我们所做的却恰恰相反,我们不仅没有把他们从盒子里解放出来,反而把他们关进一个更小的、叫作监狱的盒子里,期待等他们释放的时候学会不要再那么疯狂。

爱要求我们让孩子自由。爱要求我们让孩子自由,并且信任他们。在自己的孩子还非常小的时候,一天,我抓住了一些小乌鸦,它们太小了还不能飞得很远。我把它们带回家给我的孩子,他们那时也还很小，一见到这些乌鸦就非常喜欢。但是他们很聪慧，知道如果不给这些乌鸦自由，那就不是真正的爱。几天之后他们就让我把这些乌鸦送回鸟巢，让乌鸦一家享受团聚的快乐。

同样地，如果我们一直困住自己的孩子，也不是真正爱他们。我们必须给他们自由。我们必须去面对恐惧——面对害怕他们脱离我们的恐惧。鸟妈妈知道让雏鸟自由飞翔要冒着跌落的风险，但她也知道这是必需的。幼鸟可能不会飞，可能会被一只四处搜寻的猫吞食，也可能被鹰吃掉，还可能会挨饿。但是鸟妈妈必须要冒这个风险，这样等到幼鸟长大，要离开鸟巢时才不会害怕。

多少次我曾为我孩子们的命运担惊受怕，多少次我也曾像那对乌鸦父母看着幼鸟飞离鸟巢时一样感到无助，多少次我也曾试着抓住他们，把他们留在身边，全然没有意识到我不让他们离开其实只是为了自己的需要，而不是他们的需求，只是为了自己的恐惧，而不是他们的恐惧。但是爱不仅仅是保护，也是给予自由。

大自然的智慧是不可思议的。她知道孩子们飞离鸟巢之前，需要丰满自己的羽翼。是我们人为地介入了这一切。我们没有尊重他们，让他们可以足够强大和自信，去独自面对纷繁复杂的世界；而是惩罚他们、压制他们，对他们说教、让他们充满恐惧。只要孩子们不按我们自己的方式成长，我们就会反应过激，有时甚至言行愚蠢。我们让他们按照我们的要求成长，其实是扼杀了他们的创造性，最终，让他们同化为这死气沉沉的社会中的一员。以爱之名毁灭我们的孩子，这多么疯狂！

我们想从孩子身上得到什么？我知道在这一章中我说过要

介绍如何与我们的孩子辩论，为此，我想回到辩论的定义本身来探讨。辩论是一种我们实现诉求的方法。那我们在与孩子的辩论中想实现什么诉求呢？我们想要的仅仅是赢，强迫孩子屈从于我们吗？我们要的是他们的敬畏，向我们的权威低头，我们说什么他们就做什么吗？我们要的是我们的逻辑完美、无懈可击，让他们相形见绌吗？我们想要的是孩子们和我们的想法、信念、品味、目标一致吗？我们想让他们成为我们的缩影，沦为一个可怜的复制品吗？我们想让孩子变成我们的佣人、奴隶，把我们的欲望变成他们的责任吗？我们想让孩子们听从我们嘴上说的，而不是我们实际上在做的吗？我们到底想从他们那里得到什么呢？选择进行什么样的辩论之前，我们必须知道，我们的诉求是什么。

我想，爱父母、关心父母应该就是我们所求，我们只是单纯地想让我们的孩子成功罢了。然而，什么是成功？一定是金钱、名利、地位吗？还是他们实现了我们未曾实现的梦想才是成功？只有他们满足了我们对生活的希冀才叫成功吗？如果我们的孩子是一个幸福快乐的挖沟工人，我们会满意吗？成功不就是，不管孩子们想追求什么、实现什么，他们都可以开心地去追求吗？成功不能用金钱、名誉、地位、权力去衡量，而是要看我们的孩子是不是一个全面发展的人。其实我们都望子成龙、望女成凤，希望他们能够快乐地生活、成长、做自己，去实现自我的价值。

如果问我对成功的定义，那就是自由地绽放。

问题来了，我们要怎样与我们的孩子辩论才能让他们自由地绽放呢？为人父母，自然都希望自己的孩子不要触犯法律，这是全天下父母都会忧虑的事，也是整个社会关心的事。看到那些老人面对由他们自己的憎恨和排斥所创造出来的怪物害怕地瑟瑟发抖时，我很难过。这就像是一个残酷狠毒的人把一条狗关进笼子里，用棍子戳它、捅它，让这只无助的狗发出痛苦凄惨的叫声，但他还不满足，又饿着它，扔一块黑布盖在笼子上，不让阳关透进去。有一天那只狗自由了，这个人又伸出自己的手，告诉这只狗必须敬爱他，是他给了它食物和一个容身之所。但是这只不知感激的狗咬了他，为了惩罚它，又把它关进一个更小的笼子里，更残忍地虐待它。所以等这只狗被放出来的时候会攻击人，就一点儿也不奇怪了。我们还能记得当初那只可爱的、会用舌头舔我们脸颊的小狗吗？

我觉得与其担心我们的孩子去触犯法律，倒不如多注意自己是怎么对待孩子的。我们当然想让孩子们都遵纪守法，但是如果利用恐惧去攻击他们——被排斥的恐惧、被惩罚的恐惧、被报复的恐惧、被批评的恐惧、被驱逐的恐惧——用这种恐惧去管教他们，终有一天他们也会以同样的方式还击。但是，我们也不能用贿赂的方式让他们听话。比如“如果你要是听话的话就带你去看节目”，又或者是“如果你做得好的话就给你买辆新车”。把这些和物质奖励联系在一起，就变了味儿。孩子们怎么能在小小年纪就接触贿赂？

危险的权力。权力啊权力，这种东西真是太可怕了！太危险了！我们可以拿它干什么？我们可以用它来控制、来主导，让小孩哭泣、令他们憎恨、使他们屈服，让他们蔑视我们、憎恨自己；我们可以用它迫使孩子们按照我们的意愿行事，可以伤害他们、打败他们，可以掏出他们的灵魂，重塑他们——让他们感知无能。啊，权力能做的事真是太美妙了！

但是权力不能让孩子学会创新，不能让他们绽放自己，也不能让他们成功。还有一件事是权力做不到的：它不能让我们的孩子爱我们。

我曾手握权力，也在毕生观察拥有权力的人。我发现，它除了对抗同样无知的权力之外毫无用处，就连爱都常常更具力量。

你有没有想过，家长和孩子之间的权力有什么区别？试着这样想一下：假如你没有钱，一文不名，也不认识什么有权势的朋友，除了一个掌握权力的人让你有住的地方之外，你无处可居，让你吃饭才能吃饭，让你睡觉才能睡觉，穿什么衣服去哪里都要经过批准。如果你惹怒了大权在握之人，他就可以任意地辱骂你、羞辱你、贬低你甚至打你。连自己拜什么神都不能决定，手握权力之人告诉你拜什么神你就要拜什么神。你也逃不出这个地方，被困于此，不管给你什么你都得照单全收。这就是父母和孩子之间的权力差距。在这种权力差距之下，亲子之间根本不可能进行辩论，即使是最温和的说服，也会变成压制。这种差距已经如此之大，以至于父母们不论如何谈论理性和逻辑，即使是对的、公正的，很多时候也会变成具有毁灭性的抨击。

如果不停地对一个孩子使用权力，后果将是致命的。等到这孩子可以还嘴的时候，我们会有的就是战争，父母感到无法理解，他们所做的一切难道不都是为了孩子好吗？他们一直都在为孩子们付出、牺牲、担心。但是对孩子来说，这已经是压抑了，一旦当他长大拥有了自己的权力，在多年的无力感、愤怒助推下的充满敌意的时刻就到了。那些暗藏的憎恨和敌意随时都会爆发。

没有赢家的战争。在这场争辩里，家长得不到他想要的东西，而孩子想要的自由、尊重和爱，也得不到。双方都得不到各自想要的东西。但是双方仍然是这场辩论中的对立两方。解决办法就是家长和孩子站在同一方，为自己的孩子而辩，那么这场战争就永远结束了。否则，家长的辩论不过是继续展示权力，而孩子的辩论就是对权力的反抗，这是权力与权力之间的相互对抗，这种战争会永无休止。

和孩子说话注意措辞。我们说话的时候注意自己的措辞多半是为了自己的幸福着想。我曾对我的孩子说过一些让我感到很后悔的话，但是他们要靠我养育，也因为“第五诫命”[1]的规定，所以不能让我脑袋搬家，也不能把我的舌头割下来。不管是不是一时冲动，对孩子，我们必须要注意措辞。

孩子们听到那些伤人的话时，不知道该如何保护自己，他们很无助。而那些话他们永远不会忘记，即使看似消失了，但其实在他们记忆深处，那些给他们带来巨大伤害的话语一直在萦绕在脑海，伤害着他们脆弱的心灵。

我们给自己找借口：“父母有时是过分了一点，但是孩子们，上帝给了他们一颗宽容的心，他们可以理解。会过去的。”恶霸有时确实很过分，他们选择去做这些过分的事——因为他们是恶霸，他

---

〔1〕 第五诫命：基督教“十诫”之第五诫命是要孩子孝敬父母，尊重权威。

们有能力如此。一位辱骂孩子的家长不会辱骂他的老板和巡逻的警察。孩子们不能理解，咨询师和神父可能会理解。其实，我们都知道恶霸为什么欺凌别人，但是孩子们不会理解为什么上一秒还在恶狠狠地骂他们的人，下一秒又说很爱他们。毫无疑问，这种谩骂势必引起多种心理疾病，大大丰富了心理健康专业。

青春期的战争。或许是一个孩子可能参与的最具破坏力的战争了，很多孩子在这个时候都有了难以愈合的伤疤。那时候他们十六七岁，已经不完全是权力差异的受害者了，你想知道如何赢得这场辩论，或孩子和你进行的任何一场争论吗？太迟了！你要是赢得了这场战争，可能只会让他们离家出走，或者引起他们更剧烈、更具破坏力的反抗。

与孩子们的辩论可以在青春期开始前很多年获胜，需以无条件的爱、尊重和信任来获胜；以从最初开始，朋友般不求回报的支持获胜。它是一份无条件的爱，没有期待未来的遵从或屈从，孩子们不用去管他们所做的是不是父母想要的，这份爱不求回报。

父母和孩子之间，爱可以生爱，而权力只会滋生魔鬼。

我们辩论的需要。有时候，我们应该问问自己："我为什么需要和这个孩子辩论？我有什么感受？我感到害怕吗？是怕这孩子还是怕我自己？我想让这个孩子按我希望的那样去做吗？是为了我还是为了那孩子？"比起孩子，父母可能更想让孩子成为足球队的英雄或者是拉拉队队长。孩子也可能并没有那样的雄心壮志继承他父亲的衣钵去当个银行家，或是医生、律师。他可能只是想弹弹钢琴，或者当个登山运动员，又或者只是想闲散地流浪。不管他对自己的希望是什么，重要的是他为自己的希冀努力，不是他父母的。不管他有什么样的道德责任，重要的是那是他的，不是父母的。我们不能再把父母的意志强加在孩子身上了。

父母们说自己想要孩子成功是为了他们，但其实在我看来，我们是为了自己。孩子们行为不当会让父母感到很痛苦。当他们做出耻辱的事、被拒绝或者被关进监狱都会令我们痛苦万分。当我们看到他们的失败时，会想要避免这种痛苦。我们想让孩子获得成功，其实是因为我们自己想成为成功的父母。

我一个朋友和他儿子的辩论让我想了很多。他很担心自己的儿子，他的儿子为了能负担自己冲浪的费用，准备去做一份不太体面的工作，这样一来他就不能去上大学了，也无法让自己以后拥有成功的生活。我发现这位父亲的辩论近乎完美。

“我一直在担心一些事情。”他开口说。

“什么？”

“担心你不去大学的这个决定。”

“是这样，我真的已经厌倦别人一直告诉我该做什么了。”他的儿子回答道。

“这我赞同，”我朋友说，“这个决定必须由你自己作，像你说的，你才是那个为自己人生负责的人。”这样一来辩论的焦点就放到了“责任”上。我的朋友告诉我，在那个节点上他特别害怕自己儿子会像这个年纪的孩子一样，直接站起来就走掉。但是他冒着风险继续了。他说：“我告诉儿子我很赞赏他愿意自己作决定，很多在他这个年龄的孩子都不想承担责任。”这位父亲已经和他儿子站在同一立场了，他儿子继续听了他接下来的话。“我告诉儿子他已经做了很多让我骄傲的事，但是我想谈的不是关于他的，而是我自己，我问儿子介不介意。”

我打断了一下问他：“你问你儿子介不介意的时候他怎么说？”

“他说，当然可以。”

这是一个重要的节点，这个儿子允许自己的父亲谈谈他的想法。当别人作出这样的允诺时，就代表着这个人也有了相应的倾听的责任。

然后他继续跟我讲，他对自己的儿子说：“你也知道，我穷尽一生只做了一件事，就是当一个成功的父亲，这已经成为我的人生目标了，是我最想追求的东西。坦白地讲，比起担心你，我更担心自己。”

他儿子问：“你担心什么？”

“不管你能不能成为一个成功的冲浪手，都是由你自己掌控的，在你成为冠军之前你可以一直练习。以后你能不能成功也掌握在你手中，你可以决定自己的人生。而我，我能不能成为一个成功的父亲，是由你决定的。不去掌控自己的人生对我来说真的太难了，但是我仍想成功。”

然后我朋友说，之后他儿子眼含爱意地看着他说：“爸爸，您什么也不用担心，我会好好的。”就这样，这场辩论就结束了。他所作的最重要的决定，也是在每一场辩论中最重要的，就是知道什么时候应该停下来。

我朋友的这场辩论没有任何大部分亲子辩论的致命缺陷，没有责怪、没有敌意、没有愤怒、没有抱怨、没有伤感流泪、没有罪恶感，也没有彼此的尖叫、权力的博弈，没有任何要求，也没有故作姿态。有的只是一个父亲真实的自白。这位父亲想成为一位成功的家长，当他意识到他是否能达到这个目标完全不掌握在自己手中的时候，觉得很无助。但是他告诉了儿子他想要什么。他所说的都是事实，他担心自己不能当一位成功的父亲，这很可信。

不管这个男孩最终有没有去上大学，都不能代表这场辩论的成功与失败。也许他去了，也许他没去。但这场辩论真正的意义在于，这个男孩终于意识到了他的人生不是自己那些毫无联系的一时兴起和短暂满足，而是一条双行道，他必须同时对自己的人生和父母的人生之成功负责，这是这场辩论的力量，也是坦诚的力量。

父母的权利。父母也有权利。这些权利随着孩子们承担责任的能力的增长而增长。一个四岁的孩子可能无法理解他的母亲有权享受片刻安宁，有权说话的时候不被哭嚎和他们的需求打断。但是在早期就被当作一个人来尊重和信任的孩子已经学会了尊重。等到他们进入青春期，就已经发展出了他们自己尊重和关心父母的需求。

父母的确享有权利。父母要是允许孩子随意践踏自己的权利，对孩子也是没有好处的。一位向孩子主张自己被侵犯了的父母权利的家长，和一位想要把自己的意愿强加于孩子的权利之上的家长，是完全不同的。一位父亲如果因为自己的儿子借了他的猎枪去猎鸭子，但是却把枪留在雨里一整夜，枪都起泡生锈了，那他生气抱怨当然是正当的。但是，他无权强迫自己的儿子，让他去教堂，给后院的篱笆上漆或者去耶鲁大学。一位母亲有权要求她十七岁的儿子不要没洗干净脚上的泥巴就走上她新打蜡的光洁的地板，但是无权一直唠叨让他打扫他自己的房间。亲子关系中，双方都有自己的权利。

惩罚。我想起我十五岁时，一次打猎归来，犯了一个作为猎人不可饶恕的错误。我把猎枪放进车里之前没有退子弹。之前我从没有犯过这样的错误。

这天我手里拿着猎枪走进厨房，向我父亲讲述那天的狩猎，他当时正在清洗刚刚捕到的鳟鱼。我向他演示我那天是怎么猎鸭子的，我装作在靠近一只鸭子的样子，然后扣动了扳机。这一枪在我离我父亲的脑袋只有几英尺的地方炸开了一个大洞，我吓坏了。

我父亲转过身看着我，眼底带着悲伤，之后又默默转过身去继续洗他的鱼。他从未跟我提及过这件事，从来没有。直到此刻，我写下这些文字的时候，我还不确定我从这个可怕的事件里学到了什么。那时的惊恐仍然历历在目。当然，我知道了必须要给枪退弹。我学到了我们必须要遵守一些基本的规则，这与生命息息相关。但是，我从我父亲的沉默里学到了什么呢？在大多数成年人可能早已经爆发的时刻，他选择了沉默。或许，我从中知道了小孩子能够分辨是非对错，他们的无心之失不用被惩罚，他们所犯下的错已经给了他们惩罚。

我父亲是个极睿智的男人，他懂孩子。现在想来，有一件事在我和父亲之间可以算得上是一场决战，那件事非常困扰我。那时我大约四十岁，但他是我父亲，我在他面前还是他的小男孩。我说:"爸爸,我受够你了。"

他看起来很惊讶。

我向他抱怨:"我有几个朋友,他们觉得我自以为是、以自我为中心、傲慢又粗鲁。你应该在我还小的时候就把我没礼貌这毛病给剔除出去。"

我抱怨的时候他专心听着,等我说完了之后他说:"盖瑞,把这些从你身上剔除出去是很容易,但是一旦剔除出去,就再也回不来了。"我父亲的智慧是从哪里来的?记忆中我爷爷是一个目光炯炯、脸上总挂着真诚微笑的白发老头儿,我还是个小男孩的时候,他就会拍拍我的头,把我当成个男子汉一样和我交流。那时他给我讲的故事对我的年纪来说还太复杂,理解不了。有时他讲一些有趣的故事,他哈哈大笑的时候我也笑。他觉得我很聪明,懂他的故事。我觉得有些智慧可能是存在于基因之中的,但是大多数时候是祖父母培养的。圣经说"父亲的罪会报应在孩子身上",倒不如说"父亲的美德是他给孩子的天赋"。

孩子,金钱,和工作。在这个物质社会,金钱和物质似乎已经控制了我们。钱,也可能是父母与孩子之间存在的问题。我觉得父母不应该给他们的孩子买很好的车,或者负担他们春假时候到法国南岸的旅行费用。父母应该给他们的孩子提供生活的必需品,但在这个金钱社会,孩子们应该学习的必备技能之一就是如何赚钱谋生。

最近我刚刚做完巡回演讲,乘飞机回家的途中遇到了两个年纪轻轻、脸上还有些青春痘的少年,他们在和我同一班飞机的头等舱。在大多数人还挤在经济舱的时候，这两个孩子却坐在头等舱，这两个孩子的父母们向他们传递了什么样的信息呢？金钱把人区分开来，也把这两个孩子和飞机上的其他人区分开。钱把我们分成了不同的阶层——有钱的和没钱的。也因此剥夺了我们跨越人类的宽度和广度而与彼此联系在一起的权利。我们自然而然地与那些银行账户数字和我们差不多的人结交。大多数银行家和大多数有钱人都是一样无聊。经济地位和钱财都是死物。在拜金者的性格本质里，伴随其劳碌与劳碌所向的，皆是死亡。我想我应该会更容易将他们与殡仪人员联系起来，而不是专业的金融家。我希望我的孩子与一些活物产生关联——与工人、创作者、思考者、奋斗者关联，与困惑、迷途之人关联。我希望他们都能与活生生的人有所关联。

我希望我的孩子可以去工作。工作能教给他们的东西比他们在学校里学到的更多。他们所学到的也不仅限于工作，还有人们是如何奋斗挣扎、如何生存。他们会明白钱对于那些已经拥有它或者根本没有它的人，能起到的作用很小。他们会明白一个关于钱的简单道理：一个人的品质和他所拥有的金钱数量常常成反比。他们会明白人在世间谋生是一件多么困难的事。他们会明白人们不管有多累，都必须要工作。他们会懂得同情，也能体会到完成工作的成就感。学到如何当别人的下属、怎样服从指挥、如何提出质疑。除了玩儿，工作比其他任何活动都能让孩子们更多地了解自己。

我去工作从来都不是被强迫的。我父母给我的零花钱很少，所以就去工作了。那个夏天我带着马队在俄怀明州的牧场收干草。我在草料棚里睡觉，周六晚上就去外面逛逛跳乡村舞蹈，和牛仔们一起喝酒。我曾去牧羊，十六岁的时候在一艘商船上当过炊事员和海员，那时我到过很多港口，也参与过那时年轻人常有的恶习。

当我想从高中提前毕业时，我父母没有反对，也没有试图控制和阻止我。我还记得我父亲开车送我到小镇边，开出了高速路方便我可以搭到便车，他亲吻了我祝我一路顺风，告诉我如果写信回来他会很开心。后来我转回身，家里的旧福特37带着挡泥板啪啪作响驶向街尾，渐渐消失。当时我背着包，孤身一人站在高速路边，做出要搭车的手势，有那么一瞬间我真的想转身跑回家，想知道我父亲到底是不是真的爱我。虽然这是我期待已久的，但或许是他想摆脱我了，不然为什么会把我就这样扔在高速公路上？其实我心里知道自己当时判断力不足，我本以为他一定会跳起来反对，觉得这是青春期小孩的胡闹。

但是父母和我当时的对话是这样的：

我说："我受够在这个镇子待着了，我要脱离这个地狱。"

"你想去哪儿？"我父亲问。

"阿拉斯加，去淘金。"

他说："那里还有金子吗？我以为淘金热已经结束了。"

"他们肯定没有全挖完，如果你聪明些就会知道那里肯定会剩下些金子。"

我父亲说："可能吧，你应该去和泰德·约翰逊谈谈，他在亚马逊淘过金，应该能告诉你不少东西。"整个对话过程中我们没有一点儿争论。对于我这个疯狂的想法我父亲没有批评、嘲笑，也没急着给我上一课。而我母亲也什么都没有说，只是看起来非常的悲伤无助。

我拟了一份我将会需要的物品清单：厚外套、靴子、袜子、羊毛内衣和连指手套。我算了一下把自己装备齐全需要多少钱。我和泰德·约翰逊谈了一下，他说，不，金价已经下跌了。所以我告诉父亲我要去阿拉斯加设陷阱捕猎。作为一个经验丰富的陷阱捕猎者，他能给我提供很多建议，如我所会用到的不同类型的陷阱，如何布置陷阱时不留下人类的气味，怎样布置海狸陷阱才能让他们在被困时被淹死而不是让他们咬掉自己的腿。我父亲从头到尾都没有告诉我说这整个主意是多么荒唐可笑，我只不过是在愚蠢地做白日梦。

几天之后我的一个朋友告诉我他要出海，邀我与他同去。他那时在圣地亚哥读书，他跟我讲了大海、棕榈树、芳香的空气和加利福尼亚的女子。我立刻就放弃了要当一名捕猎者，决定成为一名海员去看看世界。这样一来，我还不用去买那么多很贵的衣服和布置陷阱。我像是一条小狗，在某些方面我就是一条不守规矩的、执拗的、精力充沛的、野生的、任性的小狗。但是，我父亲从没有要把这些从我身上剔除出去，我后来对此感到非常庆幸，因为这才是真正的我。

只要不拿孩子的生命、健康冒险，就应该给他们留一些空间让他们去犯错，从这些错误中成长。总是为孩子担心，他们想做的每件事都要与之争论的父母在孩子面前是没有威信的，他们根本不害怕。大自然早已赋予了孩子们承担风险、面对失败的能力。蹒跚学步的孩子即使可能会跌倒，也会勇敢地迈出步子，老人才害怕跌倒。大自然安排了让一些人摔倒，而另一些人不会，正是在这样的风险之中，孩子们学习、成长。

我过去常常跟我的孩子们说："一条雌性鳟鱼会产成千上万颗卵，孵化出成千上万只小鱼，但是大部分小鱼都会被吃掉，只有很少的一部分会长成大鱼。"我不知道他们有没有听进去。我讲这个故事其实只是表达我对他们的担心，我怕他们全被吃掉。

到头来我才发现，正是我所犯下的那些错误让我学习、成长，而不是那些胜利的喜悦。胜利的那种喜悦很容易让人得意忘形，即使我很喜欢那种感觉，但我从来没有从中学到过什么。我更喜欢的，是通过胜利去避免失败、挫折、损失和被拒绝带来的痛苦。

同孩子辩论的成功例子。如何同一个四岁的不想吃麦片的孩子辩论？问问她想吃什么。要是她想吃墨西哥粽子，就给她。要是她想吃糖，就只需要简单地告诉她你没有（确定你真的没有），然后让她再选一个。你要是想让她一辈子都讨厌麦片，那就逼她吃。如何同一个三岁的不想睡觉的孩子辩论？给他讲故事，直到他想睡觉。千万别把他们扔在电视机前看那些美国公司的争执，只会让他们变成一个没有思想、脑袋空空的消费者或成为爱看热闹的人。要是你想让学龄儿童一生都痛恨学习，那就逼他学习。如果你想让他憎恨你，那就逼他服从你。强迫和憎恨就像是一对双胞胎，如影随形。

一个十六岁的孩子想去朋友家过周末，而他朋友的父母都不在家，要如何与这样的孩子辩论？其实我们心里是害怕的，不是吗？他会不会被车撞到？他会不会喝酒吸毒？放到现在，我们会担心更坏的事，他会不会感染艾滋？但是记住一件事：这是我们的恐惧，不是他们的。

即使身处危险境地，他们也不害怕。这是把“双刃剑”，有好有坏。要是他们真的害怕，就不能经历从孩童到成人的美妙转变了。正是因为年轻人无所畏惧，才能上战场，一个稍微有点儿智商和经历的成年人都是不愿意去的。

他们尚未成熟的心智在致命化学物质——睾丸素的轰炸下是不可能正常运作的。我想如果我们拿很多青少年的行为和不同的心理测量表比对的话，可能会发现大部分青少年会具有那些最严重、最不可思议的精神疾病的特征。在我看来，青少年是十分疯狂的，不管对自己还是对他人，他们都是危险的存在。他们大部分都对现状不满，沉浸在对权势和不可战胜的幻想中无法自拔。而且判断力极差，洞察力也受到影响，常常做出不符合社会规范秩序的行为。有些人甚至不在乎是非对错。大部分的犯罪案件主题都是青少年；大多数的交通事故都有青少年；大部分那些透支生命的恶习都是在青春期形成的——如吸烟、酗酒、吸毒。青春期对每一个孩子而言都是一个危险时期，对父母而言，是一个充满恐惧和挫败的地狱。

孩子进入青春期，什么辩论都收效甚微。要是孩子被关进监狱，那之后很可能就会更加一发不可收拾，而我们不管做什么、进行什么辩论都无法防止它发生。人这种动物需要自由。如果不是遭受到永久性的严重伤害，是不能被关在笼子里的。就算一个小孩在有爱的、充满智慧的家庭里长大，从小就被给予尊重，他也会渴望自由，不过这样的孩子可以在家长与孩子的合作中找寻到自由，风险就大大降低了。要是我们的孩子不去寻找属于他们自己的自由，那就说明他们无法独立，心智不成熟，这是极其悲剧的，就像是一只害怕的、羽毛长不全的鸟儿一样，永远不能飞离家庭的巢去冒险。

所以：父母在孩子们开始寻找自己的自由之前要一直养育他们，就像是昆虫，不管是一直丑陋的飞蛾，还是一只美丽的蝴蝶，都有挣脱蛹寻求自由的一天。在他们婴儿时期到青春期这之间，辩论就已经需要获胜了。胜利的辩论给孩子们的是爱，失败的给的是训诫；胜利的辩论给孩子们的是尊重，失败的给的是操纵；胜利的给的是诚实，失败的给的是虚伪；胜利的给的是自由，失败的给的是控制。如果孩子们的童年时期经历的辩论都是家长获胜，那到青春期也没什么太多好反叛的。他们可以快乐地去拥抱这个世界，满怀尊重和爱意，而不是憎恨、怒气和暴力。一对成功的父母能给世界的最好的礼物就是能让自己的孩子快乐地绽放。

第十五章 | 在工作场合辩论

——与公司的库克罗普斯交锋，在政府的利维坦中求生

『门锁：在工作场合辩论就像摸老虎屁股。』

『钥匙：公司游戏如同其他游戏一样，你必须先知道游戏规则才能获胜。

如果辩论是为了从别人那里得到我们想要的东西，那我们想从老板那里得到什么呢？钱？保障？福利？在我看来，我们想从老板那里得到的只有一件事，那就是：尊重。』

如果老板尊重我们，就会付给我们合理的薪水，给我们足够的保障和安全舒适的工作环境。会倾听我们那些不得不说的话，将我们的想法付诸实践，鼓励我们发挥创造力。尊重，这就是我们想要的全部。这样老板才不会把我们当作用完即丢的商品；也不会将我们当作一块擦引擎油污的抹布，用完随手丢弃。这样老板才

不会在工作场所变成行尸走肉，才不会不管我们想什么、做什么、有多努力；我们也不会变成一个个无名的劳动力；也不会被老板称为“主体”、对待为劳动的人头。我曾听到过他们提及那些努力工作的好员工时这样说：“明天再给我调五个人头过来，真是太忙了。”

我们在工作场所辩论之前必须明白我们和雇主之间的关系。如果我们不了解我们为之劳动的实体的本质，就不可能在工作中进行有意义的辩论。没有人会和一个对怪兽什么都不知道的库克罗普斯较量。当我们为公司工作时，如果对这个野兽般公司的本质没有足够的理解就进行辩论的话，则完全是无用的，甚至是有害的。

什么是公司？公司不是一个人，也不是一群人。记住这一点，它是一个虚构的结构。是一种形式——没有生命，没有呼吸，也没有人的形态——是一种不可见的形式。正如教派是实体，花旗公司是一个实体，公司也只是一种实体。你看不见实体，就像虽然你可以看见大教堂但你却看不到教派一样。你可以看到泛美金字塔，但你看不到泛美公司。公司只存在于白纸黑字的纸上，我们可以看到公司生产了什么、建造了什么、破坏了什么，但是我们看不到公司。世界上没人能看到公司，就像这世界上没人能看到思想一样。公司只是一种想法。我们在工作场所辩论总是失败就不奇怪了。

告诉我，我们要怎么和一个看不见摸不着的东西辩论呢？要是我让你和一块三平方英尺大的什么都不是的东西辩论，你会觉得我很奇怪。你能看到自己满怀敬意与害怕地靠近那个什么都没有的地方吗？你能看到自己掏心掏肺地和那个什么都不是的东西辩论吗？当你说的根本没被听进去的时候，你是不是最终觉得自己——而非公司——什么都不是呢？

虽然公司不是活物，但却拥有它们自己的生命，即拥有开始和结束。许多东西是永恒的，如天主教、美国钢铁和埃克森公司。他们的创立者死了，创立者的儿子们也死了。孙辈们整日游手好闲，但是这些公司还是好好的。公司常会被其他公司收购兼并，就像某些地球外无生命的水珠——膨胀、分裂、进入其他水珠，吞噬、消化、又排泄出水珠，变成一团更大的不可见的什么都不是的东西。

让我换个比喻，方便理解公司是如何用人的。想想船，为公司工作的人登船、跳船、改变这艘船，但他们都不是船。这再明显不过了，但是大部分在工作场合的辩论却仍是围绕这个问题。我们知道人为公司服务、管理公司，最后却被公司消费、丢弃（我们把第二种情况叫作“退休”），但是公司，就像那艘船一样，仅仅是一个概念，就像其他死物一样，什么都理解不了。人不是船，也不是公司。

谁在掌控公司？为了理解如何在工作中辩论，知道是谁在掌控公司是很有必要的。许多人，甚至是公司职员他们自己，都觉得是人在掌控公司。这是个很大的误解。

从理论上来讲，公司的确由董事会管理，日常事务由公司职员处理。但是公司大部分时候是靠惯性运营下去的。换个比喻来讲，一个人可以拿棍子搅动池塘水面的水藻，然后把它们和其他乱七八糟的东西一起撇掉，但是这塘绿水自会革新，一点不受外界控制，应环境的变化又自己重新繁荣了起来。所以，如果一条河流被工厂污染了，而工厂管理者们的任务是要停止污染，那么污染几乎会永远继续下去。让我告诉你为什么。

在停止污染之前，主管当然必须要了解污染。而这永远不可能发生，因为对于坏消息，公司有一种固有现象。坏消息事关重大，所以不会向上渗透。但董事会最终应该会对污染知情，要么关注，要么漫不经心，最有可能的是后者。董事会成员不出面解决问题是一条不成文的规定，除非被其他实体牵着鼻子走——如有些不知缘由发疯的政府机构，没有例外。比起停止污染，选举立场一致的国会议员或者影响摇摆不定的监管者的成本更低、更有利可图。因此，董事会可能永远不会考虑河流的污染的问题。假设，就像克利夫兰的凯霍加河一样，河水污染严重以至于爆炸起火，公众反应很大，董事会成员们必须将这个恼人的问题提上日程。而虽然提上议事日程，但此事很可能会就此搁置，直到选举出新的董事会就职。就算终于下令要开展研究，这种指令很可能还没传到工程师那里，就消失在公司的纸片旋涡中了。我宁愿面对暴风雪的黑夜，也不愿跋涉在大型美国公司一天生成的纸堆里。

但即使研究污染的命令没有消失，它也不可能被优先对待。因为总有直接关系到利润的生产故障需要工程师立即处理。抑或是首席工程师正在国外旅行，没有他在研究无法开展。这么一来，首席缺席期间又积累了很多其他问题，开展研究的事情便又只好被暂时搁置。

不过，如果研究的确开始了，之后也完成了（这可能需要数年的时间)，结果可能会或可能不会上报到总裁那里请求批准。记住，坏消息事关重大。假设如果总裁真的收到了研究报告，作为总裁的他必定深思熟虑，很可能会想要一堆条目来解释，这样他就可以对董事会作一个极有见地、又信息翔实的报告。总裁作的探究会被写在备忘录里，这可能不会消失，但工程师就算看到了可能也不会费心思在污染问题上，因为他认为比起有关公司生死存亡的大问题来说污染实在太微不足道，这就像是医生看到一个心脏病发的病人到急诊室却在抱怨自己的晒伤。

随着时间的流逝，首席工程师可能会命令部门重新开始研究。如果最终可以完成，如果同样的结果又送去了董事会——新的一批董事会——他们的祖父辈就是最初发起研究的那批董事。新董事根本不知道“那时”的污染问题是怎么回事，这是完全可以理解的。首席工程师已经退休了，以前参与到研究中的那些工程师也都垂垂老矣。为能好好负责，新董事只能做一件事情——下令开始新研究，与时俱进。

这种情况在公司其他方面也大量存在。公司虽为死物，却主要靠自身运作。耶鲁大学法学院查尔斯·赖克说：“公司是一个无比强大的机器，有序、守纪、理性、完全不受人类控制、而且完全无关任何人类价值。”就像是海上的船只，不管有没有人掌舵，自会漂浮航行。企业高管们的显著特点之一就是他们能在营销技巧上左右逢源——营销一种幻想——他们能让船按航线行驶的幻想。有时候这航线根本就是错误的，有时管理者根本不知所措。但我们的目标就是让船只继续漂浮，让别人以为有人掌舵，以为这艘船正在驶向某地。要是公司负责人可以营造出这样的幻觉，将备受追捧与赞誉，认为他非常成功。

谁对公司行为负责？这艘无舵之船。回到我们之间提到过的关于船的比喻，船是不能为它自己负责的。船不思考，没有灵魂、也没有良知，不承担责任。那，船员呢？要说船上的船员是船本身，那很明显是错的，他们只是为这艘船工作的船员而已。而船长，也不是船本身，仅仅是船的服务者。而且，就算是船长去世，或者在水手的叛乱中被杀，船也会继续自己的生命。那这艘船的所有者呢？这艘船的所有者并不会比其他股东更能控制这艘船，或者说，日常运营这间公司。大部分船只所有者用自己的钱买了船，可甚至从来没有见过它，与之关系疏离。结果最后，钱这种死物，拥有这艘船。但钱是不能承担责任的。和钱打交道这么多年，我还没有嗅到里面有一丝灵魂的味道。

想想是什么拥有这艘船，钱。而钱是死物，这艘船本身也是死物，可以不用承担责任而继续存在，这就不足为奇了。这艘船不能承担任何刑事责任，我们不可能把它关进监狱，尤其是当这艘船，像公司一样是不可见的时候，就更不可能了。所以我们自然也不能把一个犯罪的公司送进监狱，或者对它判处死刑，即使它实际上造成大规模的屠杀让杰弗里·达默这样的变态杀人狂都相形见绌。

很多有作用的惩罚都不适用于公司，也正是因为这样，做生意才这么需要公司结构。对商人来说，这是最好的方式，让公司这种免责、无形的实体挡在自己面前，提供保护，帮助他们无恶不作、赚取利润。与此同时，拥有公司的商人们往往可以免除责任。在法律上，这种现象叫作“有限责任”。若公司因疏忽致多人受伤，公司负有法律责任，而不是公司所有者或是管理人员及普通员工。若是公司触犯刑法，通常也是公司承担责任，而不是公司职员或股东。这种情况下，公司通常会请厉害的律师团队为其辩护，最后常常公司也不用负担责任。让我告诉你他们是如何辩驳的。

谈起企业行为管理人员不会被牵涉其中，很容易就会想到臭名昭著的福特平托案。福特汽车公司的员工知道，即使在低速的汽车追尾事故中，平托汽车的油箱也可能会破裂之后汽油喷涌，引发起火，可能导致车主受到严重伤害，甚至死亡。然而福特公司仍然大力推销这款车型。而对于这种危险设计的补救措施每辆汽车的成本不过 11 美元。但是，在冷血无情的公司中，人的生命不过是商品，是用金钱计算的，他们全然不顾人濒死的挣扎和失去亲人的痛苦。

福特公司考虑到国家公路交通管理局的统计数据。当时一个人的损害赔偿金是 173，300 美元，再加上医药费 1125 美元，财产损失 1500 美元，保险管理费 4700 美元，法律和诉讼费 3000 美元，误工费 1000 美元，受害者的痛苦折磨 10，000 美元，丧葬费 900 美元，以及 5200 元的其他费用。一个人死亡的赔偿总金额是 200，725 美元。

福特汽车公司备忘录显示若是平托汽车省下 11 美元的安全装置费用，预计一年会发生 2100 起汽车起火事故，导致 180 人烧伤，另 180 人因严重烧伤而死亡。注意，备忘录撰写者已经决定了一年会有多少人被该公司的汽车杀死——但这些本是可以避免的悲剧。这些人，就因为公司的利润将会被牺牲。

福特备忘录之后写到，把政府的数字扩大算成每个死亡人员

200,000美元，假设活下来的那些人医药费为67,000美元，再加上车里损失的700美元（假设老平托汽车的折余价值小于残值），再考虑到每年1100万辆轿车和150万辆轻型卡车的市场营销，对以上数据用资产负债表分析会发现，福特公司总共要赔偿受伤和死亡的人总数额为4950万美元。而如果提供更全的车，每辆车成本会增加11美元，总金额为1亿3750万美元。根据这些数据，福特如果没有这部分安全开支，将会省下8800万美元。

从1971年平托汽车上市到1977年，估计有500人因平托车车祸丧生。

在平托汽车案中，应该由谁来为那些死去的、经历生不如死烧伤折磨的人负责？是那些设计出缺陷并交付生产的人，还是那些发现汽车存在缺陷却没有揭发的检测人员？是那些明知汽车存在缺陷仍然制造的生产员，还是那些明知是错，为了利润仍然把缺陷汽车投向市场的人？

美国公司中的法律分配给了企业中的无名小卒参与到最恶毒的罪行中的机会，而那些是他们作为负责任、有道德的个体时绝对不会做的。这种法律责任的分配就像是军队的士兵免于个人责任。之后，福特汽车公司被判所有指控的罪名不成立。

但是麻烦问题还没有结束。要是芝加哥黑手党独眼乔治，在明知其他人会死亡和严重烧伤的情况下，烧了黑手党敌人的房子以此谋利，我们也会以“谋杀重罪”起诉他，如果有可能的话会要求判处他死刑。但独眼乔治在如今的社会已经看不到了。他没有我们如今在国会享有的权利，也不能用几百万美元的广告资金控制媒体的半壁江山，最重要的是，他的行为不符合如今这些美国公司的利益，毕竟它们的股票是要在纽约证券交易所进行交易的。

现在让我们来说说亨利·亨特，一家规模很大的汽车公司的首席执行官，他也作了福特平托案中相似的决定。亨特先生肯定不会参与到独眼乔治的罪行中。要是坐在陪审席上，亨特先生很可能会认定他有罪判处死刑的这一边。但是在公司会议室里，像是有某种邪恶的病原体，就算是好人进入公司的环境里，道德的免疫系统就像是崩坏了，底线也不复存在。那些因公司的错误行为而死去的人，和那些被独眼乔治谋杀的人没什么两样，公司从那些无辜死去的人身上获利，与独眼乔治杀人获利也没什么不同。

明白公司的环境。要在工作场所辩论，我们必须要理解我们工作的环境。破坏环境是美国公司最严重的罪行。在公司媒体中，我们对此鲜有耳闻。我们听说谁又抢劫了便利店，或者哪个酒鬼又撞翻了酒类贩卖店。我曾在国家事务局看到一个非常惊人的数据：每年企业犯罪对美国人所造成的金钱损失，比所有个人所犯下的盗窃、抢劫、入室盗窃和机动车盗窃的十倍还多。美国最大的五百家公司有五分之一曾以至少一项重大罪名定罪，或因严重不当行为被民事处罚。乔治华盛顿大学社会学教授阿米塔伊·埃齐奥尼发现，在他十年的研究中，美国最大的公司有近三分之二有过违法行为。全面而观，问题并不是在于公司员工道德缺失，是公司结构让其自身可以无视道德运作。人们不会因为鳄鱼吃婴儿就责怪它们，那是他们的天性，他们会吃掉一切会动的流血的东西，不管是蠕虫、鲶鱼还是婴儿。

法官迈尔斯在法庭宣判支持对道尔顿（宫内节育器）的制造商

罗宾斯以 460 万美元的款项赔偿时，对那间公司管理人员说了一些话。以下是部分节选：

先生们，今天你们坐在这里，再一次尝试逃避你们行为的法律后果，你们之中没有人勇敢承认，正是使超过 9000 名女性放弃了自己部分女性能力，才有了你们公司今天繁荣的事实。我不敢想象如果你们的受害者是男人而不是女人会是什么结果。

如果一个年轻男人，在没有授权或知情的情况下对一个女性造成这样的伤害，他可能会在监狱里度过余生大把时间。但是你们的公司，在没有任何提醒的情况下，就侵入女性的身体，造成成千上万人的伤害。

想要唤起企业的良知，法官对公司的高管说：

请看在人道的份上，提高你们的底线。你们，作为公司的管理者，一定要有良心、有灵魂、有良知。

毫无疑问，公司管理者有良心和灵魂，他们甚至有良知。但是法官的恳请，对象是根本没有耳朵的公司，那些公司没有耳朵、没有良心、没有灵魂，更没有良知。

……

我们是谁？ 在我们能成功地在工作场合辩论之前，我们必须要问这样一个问题：在企业中我们是谁？我们是船员，在这艘看不见的船上工作。正因如此，才要求我们无止境地工作、发自内心地关心、毫不犹豫地为公司的最优利益牺牲。但是，仔细考虑之后，我们应该为了仅仅是一个虚构之物、没有一丝人情味儿的东西抛下一切吗？

从最开始起，我们就被要求要忠诚和团队合作。我们穿上红色的球衣就为红色而战，换上蓝色的球衣就为蓝色而战。我们被要求要信仰宗教，要对学校、俱乐部、国家忠诚。我不是在宣扬反对忠诚、爱国或上帝。我只是叙述历史事实，从这些历史事实中，我们知道了忠诚于无生命的实体、忠诚于虚构的结构是值得赞赏的。

但是我们如何忠诚于虚构之物呢？当公司根本不能赏识和理解我们的才能时，我们如何对它忠诚呢？让我打一个听起来有些蠢的比方，有一个叫赫尔曼的船员非常忠诚，我们看着他坐在甲板上说他要永远为这艘船奉献，他爱抚着冰冷潮湿的船身，把激动发红的脸颊贴在生锈的甲板上。但是，不管赫尔曼如何苦苦央求，这艘船还是一样的冰冷无声。

一个人能安心地把自己的才能奉献给有生命的人或物，他们也能回报以忠诚。而公司，由于其自身结构，与我们的上级疏离，与我们上级的上级疏离，与我们的工作疏离，最终，与我们疏离。钱，代替生产出的物品，成为一个受人尊敬的对象，一个无所不能的有着神奇力量的精神化身。在我们的文化中，钱尽管是死物，我们却毫不犹豫地为之献身。对金钱的渴望变为贪欲——习惯性地、奇妙地唤起了人性的丑恶。

在公司背景中，我们的辩论从何开始？当我们忠于信念、标准、道德责任、理想时，事实上，我们是忠于自己。这种情况下我们就可以对工作场所的辩论站定立场。当我们忠于朋友，我们是对一个有能力回应我们的人忠诚。这里也是一样的，和老板争论，把老板当作公司里的朋友，争论就可以开始了。但是，如果我们已经沦为了公司拥有的商品，一个劳动力、一个零件的话，就更难达到忠诚，那不管如何与公司辩论，都像是在风中的大吼。一个人可以对别人忠诚、可以为别人牺牲，但当他仅仅是为了公司而牺牲时，他只能期待公司能够予以回报的东西，事实上公司能回报的东西是很少的。

为加薪而辩。公司里几乎所有的辩论都必须要针对为公司产生更多的利润。没有人会在正义的基础上，要求加薪，因为公司不以正义来经营。没有人可以因为珍妮和强尼很饿，或者他们的母亲默特尔病了需要医生，就赢得要加薪的辩论。也没人因为他说自己已经很努力工作了但还是付不起房租，就赢得要加薪的辩论。更没人可以因为提醒公司他已经连续地、忠诚地、无怨无悔地为公司服务了二十年，从来没有加过薪，就赢得加薪的辩论。正义与公司毫无关联，就像是木屑和苹果酱一点关系都没有一样。事实上，正义是公司的毒药，否则就会按照雇员们的所有劳动价值给他们支付薪水了。相反，员工劳动的超额价值被企业占为己有并转化为企业资本。而资本就是权力。所以，员工劳动的超额价值就变成了更强大的权力用来对抗员工，公司也能从劳动力中榨取更多。这个道理就是我们常听到的那句话——“富人越来越富，穷人越来越穷”，而这，不是正义。

要与企业雇主为加薪而辩，必须证明更高的薪资可能会创造更高的产量和利润。这个辩论要点在于：更多的工资，更多的利润，无休无止。

- “我现在已经尽力在努力工作了，但是只要有一点更多的经济帮助我就可以不做外面的工作，提高产量。”
- “加薪能让我买一辆新车，有了更好的交通工具，我就能工作更长时间，更可靠。”
- “加薪能让我还一些困扰我的债务，更有效率地为公司发挥我的创造才能。”
- “加薪的话我就可以进一步深造，更好地把我的技能运用到为公司创造利润中去。”
- “加了薪我就能吃得更好，睡得更香，提高产量。”

为加薪的辩论可以基于忠诚之上，但不是对公司而言。建立在忠诚基础上的辩论只能是与活物的辩论，记得吗？——要和我们的直接上司辩论。乔，我们的上司，正在想方设法争取升职。在公司阶级中，上司总是在谋求进一步升迁的，这到哪儿都一样（除非级别已经做到最高，没有晋升空间只能往下降）。

我们要努力帮乔升职，为他想、为他创造、让他精神愉悦，帮助他展现出一个有活力的、有才干的、有见地的领导的样子。做完之后不要说：“乔，我帮了你，现在该你帮我了。”乔知道他欠我们的人情，也知道该怎么还，生意上也只有金钱这一种方式适合用来还债。更聪明的老板会知道他的成功很大一部分是我们的努力和才干的结果，不用我们提就会给我们加薪。如果没有，那对乔的方法就要更精明些。虽然我们帮助了他升职，但他不想让我们用这件事吸引他的注意力。他想要揽下功劳，我们当然就给他功劳。

开始先表明和乔一起工作很开心，并且非常希望能继续下去。然后就简单直接地说：

“乔，你觉得帮我争取下加薪怎么样？”这就非常直接了。现在他就可以展现出回馈你的忠诚了。

“那是你应得的。我会看看有没有什么我可以做的。”但是乔在向上级代表我们辩论时不是基于公正，而是基于加薪之后可以增加公司利润的保证。

为升职而辩。雇主与我们自己都知道彼得原理（我们趋向于被晋升到不匹配的地位）。如果我雇了一个完美的木匠，作品非常漂亮几乎不可能复制，我是不愿意让他变成一个工头的，他如果当工头，那就是可能牺牲了非凡的技艺而换来了一个平庸的领导者来领导一群平庸的木匠。

为升职而辩的最好辩论都是一样的——就是展现出你升职之后，会提升这份工作的效率，同时也就意味着更高的产量和更多的利润。辩论如下：

- “我是一个好老师，我能告诉别人如何像我一样这么擅长于自己所做的事。”
- “我可以和其他木匠分享我的秘诀，让他们变成和我一样优秀的木匠。”

- “和我一样的人会想让我做他们的工头，按我的标准做事。”
- “我当了工头也可以干活，这样你不仅能有我的好作品，而且还可以把我知道的传授给其他人，以此增加我的价值。”

不管怎样，规则不会变：利润，是一把在公司提升的万能钥匙，而不是正义。一旦理解了这个，不管什么辩论我们都能掌控，正中公司下怀。

溜须拍马。办公室政治是一种艺术，有些人认为要想进入企业群体，就必须掌握这种艺术。我承认这种观点的合理性。否则，怎么会有些最平庸、最无聊的人晋升到了最高级别呢？我知道他们之中有些人对自己的生活毫无想法。更糟糕的是，他们也缺少发现别人有益观点的洞察力。然而，在顶端最成功的人擅长一些特定的其他技能，他们善于左右时局，精于社交，非常圆滑——与爱酒者共饮、与爱开玩笑者插科打诨，与喜欢打高尔夫球的人打高尔夫，等等。

许多腐败的讼棍靠着甜言蜜语的哄骗也爬上了顶端。在法庭上我常常遇到这样的律师。我只是从我个人的经验来讲，毕竟，一个代表普通民众对抗恶毒企业的出庭律师，不太可能接触到最好的企业领导。一定也有一些人有伟大的思想且心胸宽广，通过可敬的方式达到了企业界的巅峰。只不过，我很少遇到这样的例子。我曾见到过一些大公司的首席执行官，他们富可敌国，在证人席上瞪着我。要是小镇上只有一家汽车旅馆，我也不会雇他们经营。这些人权力极大，控制着数十亿美元的资产。我知道大多数人如何登上顶端，也知道他们如何爬上高层。他们之中有些人一定工作了很长时间，非常努力；但更多人则是傲慢自负，一路靠欺骗上位，握过很多人的手，拍过很多人的背。他们的脸就像是万圣节三周之后的老南瓜，厚颜无耻地露出谄媚的令人作呕的微笑。他们实在太愚蠢，根本没办法作决定。但是，一旦公司这艘船偶然借上一阵风，或者意外停泊在哪个港口，就会让他们备受赞誉。然而一旦船舶失事，他们就会立刻把责任推给下属，让下属处境艰难、生活潦倒。

我见过的大多数首席执行官脑子都空无一物，而且他们还不知悔改。这种人不知道好好利用在公司奉献一生的员工，以此来创造新的营利方式，而是盲目地削减人工成本，圣诞节时未事先告知就解雇大量员工。不削减管理层的工资，反而在产品质量上做手脚、偷工减料。他们会为了短期的一点点蝇头小利就损害甚至牺牲公司的长期利益。只要今天能获取利益，他们就会肆无忌惮地去做，才不会管自己的继任者之后会遭受多大的损失。他们会操纵会计流程，即使实际上正在亏损却让账面看起来是在盈利。他们会掩盖自己错行的证据、隐藏真相。他们会向分析员撒谎，以吹嘘自己股票期权的价值。他们会把已经被这个国家禁止的危险药物卖给不知情的第三世界国家。他们会把毫无价值的产品推向市场，即使这产品可能会给人体健康造成伤害甚至致人死亡——但是这一切只要以利润之名就都可以被原谅。一个公司管理人员曾跟我说过很多，说他对自己的员工、顾客、国家不忠。他的忠诚都给了股东的利益。简单地说，就是一个普通的正派的人，为像屠宰场一样的公司工作多年，终于爬上高位，在这场利益的游戏里，他已经丧失了大部分良知。他的争辩就是简单的老一套，很容易预想到："我怎么能为了某些人的道德观念就对利润说不呢？道德不是游戏规则，利润才是。如果你到国外去，你也会这么做的。只有道德能创造出更大利润的时候我们才会那么做。你明白吗？"

"但是你的决定是错的，你自己知道，"一些勇敢的人抗议道。

"别对我说教。我受雇于此，不是来管理社会机构的，而是来经营营利性机构的。"（他们喜欢自称为营利性机构）

"但是那……"

"那我也根本不担心。把担心留给那些说教者，那些好人，那些环保人士、政府还有你们吧。我再说一遍。这里是要赚钱的地方，不是童子军营地。"

我可能有些夸大了，但是这样能给我带来些许欢愉，也有可能，我夸张的描述，比在公司政治里胆小又墨守成规的人所说的，更接近真相。我没有能力、没有这方面的知识、也没有这个经历，更无意要教你们去效仿那些公司里溜须拍马的败类。我很庆幸自己没有当一个摇尾乞怜的寄生虫的天分，不能教你们办公室政治的肮脏手段。你们或许永远爬不到顶层，但是你就可以保留你真正拥有的东西，那就是你自己。

政府工作。我之前所谈到的公司结构在很大程度上也运用于政府结构中。因为不管在住房与发展部、国务院、通用汽车公司或者是苏联，我们所发现的官僚机构就是官僚机构。就算你是在劳动部工作，也无法让它在乎什么。在国防部工作，你也不能让它关心你或者关心在这个星球上居住的其他人类。官僚机构关注的是数字，关注的是预算的钱、政治拨款的钱，还有代表了可能死亡人数的数字，还有官商结合能得的利润。所有的政府机构像公司一样，都不能对他们的人类员工做出任何回应，就像机器一样。一个在内政部工作的政府雇员，从洗碗机那里都能获得比内政部更多的理解。一个为陆军部牺牲奉献了自己生命和健康的政府雇员，在柴油机那里都会获得比在陆军部更多情感共鸣。

推动私营企业的盈利动机，在政府中表现为维持权力的存续。在政府中，人人都想要个铁饭碗，人人都希望自己的退休金不会被骗走。每个人都可以预见自己的未来，大部分是基于生命的长度，而不是功绩。在政府的最终报酬就是权力。但最后，权力也可以转变成金钱，因为在政府身处权力之位，很容易就可以跳过监管进入私营企业，一旦如此，便可以凭借在政府与权力的联系而日进斗金了。

尽管政府有着对绩效加薪和绩效晋升的规定，但却如摆设一般，完全没按照绩效来。一个整天昏昏欲睡的老官僚的薪水，会比一个找到方法节省上亿纳税人的钱的年轻人更高。我们都知道这一点。知道了这一点，我们也就明白了保存精力的智慧，否则我们的精力可能会被浪费于无用的辩论之上，讨论那些鸡毛蒜皮的小事而最终被政府官僚机构置若罔闻。

在政府工作，就像是在公司工作一样，不败即是获胜。不要掀翻这艘船，不要试图去改变这个系统，不要向这个系统索求什么它给不了的东西，就可以赢。对自我宽容，不要太让自己超出舒适范围，就可以赢。但是记住，如果能让自我满意、工作做得很好又实在，那也可以赢。如果不期待根本没长手的官僚机构轻拍你的背，但因满足自我而轻拍自己的背，那也可以赢。

记住，不管是谁签了付薪水的支票，我们一直是为自己工作。不管是谁掌控员工的去留，我们取悦自己。我们一直按照自己的准则生活。到最后，我们就能一直赢。

工作场所的道德。不管是在政府还是公司，雇主基本上都不关心道德，因此在工作场所保持道德是很困难的。事实上，我们在政府和公司服务中所见到连续犯罪比在其他地方都要多。犯下这些罪行的人都没有犯罪记录。他们通常来自很好的家庭，受过不错的教育，前途充满希望，道德高尚。但是进入官僚机构，有些事就变了。我想这是一个缓慢的过程，他们没有意识到这种改变，就像是渐渐长大，开始要穿大一码的裤子的这个过程，很难意识到。

我们从孩童时起就珍视的道德准则在工作场所变得毫不相关。每件事、每个人都好像和他们自己分开来了，和自己的理想分开、和彼此分开。人们不再是公民和邻居，而是追求经济的机械生物。就像鸡舍里的母鸡，它们的蛋每天都被偷走，它们的生产成了公司财富的一部分，抑或是政府浪费中的一项，一个工人于其根本没有任何自主权。对于原始土著人而言却不是这样。他的劳动、石质工具、炊具、篮子都是属于他自己的。他和自己所生产的东西并没有被分割开来。他和他的劳动并不疏离。他从石头和汗水里得来的财富，就是他的。

但是在现代官僚机构，劳动者所生产的东西，就像是母鸡下的蛋一样，日复一日、年复一年地被人占为己有，直到最后，他的生命也被拿走。劳动产品被转化成一种奇怪的象征物，我们叫作钱。

而大部分钱都不是工人获得的。钱成了一切事物的上帝，成了雇主、工人、顾客、教堂、政客、学校的上帝。每件事、每个动机、每个行为都是为了获取更多的钱——无生命的钱。如果要实现地球上的天堂王朝，就要不惜一切代价获取金钱。其实，钱已经成为我们文化中所迷恋之物。

钱将现代人与邻居分隔开来。一个人和邻居不再是同等的人。一个有钱，有个没钱。也因此一个被尊重，一个不被尊重；一个被接受，一个不被接受；一个被认为是成功，一个被认为是不成功；一个被认为有价值，一个被认为没价值；一个被评判为有道德（如果他有），一个被评判为不道德（如果他没有）。幸福、成功、满足、自我价值、社会地位……这一切的一切都由钱决定。那些拥有大把金钱的少数人聚集在社会一侧，那些没钱的多数人聚集在另一侧。两侧的人跨越空间盯着彼此，互相批判、互相憎恨。他们之间有什么不同呢？一些人因为有父母留给他们的钱而富有，而另一些人因为要照顾父母而贫穷。一些人偷盗钱财，另一些人以合法或不合法的方式获取。有些人不想要金钱，有些人从来没有机会获得金钱，但却有人不用辛勤工作就从他们的邻居那里抢夺钱财。横亘在空间对立两边中间的不是法律、不是道德，也不是资源、懒惰、美德、罪恶和犯罪，而是金钱。

既然如此，那些觉得自己理应有钱而没钱的人，看到那些不应有钱却手握大部分金钱的人，此时会觉得不公平就不足为奇了。工作最努力的人常常得到的东西最少，这样的社会怎么可能公平呢？整天在发臭的管道沟里汗流浃背、辛苦工作的挖沟工人问："为什么？为什么我一周赚的钱还没有公司的律师通过那些没用的证词一个小时赚的钱多？”掌握最大数量金钱的人根本不工作，只会对那些没钱、也没有真正的机会去赚取金钱的人进行道德批判，这样的社会怎么会公平呢？犯罪成为最明显的实现正义的方式，但却是贫穷的人寻求正义最不明智的方式。而这正义，就是他们应该占有财富的公平份额。

要是父母有两个孩子，都坐在餐桌上，一个被喂得很饱，另一个却很饿，不公显而易见。没人会因为这个饥饿的孩子从那个有很多东西吃的孩子的盘子里拿了一块点心就谴责他。但是，当那些孩子们长大了，充满着对成功的期待，来到一个不公平的工作环境，或者被扔进一个没有工作的明显不公、厚颜无耻的世界，我们可以预见到犯罪，并且的确有犯罪，也会一直有。请听清楚我在说什么：我不是在为社会主义的解决方法而辩，我是在为公正的解决方法而辩。要为自己的孩子提供一个公平的家，也不是必须要有一个社会主义者的家长。

在工作场所，道德常是虚伪的手段，要求员工遵守但是雇主却从不遵守。银行出纳从银行偷钱是不道德的，但是银行本身多年来更是不道德地靠高利息从弱势群体那里抢来了上亿美元。当然了，出纳员会辩驳，我从富人那里偷钱不像银行从穷人那里进行的无情偷窃一样值得谴责。股票经纪人从事内幕交易是不道德的，但他的公司推广毫无价值的股票，更不道德地骗取公众的巨额财富。

当然了，股票经纪人也会辩驳，用我的内部知情增加自己的财富不应该受到谴责。企业道德常常是伪装者和伪善之人的说教。假装诚实、自以为是的公司为了钱，它们诈骗、窃取、伤害、无恶不作，又怎么能要求员工为了公司的利益就遵守空谈的道德呢？

企业都想雇佣诚实的员工，诚实是被赞赏的，但这仅仅是因为雇佣一个诚实的员工要比雇佣小偷更能盈利。但公司的偷盗仍然是可接受的，因为生意总是受法律保护的。告密者告发自己的同事是受到鼓励的，不是因为他同事的偷盗行为是错的，而是因为他告发他的同事，这个告密者可以给公司省下原本将要损失的钱。

那在所有的这一切中，法律的作用是什么呢？就算是法律，也不是为了传递正义的。法律不是道德的。相反，法律为那些手握权力的人所用，他们公平或不公平地，维持权力。法律保护权力——金钱的权力。法律几乎总是让过往的罪恶变成先例，使其高贵起来，而不是改变不公平的法律以维护正义。

那么，我们如何在辩论中成功？那些成功的人就是那些没有被蒙上双眼进入游戏区域的人。只有当我们对这片游戏区域有一个清晰的、不受阻碍的视野时，我们才能在工作场所的辩论中成功。如果我们能理解自己挣扎其中的官僚机构，如果我们能知道谁会听我们的辩论、为什么要听我们辩论，我们就可以在辩论中取胜。

现在你已经知道了你应该什么时候去辩论、如何让自己可信、如何理解权力、如何倾听、如何准备、如何使用、如何进行你的辩论，等等。这些工具、技巧和建议对我一生的辩论都意义重大，相信也会对你在工作场合的辩论有所助益。但是，如我给了你反抗的勇气，我必须要赶快提醒你，这很少成功。反抗不被理解，人们害怕那些他们不理解的事物：此外，自己做自己、遵从自己内心的想法、保留自己权力是一回事；而趾高气扬、高视阔步、对此过于高调又是另外一回事了。我不是反对公开地、勇敢地坚守原则，而是说把这些大肆展示出来通常没什么好处。静静地坚守自己道德生活的人，比那些靠大喊大叫快把别人耳朵都震聋的人进行的辩论更加智慧。

一个人辩论中的成功，生命中、工作中的成功，是一个概念、一种想法——你的想法。在我处理过的一个案子中，当那间大公司的负责人走进法庭作证时，他两侧尽是鞠躬微笑、拍马屁的人给他开门、递笔记、不断强调着他的重要性。他没有什么真正的智慧。他对自己知之甚少。他对自己感到厌倦，这可能就是他洞察力的顶峰了。他深知如何践踏自己的下属，在这方面他堪称专家。他知道如何爬上升职的梯子。就算他可能会带着 2000 万美元的黄金降落伞（付给被迫离职的公司高管一大笔资金的协议）退休，我也不认为他是成功，如果只是把他当作一个爬梯子的人，那他可能是成功的。但这只是我个人的判断。

相反，我认为那位打扫首席执行官办公室、修理椅子、清洗窗户的清洁工才算得上是成功。这个清洁工曾经写过诗歌，发明过一种可以无需化学物质就给办公室散热箱除锈的装置。也曾帮助他的孩子读完大学，给他急需用钱的邻居门下塞进他能负担的几美元。他付清自己的账单，为他所遇到的一切非正义的事情发声。他从未要求别人强调他的重要性。他对自己的家庭很重要。他在成长过程中努力奋斗。若是他拥有能作出世上最著名的辩论的能力，可能也不会这样做。我认为他才是成功的。但这仅仅是我的判断。根据你心里对于成功的定义，你也会做出自己的判断。

在官僚的丛林中寻找生活的其他选择。或许还有其他的方式能在公司和政府的丛林中生存。这种方式需要一种完全不同的视角，与很多人最初选择进入公司或政府的理由——保障——截然相反。我在此提出一系列看似奇怪的假设：一个人越追求保障就会越没有安全感。还有：一个人表现出来所拥有的保障越多，实际拥有的就越少。

保障不存在于工作之中，也不存在于金钱之中。工作、养老金、职位都可以被那些创造出它们的人收回或剥夺。有一年我们看到通用汽车公司在圣诞期间解雇了75,000名员工。成千上万名为公司忠诚奉献出自己生命的人失去了工作。对一些人来说，这可能意味着失去了生命。金钱也一样，也会失去，其价值受通货膨胀贬值影响，可能减少或被彻底摧毁。养老金会被证实数额不够或者其实根本不存在。经过年复一年的辛勤工作才能获取、为工人老年时期所依赖的保障正被聪明的公司律师削减。没人比依靠公司和政府提供工作和养老金的工人更没有安全感。工人除了数字什么都不是，而数字可以任意地根据预算增增减减，是没有保障的。一瞬间画出的一条线可以划去成千上万份工作。

你能想象公司管理人员处理数字吗？他们必须做削减，有时这种削减与利润无关，也与创造出更好的产品无关。有时只是为了短期目标：取悦证券分析师、快速升职，或者更糟，只是为了行使权力。你能想象公司决策者说："到3月1日这个部门必须裁员一千人"——而你正是其中一个吗？

这个决定并不是让某个他们认识的人丢掉工作，让这个人的生活被永远改变，让他的家庭陷入危险境地，让他的孩子无法去上大学，让他因为没有适当的医疗措施而经历折磨甚至死亡。这个决定不是要剥夺某位男性或女性的工作，他们每天清晨还会向其问候，还会在小波比出生时去祝贺，也会在波比十八岁因摩托车交通事故丧生时，前去吊唁。这个行为也不是要去对那些他们知道的活生生的有感情的人不利，而是针对一个数字。有成千上万个这样的数字会被削减。并不是针对个人。

公司和政府削减工作是一场大屠杀，但只要是为了利润，这一切在如今这个社会就是可接受的。利润，就是最终的美德。我们已经了解在部落中是没有监狱的，也不会判处死刑。最严重的处罚就是将其放逐出部落，对印第安人而言，这无异于死亡。但是那些公司的员工呢？对他们来说，公司的工作场所就是他们唯一的部落。一位员工将自我价值、个人的满足感和成就感、身心健康都无可挽回地与工作紧紧联系在一起，如果他的工作被剥夺了呢？那他怎么办呢？她呢？

这造成的伤害是无法估量的。我想到了那些无家可归的人，想到了羞愧与沉沦，想到了大规模摧毁自尊，想到了人们对穷人和失业者表现出的憎恨。他们像麻风病人一样被对待、被戏弄、被鄙视。我想到了家庭的痛苦和恐惧，想到了那些眼睛明亮、希望成长、渴望成功的孩子，仅仅大笔一挥，他们就被剥夺了教育。我想到了那些年纪大一点的工人可能再也找不到一份好工作了。我想到了对他们的惩罚，但其实他们什么都没做错，憎恶就与他们如影随形。没有人会听到他们说："我只是一个数字，轮到我的数字了。"乔·麦克洛斯基为公司工作了27年，他希望得到保障，能有养老金、有好的生活，希望可以带着他孙子去钓鱼，还希望……当他的数字来临时，没有人能理解。

乔·麦克洛斯基并没有保障。所谓的保障不过是另一个假象，另一个残酷恶毒的谎言。一个人越追求保障就会越没有安全感。一个人表现出来越有安全感，实际上就越没有。没有任何公司、政府、官僚结构或雇主可以提供保障。生活本身并无保障。死亡才是最终的归宿。

所以，不要再热衷于去苦苦寻求保障，而为此将生命抛在一边，将自由拱手让人。不要过分偏爱保障。相反，我们要坐在无保障的边缘、俯视它的界限，看进那座深坑之中，感受自己心里的烦忧。不要逃避我们的那份不安全感，直面它、拥抱它，找到我们生存的勇气。

生活中最根本的保障来源于勇气。自我才是一切保障的源头。要是一个人每天早晨去工作的时候都愿意被解雇，那一个工人就是最有安全感的。当我们知道自己没有被困，不需要依靠别人，不是任何地方的所属物，没有被吸收进企业计划之中而最终沦落为一个数字，还有什么能比这更有安全感呢?

不管是在公司，抑或是任何其他地方，最根本的保障就是我们自己。我再说一次，自我是一切保障的来源，不是老板，不是公司，不是养老金计划，而是自己。自身唯一的老板就是自己。只有自我是一定要被满足的，不是领班，不是主管，也不是工厂经理。

如果满足你唯一的老板——自我——的要求是必要的，那么不执行命令也是可以的。自我不会允许你做不道德的事，不会允许你诋毁同事，不会允许你工作拙劣，不会允许你浪费自己或是别人才华。或许要让自己满意你必须偷偷工作。同时自我也不会赞同你做愚蠢的事业。如果你遵从于自我，自我就会将你与其他同样遵从于自我的人联系起来。这样的人是强有力的同盟。如果遵从于自我，你就会向着好的、有用的目标工作，工作成果也会更好。当然了，那些做老板的人可能受到赞誉，但你自己知道，谁才值得这份赞誉。自我也会知道。而这，就够了。

安全感是开诚布公地对待自我的结果。服务于自我的人是公司最有价值的员工。他们是一群负责任、值得信任的人，是一群有力量的人。唯命是从的“马屁精”和靠谄媚往上爬的人遇到困难时，会向他们寻求帮助。公司和政府的官僚机构里，没有美德、生命或力量，只有那些有勇气忠于自我、服务于自我的人才给这些地方带来一丝色彩。

所以：我不是反对公司，我是反对脑袋空空、没有生命的利维坦控制无助又无辜的公众。我是在反对没有公司责任的公司权力。我不是反对利益，我是反对那些残忍的、恶毒的、虚假的理念借着利益的外衣就变成了美德。我无意激起动荡，而是想建立一片思想园地，让正义可以生根发芽。我无意抨击体制，只是想揭开体制剥削弱势群体的虚伪面纱，揭开这个最终会自食其果的体制的虚伪面纱。我希望，我们全部都能看得清清楚楚，只有这样我们才能有力量去辩——我们的力量——用权力去辩——我们的权力——生于真理之中的权力——我们的真理。这能让我们在工作场所和其他任何地方获胜、获胜或失败。

第十六章 | 为正义而辩

——理解人类的责任

如果我发现了能治愈一种可怕疾病的方法，就有责任与全人类共享我的发现，不是吗？

我们每个人都能有所贡献，因为我们每个人都是完全独一无二的。生物就是如此，我们发现自己的独一无二之处，然后将其分享出去，难道我们会不同意这就是我们的责任吗？我把我迄今为止的生命过程称为一个“内心的考古挖掘”。底部就是宝藏。但是这些宝藏本不应该被藏起来与我们一起长埋地下。这简直是世界上最恶劣的罪行。因为一个人可以从他邻居那里盗取他的财富，但是如果从这世界上把完美的自我偷走，损失将是不可挽回的。

我们将自己分享出去最有效的方法之一，就是辩论。所以说，人有责任去辩。这也是我们在这个地球上生存所应该做的。

这世上许多伟人有责任去辩，他们也的确这样做了。正如托马斯·杰斐逊、詹姆斯·麦迪逊、亚伯拉罕·林肯、约翰·布朗、基督、穆罕默德、佛陀、保罗、圣女贞德这些人，每个人都有责任去辩。还有马丁·路德·金、特蕾莎修女、纳尔逊·曼德拉、拉尔夫纳德，他们亦是如此。我们也一样。我在这里一定程度上也阐述了我的论点、进行了我的辩论。毫无疑问，你们在某种程度上，也已经辩过。

当我们目睹不公，我们便有责任去辩。我们知道如何去辩。当我们看到人们被不公地利用、贬低、剥削、伤害，我们便有责任去辩。我们知道如何去辩。当我们听到不公的言论，我们就有责任不让他们的毒药肆意传播。我们在家里有责任去辩，我们有责任与那些我们所爱的人辩论，与我们的孩子、我们的伴侣辩论。我们有责任为自己而辩，有责任与自己辩。我们知道怎么做。是的，我们甚至有责任与上帝辩。上帝赋予我们辩论的能力，我想如果他不检验一下的话可能会很失望。

所以，不论何时，都走出去，去辩，去赢！

致　谢

露丝玛丽·麦金托什当我的助理很多年了，几乎看过我写过的每一个字。她是评论家、编辑、红颜知己。没有她我是不敢写书的。根本不能。我所享受的成功很大部分应归功于她。同时我接受对自己文学败笔的所有批评，可能很大一部分原因是我忽视了她的忠告。

鲍勃·威尔是我的编辑，这本书也是他的心血。作家非常敏感，常常被吓到。因此我们需要更多安慰、帮助和支持。如果没有我的朋友鲍勃·威尔的鼓励，这本书可能还是我脑海里微不足道的恼人想法。

我还要感谢领导麦考马克，他始终支持我、信任我，觉得我可以写成这本书并且在圣马丁社出版，感谢他曾给予我的强有力的支持。

还要谢谢马克·科胡特，他为这本书做出了卓绝的努力。还有我忠实的朋友，贝基·高，他不知疲倦无私地为这本书付出了很多，值得我铭记。还有其他人，我知道或不知道的那些销售人员、市场营销人员，还有那些为本书的设计和推广付出辛勤劳动的人，我深深地感激你们。感谢你们，所有人。

天下 Borderless

图书在版编目(CIP)数据

辩无不胜 / (美) 盖瑞・斯宾塞 (Gerry Spence) 著;孙林译. —— 北京：法律出版社, 2018
书名原文: How to Argue and Win Every Time:At Home,At Work,In Court,Everywhere,Everyday
ISBN 978-7-5197-1923-4

Ⅰ. ①辩… Ⅱ. ①盖… ②孙… Ⅲ. ①律师—辩护—案例—美国 Ⅳ. ①D971.265

中国版本图书馆CIP数据核字(2018)第012875号

辩无不胜
BIAN WU BU SHENG
[美] 盖瑞・斯宾塞 著　孙　林 译

著作权合同登记号
图字：01-2010-5647

策划编辑 高　山
责任编辑 汤子君
装帧设计 汪奇峰

开本 850毫米×1168毫米　1/32
版本 2018年5月第1版
出版 法律出版社
总发行 中国法律图书有限公司
印刷 中煤（北京）印务有限公司

印张 11.625　**字数** 245千
印次 2018年5月第1次印刷
编辑统筹 学术・对外出版分社
经销 新华书店
责任印制 陶松

法律出版社/北京市丰台区莲花池西里7号(100073)
网址/www.lawpress.com.cn
投稿邮箱/info@lawpress.com.cn　销售热线/010-63939792
举报维权邮箱/jbwq@lawpress.com.cn　咨询电话/010-63939796

中国法律图书有限公司/北京市丰台区莲花池西里7号(100073)
全国各地中法图分、子公司销售电话：
统一销售客服/400-660-6393
第一法律书店/010-63939781/9782　西安分公司/029-85330678　重庆分公司/023-67453036
上海分公司/021-62071639/1636　深圳分公司/0755-83072995

书号：ISBN 978-7-5197-1923-4　**定价**：49.00元